Reimmichl

Das große Reimmichl-Lesebuch

Inhaltsverzeichnis

REIMMICHL
PRIESTER – SEELSORGER – PUBLIZIST
EIN LEBEN FÜR DIE LESER

GESCHICHTEN VOM REIMMICHL
BIOGRAFISCHES – REISELUST – ORIGINALE –
HEITER UND BESINNLICH

BIOGRAFISCHES

Vorwort

Anlass für dieses Hausbuch ist der 150. Geburtstag von Sebastian Rieger, besser bekannt als Reimmichl. Ohne strenge Chronologie soll seine Persönlichkeit nachgezeichnet werden. Wer war dieser vielseitige Zeitungsschreiber und Heimatschriftsteller im Priesterrock? Reimmichl lebte und wirkte in einer Zeit, die uns heute weitgehend fremd geworden ist. Sein Denken und Tun wird daher nur vor dem jeweiligen geschichtlichen Hintergrund verständlich. Deshalb wird diesem Aspekt besonders Rechnung getragen.

Der erste Teil ist seinem Leben und seiner Arbeit gewidmet, der zweite Teil zeigt, mit welcher Art von Kurzgeschichten er „wirklich und wahrhaftig vier Generationen" Freude bereitet hat.

Mit mehr als 60 Büchern, 200 Kurzgeschichten und seinem „Reimmichlkalender" erreichte er viele Hunderttausende begeisterte Leser.

Reimmichls Leben lässt sich in zwei Abschnitte teilen: Im ersten, der bis 1919 reicht, begegnen wir ihm als erfolgreichen Zeitungsmacher. Im zweiten Abschnitt ab 1920 wird er zum nicht weniger bedeutenden Kalendermacher. Und als solcher ist er bis heute noch vielen in Erinnerung.

Reimmichl war in erster Linie Priester und Seelsorger. Seine Arbeit als Zeitungs- und Geschichtenschreiber betrachtete er als Teil der Seelsorge. Es gelang ihm mit seinen Themen und seinem Stil direkt zu den Herzen der Leser vorzudringen. Die legendäre Leser-Blatt-Bindung beim „Tiroler Volksboten" war ein Beweis dafür.

Als Hauptquelle für diese Lebensbeschreibung diente die Reimmichl-Biografie von Dr. Hans Brugger, erschienen im Reimmichlkalender 1955. Brugger war Reimmichls Neffe und Mitarbeiter der späten Jahre. Verwendet wurde auch das Büchlein „Reimmichl – Eines Volksdichters Leben und Schaffen", 1927.

Für die Darstellung des politischen Hintergrundes wurde u. a. herangezogen: Richard Schober, „Das Verhältnis der Katholisch-Konservativen zu den Christlich-Sozialen in Tirol bis zu den Reichsratswahlen von 1907", erschienen in „Tiroler Heimat", Bd. 38, 39, und ebenfalls von Richard Schober: „Theodor Freiherr von Kathrein (1842–1916) – Briefe und Dokumente, 1992".

Dazu standen einige wenige Originalbriefe Reimmichls und mündliche Berichte von Zeitgenossen zur Verfügung sowie Selbstaussagen im „Tiroler Volksboten" der Jahre 1897 bis 1919.

Paul Muigg

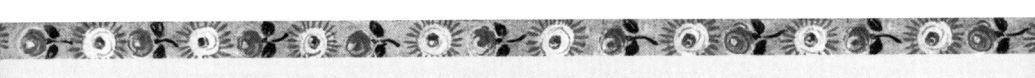

REIMMICHL

PRIESTER – SEELSORGER – PUBLIZIST
EIN LEBEN FÜR DIE LESER

Daheim im Defereggen

Die Bedeutung, die ein Ort für unser Leben besitzt, hängt nicht allein von der Länge der Zeit ab, die wir dort verbringen, sondern mehr noch davon, in welcher Lebensphase wir uns dort aufhalten. So sind die Eindrücke und Erlebnisse der Kindheit und Jugend viel tiefer und nachhaltiger als die späterer Zeiten. Das gilt auch für Reimmichl, der am 28. Mai 1867 als Sebastian Rieger am Eggerhof in St. Veit-Inneregg in Defereggen das Licht der Welt erblickte. St. Veit und das Defereggental bildeten die nächsten Jahre die geografischen Grenzen seines kindlichen Lebensraumes.

Als Dreizehnjähriger verließ er dann das Tal, zuerst um die nächsten acht Jahre das Gymnasium in Brixen zu besuchen und anschließend, um sich vier Jahre im Theologischen Seminar auf das Priesteramt vorzubereiten. In dieser Zeit verbrachte er nur mehr die Sommerferien daheim. Später kehrte er überhaupt nur noch zu gelegentlichen Kurzbesuchen ins Elternhaus zurück. Dennoch blieb Reimmichl zeitlebens dem Defereggental und seinen Menschen tief verbunden. Darauf verweisen auch viele seiner späteren Romanfiguren, für die Menschen aus seiner engeren Heimat als Vorlage dienten.

Heute erreicht man das Osttiroler Defereggental problemlos mit dem Auto, entweder über die Felbertauernstraße, über Lienz oder – im Sommer von Südtiroler Seite aus – über den 2000 m hohen Staller Sattel. Vor 150 Jahren war das noch ganz anders. In Reimmichls Geburtsjahr 1867 fuhr noch kein Auto auf den Straßen und auch die Eisenbahn kannte man in Osttirol nur vom Hörensagen, denn die Bahnstrecke durch das Pustertal wurde erst 1871 eröffnet.

Somit war der Schritt das Entfernungs- und Zeitmaß jener Tage. Man ging zu Fuß, selten stand ein Fuhrwerk oder eine Kutsche zur Verfügung. Nachrichten übermittelte man schriftlich durch die Post oder durch Boten bzw. Botinnen. Und das blieb noch einige Jahrzehnte so.

Wer 1867 von Lienz ins Defereggental wollte, wanderte durch das Iseltal nordwärts und erreichte nach etwa vier Stunden den kleinen Ort Huben. Für dieselbe Strecke benötigt man heute mit dem Auto 20 Minuten. In Huben münden dann zwei Täler: rechts führt eine Straße nach Kals am Fuße des Großglockners und links verschließt zuerst einmal eine enge, dunkle Schlucht, durch die die Schwarzach hervorbricht, den Blick ins Defereggental. Die Straße ins Tal umfährt diese Schlucht in einem weiten Bogen und erklimmt so den Beginn dieses Hochtales. Schon seit Jahrhunderten führte zwar ein schmaler, rauer Karrenweg durchs Defereggental, aber erst 1910 wurde die heutige Straße errichtet und seither ständig weiter ausgebaut.

Die Deferegger Talstraße verbindet die Gemeinden Hopfgarten (1100 m, 800 Ew.), St. Veit (1500 m, 800 Ew.) und St. Jakob (1400 m, 1000 Ew.). Die drei Orte setzen sich auf einer Länge von über 20 km aus einer Vielzahl von Weilern – hier Rotten genannt – zusammen. Der Großteil der Siedlungen liegt aber nicht im Talgrund, sondern 300 bis 400 m höher auf Geländestufen des sonnseitigen Talhanges. Die Schattseite hingegen besteht aus einem geschlossenen Waldgürtel ohne Siedlungen. Fahrzeugtaugliche Verbindungen zwischen den einzelnen Höhensiedlungen und zu den Talorten wurden erst nach dem Zweiten Weltkrieg errichtet. Bis dahin musste alles Notwendige auf dem Rücken getragen werden. Übrigens: Zur Zeit Reimmichls siedelten im Tal dank guter Wirtschaftslage um 40 Prozent mehr Menschen als heute.

Reisen war im Jahre 1867 noch recht beschwerlich. Von St. Veit in Defereggen nach Matrei in Osttirol, lange Zeit Verwaltungs- und Gerichtssitz für das Defereggental, sind es 22 km, eine Strecke von vier Stunden Gehzeit, hin und zurück also acht Stunden. Sollte ein St. Veiter gar eine „Weltreise" nach Brixen oder Innsbruck geplant haben, musste er gut zu Fuß sein. Als Reimmichl 1880 zum Studium nach Brixen aufbrach, nahm er den damals gewohnten – nämlich kürzesten – Weg über das Gsieser Törl (2205 m) ins Südtiroler Gsiesertal nach Welsberg, wo er nach acht Stunden (!) Fußmarsch den Zug durchs Pustertal besteigen konnte.

Der Eggerhof, Reimmichls Geburtshaus in St. Veit-Inneregg im Defereggental.
1962 wurde am Haus eine Gedenktafel angebracht.
(Foto: Lottersberger/Reimmichlmuseum, Hall)

Die Natur allein bestimmte den Lebensrhythmus im Defereggental.
Die Arbeit war schwer, das Gottvertrauen groß, der karge Ertrag un-
sicher. So auch am Eggerhof in St. Veit, der mittleren Gemeinde des
Hochtales. Dieses Anwesen liegt auf einem schmalen Geländeabsatz in
der Fraktion Inneregg, eine halbe Stunde über der Talsohle und eine
halbe Stunde von der Kirche St. Veit entfernt. Die Aussicht ist spärlich,
denn auf der gegenüberliegenden Seite, jenseits des Talbaches, erhebt
sich ein steiler, dunkler, felsdurchsetzter Berghang. Am Hof lebten drei
Generationen der Familie Rieger unter einem Dach. Reimmichls Großvater hatte noch die Tiroler Freiheitskämpfe erlebt und erzählte dem
kleinen Sebastian oft davon. Dr. Hans Brugger, Reimmichls Neffe und
Biograf, war überzeugt, dass diese Geschichten, die der kleine Bub – er
wurde allgemein „Wastl" gerufen – von seinem Großvater hörte, einige
der frühen Reimmichlgeschichten stark beeinflussten.

1827 wurde Johann Rieger, Reimmichls Vater, geboren. Er war Ne-
benerwerbsbauer, denn bereits in jungen Jahren zog er hinaus in die
Fremde, um mit Decken, Teppichen und Hüten zu hausieren. Jeweils im
Frühjahr und im Herbst schulterte er die Kraxe, um als Wanderhändler
in der Fremde sein Glück zu versuchen. Damit trat er in die Fußstapfen vieler seiner Vorfahren, denn die Not zwang zahlreiche Deferegger
bereits im 17. Jahrhundert zu einem Nebenerwerb. Dafür bot sich das
Hausieren mit Waren aller Art an, zuerst in der näheren Umgebung
und später, mit mehr Erfahrung, auch auf weiten Reisen durch Europa.
„Über das Tal würde vielleicht niemand etwas wissen, wenn es nicht
schon früh durch die Teppichhändler in der halben Welt bekannt geworden wäre", erklärte der Heimatforscher Ludwig von Hörmann 1877.

Im 18. Jahrhundert begannen die Deferegger mit Teppichen und Decken
zu handeln. „Kotzen" oder „Deferegger Teppiche" hieß diese grobe Ware
aus Kuhhaar, die sie im Pustertal einkauften. Später, als die Hausierer
auch in die Städte gingen, waren feinere und kostbarere Decken und
Teppiche gefragt. Die bezogen sie aus dem schwäbischen Nördlingen.
Es gab Zeiten, in denen jeder fünfte Deferegger als Hausierer unterwegs
war. Auch Reimmichls Großvater mütterlicherseits gehörte dazu.
    Es hätte sich für einen einzelnen Händler jedoch nicht gelohnt, die
Ware, die er auf seine Kraxe gepackt hatte, vom Defereggental bis in
weit entfernte Länder zu tragen. Deshalb taten sich jeweils mehrere
Hausierer zusammen – meistens waren es Verwandte und Freunde –
und gründeten eine Handelsgesellschaft, eine sogenannte „Kompanie",
in die jeder einen bestimmten Betrag (Einlage) einzahlte. Mit dem Geld
wurden in fernen Gebieten Lager angelegt und der Transport der Ware zu den Lagern organisiert. Der einzelne Hausierer reiste dann zum
jeweiligen Lager und betrieb den Handel von dort aus. Zusätzlich wurden noch Lohnknechte angestellt. Anführer einer „Kompanie" war jeweils ein versierter, erfahrener Hausierer.
    Kehrte die „Kompanie" nach erfolgreicher Handelsfahrt wieder ins
Tal zurück, wurden alle Rechnungen beglichen, die Knechte entlohnt
und der Gewinn entsprechend der Einlage unter den Gesellschaftern

aufgeteilt. Dabei hatten die Knechte die Möglichkeit, zu Gesellschafts-teilhabern aufzusteigen: Sie konnten ihren Lohn, oder einen Teil davon, in der gemeinsamen Kassa stehen lassen, um zukünftig bei den Handelsreisen bereits mit bescheidenem Kapital als Teilhaber zu hausieren und am Gewinn beteiligt zu sein. Diesen Karriereweg ging auch der Eggerbauer Johann Rieger. Er begann in den 1840er-Jahren als Kompanie-Knecht und brachte es durch Fleiß im Laufe entbehrungsreicher Jahre schließlich zum wohlhabenden Gesellschafter. 1884 – Reimmichl war zu dieser Zeit bereits Kooperator in Sexten – schied Johann Rieger aufgrund einer chronischen Krankheit aus und ließ sich auszahlen. Ein Teilhaber konnte nämlich jederzeit Abrechnung verlangen und aus der Kompanie ausscheiden.

Auf diese Handelsfahrten wurden oft bereits Halbwüchsige mitgenommen. Die Hausierer erwarben sich deshalb bereits früh Handels- und Sprachkenntnisse, sie zeigten gewandte Umgangsformen: Reimmichls Vater wurde ein ausgezeichneter Geschäftsmann, war geschätzt wegen seines klugen Rates und konnte sich in drei Sprachen sehr gut verständigen.

Die Deferegger Hausierer blieben aber Bauern – trotz des großen wirtschaftlichen und finanziellen Erfolges. Der Handel war immer nur ein Nebenerwerb. Dass sie aber erfolgreich waren, zeigten sie deutlich: Sie kleideten sich gern nach neuester Mode, die sie auf ihren Fahrten kennenlernten. Wenn sie aber daheim in städtischer Kleidung zur Heuarbeit schritten, löste das im Tal natürlich Kopfschütteln aus: Als „Deferegger Grafen" wurden sie dann verspottet. Sie spielten daheim überhaupt gerne die feinen, noblen Herren. Andererseits zeigten sie sich oft großzügig. Gerade Reimmichls Vater war ein solches Vorbild an Großzügigkeit, sei es gegenüber der Nachbarschaft, der Gemeinde oder der Kirche. Aber auch andere „Fortgeher", die im Ausland zu Wohlstand gekommen sind, erwiesen sich immer wieder als Wohltäter ihres Heimattales. So übernahm z. B. ein einzelner Hausierer, der ebenfalls zum Mitbesitzer einer Handelsgesellschaft aufgestiegen war, fast die gesamten Kosten für die Errichtung eines Armenhauses.

Johann Rieger begann seine Handelskarriere als Lohnknecht einer Handelskompanie. Als er 1860 mit 33 Jahren die um vier Jahre jüngere Maria Brugger vom Breudinghof heiratete, war er als „Teppich- und Hut-Vertreter" bei einer St. Veiter Handelsgesellschaft beschäftigt. Durch Fleiß brachte er es bis zum Teilhaber. Später wirkte er in Lemberg (heute in der West-Ukraine), Prag und Budapest, wo die Handelsgesellschaft Niederlassungen betrieb. Er war nur noch wenige Wochen im Jahr zur Sommerszeit und um Weihnachten daheim.

Johann Rieger zog sich jedoch während der früheren, entbehrungsreichen Jahre ein Lungenleiden zu, das ihn schließlich mit 57 Jahren zwang, aus dem Geschäft auszusteigen. Er ließ sich 1884 seine Gesellschaftsanteile auszahlen und verfügte nun über ein beträchtliches Vermögen. Mit einem Teil davon vergrößerte er durch Zukäufe seinen Hof, den bisher seine Frau und sein Bruder, „Onkel Stöffl" genannt, bewirtschafteten. Es blieb aber immer noch genügend Geld übrig für ein finanziell abgesichertes Leben. Auch wenn er seine Krankheit nie mehr ganz überwand: In der frischen Luft des Defereggentales besserte sich sein Gesundheitszustand zusehends und er konnte wieder alle bäuerlichen Arbeiten verrichten.

Natürlich wollte die Gemeinde nicht auf einen so welterfahrenen und erfolgreichen, gleichzeitig bekannt hilfsbereiten Mann verzichten, und so wurde er Bürgermeister von St. Veit. Er hatte für die Nöte der Gemeindebürger immer ein offenes Ohr, war ein geschätzter Ratgeber und unterstützte in Not geratene Mitbürger mit Zuwendungen aus eigener Tasche oder verhalf ihnen zu günstigen Darlehen, für die er oft selbst bürgte.

Er war auch ein großer Wohltäter der Kirche: Anlässlich der Primiz seines Sohnes Sebastian 1891 spendierte er der Seelsorgskirche in St. Veit einen herrlichen Messornat, einen goldenen Kelch, eine Monstranz und ein Ziborium (Aufbewahrungskelch für die konsekrierten Hostien).

Johann Rieger waren nach dem Ausscheiden aus der Firma allerdings nur elf Jahre vergönnt, dann meldete sich wieder die alte Krankheit. Er starb 1895 im Alter von 68 Jahren. Reimmichl war damals Kooperator in Dölsach und konnte die letzten Stunden bei seinem Vater verbringen und die Totengebete sprechen.

Reimmichls Eltern: Johann Rieger mit „Kaiserbart" (1827–1895) und Maria geb. Brugger (1831–1914) (Foto: Reimmichlmuseum, Hall)

Johann Rieger hinterließ ein beträchtliches Vermögen, von dem auch Reimmichl seinen Anteil bekam. Nun offenbarte sich erstmals die selbstlose Großzügigkeit Reimmichls, die sein Leben auszeichnen sollte. Den Großteil des Erbes verwendete er zum Ankauf einer Volks-bibliothek, die er der Gemeinde Dölsach, wo er gerade Kooperator war, zum Geschenk machte. Um den Rest ließ er sich eigene Möbel anferti-gen. Sein Neffe Dr. Hans Brugger erzählt, dass Reimmichl zeitlebens an diesen altmodischen Möbeln hing und sie bei jeder Übersiedlung, von Pfarrhaus zu Pfarrhaus, bis nach Heiligkreuz, mitschleppte, gleichsam als Erinnerung an seinen Vater, den er tief verehrte.

Alte St. Veiter schilderten Johann Rieger, der einen sogenannten Kai-serbart, also einen Backenbart trug, als eher schweigsam – für einen Defregger ungewöhnlich, wie Reimmichl später schmunzelnd meinte –, aber hilfsbereit, pflichtbewusst, rechtschaffen und tief religiös. Mus-terhafte Ordnung am Hof war ihm selbstverständlich und strengen

Gehorsam setzte er voraus. Doch ein Laster hatte auch dieser charakterfeste Mann, das er zweifellos Reimmichl vererbte: Er rauchte Pfeife wie ein Schlot.

Albuin Messner, ein Freund Reimmichls und von 1917 bis 1937 Pfarrer von St. Veit, berichtet in seinen Aufzeichnungen von einer anderen Facette Riegers: „Vater Rieger war mit seinen Kindern sehr streng, nie hat er sie verwöhnt. In Anwesenheit des Vaters herrschte stets Ruhe in der Stube, umso lauter ging es her, wenn der Vater nicht in der Nähe war."

Reimmichl erbte von seinem Vater die Großzügigkeit und den Drang in die Ferne, der ihn später auf große Reisen durch Europa, vom Nordkap bis an die Küste Afrikas führen sollte.

Da Johann Rieger den Großteil des Jahres auswärts verbrachte, musste seine Frau Maria in Abwesenheit des Mannes die Rolle des Familienoberhauptes übernehmen. Sie bewirtschaftete den Hof gemeinsam mit Stöffl, einem Bruder ihres Mannes, führte den Haushalt und zog die Kinder groß. Sie war klug, geschickt und führte ein strenges Regiment. Ihr Einfluss auf die Entwicklung der Kinder war größer als jener des Vaters.

Reimmichls Mutter wurde 1831 als Maria Brugger vom Breudinghof geboren. Als sie 1860 mit 29 Jahren Johann Rieger heiratete, konnte sie weder lesen noch schreiben, ein äußerst unangenehmer Zustand, wenn man bedenkt, dass der Mann die meiste Zeit des Jahres in der Fremde war. Doch die Liebe zu ihrem Mann und der Wille, eine tüchtige Hausfrau zu werden, bewogen sie, noch mit 30 Jahren Lesen und Schreiben zu lernen, wobei sie ihr Mann und ihr Schwager kräftig unterstützten. So war in Zukunft wenigstens ein regelmäßiger Briefkontakt zwischen den beiden Eheleuten möglich. Die Finessen der Groß- und Kleinschreibung überging sie allerdings, sodass sie zeitlebens alles kleinschrieb, auch Namen und Adressen. Es störte sie nicht, denn alle Briefe und Postkarten erreichten ihr Ziel, wie sie lachend erklärte, und auf das kam es schließlich an.

Maria Rieger bildete gleichsam den Gegenpol zu ihrem Mann. Er war schweigsam und ernst, sie eine redselige und fröhliche, mit viel

Gottvertrauen ausgestattete Natur, die immer wieder neue Geschichten zu erzählen wusste. Sie besaß ein großes goldenes Herz: Gastfreundschaft und Wohltätigkeit gegenüber Armen und Notleidenden wurden im Rieger-Haus immer großgeschrieben. Vor allem Kindern gegenüber öffnete sie ihr Herz. Die Rieger-Mutter, wie sie genannt wurde, war ein bemerkenswertes Beispiel gelebter Nächstenliebe: Sie schenkte nicht nur fünf Kindern das Leben, sondern zog im Laufe ihres Lebens nicht weniger als fünf (!) Waisenkinder auf – um Gottes Lohn. Dazu kamen noch Kinder, die ihr Reimmichl von seinen Seelsorgsorten vorübergehend schickte, wenn er für eines dieser verlassenen Geschöpfe nicht gleich einen geeigneten Platz fand.

Damals waren die Menschen noch meist zu Fuß unterwegs, und da der Eggerhof ziemlich in der Talmitte liegt, bot er sich gut als Rastplatz an. Und weil es bei der Eggerhofbäuerin immer eine kleine Stärkung gab, kehrten hier vor allem junge Kooperatoren und Studenten ein, deren Geldbeutel meist an Schwindsucht litt.

Auf ihrem Sterbebild – Maria Rieger starb 1913 im Alter von 82 Jahren – wurde sie so charakterisiert: „Die Verstorbene … war eine Freundin der Priester, der Armen und Waisen, eine treubesorgte Gattin, eine echt christliche Hausfrau, wirtschaftlich und wohltätig, geachtet in weitesten Kreisen."

Dem Ehepaar Rieger wurden vier Buben und ein Mädchen geboren. Sebastian war der Älteste. Ihm folgten 1869 seine Schwester Aloisia und wieder zwei Jahre später die Zwillinge Johann und Alois, die aber bald nach der Geburt starben. 1874 kam der letzte Spross zur Welt, es war wieder ein Hans.

Aloisia lebte daheim. Sie war ein Spiegelbild ihrer Mutter und in ihrem Wesen Reimmichl sehr ähnlich. Sie war gesprächig – „so wie alle Deferegger", ergänzte Pfarrer Albuin Messner –, konnte gut und interessant erzählen und hatte bis ins Alter ein ausgezeichnetes Gedächtnis. Sie war eine Frohnatur mit einem stets lachenden Gesicht und für ihre Wohltätigkeit bekannt. Sie führte die Tradition der Gastfreundschaft am elterlichen Hof fort. Reimmichl hatte sie besonders ins Herz geschlossen und auch sie hing an ihrem Bruder. Zu Reimmichls Leidwesen besuchte sie ihn selten, und wenn, dann immer nur für zwei, drei Tage, denn sobald sie den Kirchturm von St. Veit nicht mehr sah, befiel sie das Heimweh und die Arbeit ging ihr ab.

Sie erbte schließlich den väterlichen Hof, überließ ihn aber – da sie ledig geblieben war – ihrem Ziehbruder Josef. Sie selbst blieb am Hof, arbeitete bis zu ihrem Tod bescheiden wie eine Magd und war dennoch im ganzen Tal hoch angesehen. Als sie 1948 zu Grabe getragen wurde, waren sich alle einig, dass man Aloisia eigentlich zu den Heiligen zählen müsste.

Hans, der jüngste Rieger, folgte seinem Bruder ins Gymnasium nach Brixen. Man hielt ihn für talentierter als seinen älteren Bruder Sebastian. Nach bestandener Matura verbrachte er die Ferien in St. Veit. Eines Tages zog sich eine Frau bei der Waldarbeit eine schwere Verletzung zu. Hans kam zufällig dazu und lief rasch einen Arzt holen. Dabei erhitzte er sich stark und trank in diesem Zustand eiskaltes Wasser. Die Folge war eine starke Erkältung mit nachfolgender Lungenentzündung, von der er sich nicht mehr richtig erholte. Er trat zwar im Herbst noch ins Priesterseminar ein, verstarb aber nach drei Monaten, einen Tag vor dem Heiligen Abend 1893, mit nur 19 Jahren.

Dann waren da noch zwei Onkel, Vaters Brüder, die stark auf Reimmichl als Volksschriftsteller abfärbten: Der eine war der bereits erwähnte Stephan, allgemein „Stöffl" genannt, ein humorvoller, sangesfroher, redseliger Mensch mit einem beinahe unerschöpflichen Fundus an Geschichten; der andere hieß Josef, ein begeisterter Schütze und Jäger, der das Jägerlatein beherrschte wie wenige. Reimmichl sagt später einmal, dass er viele Typen seiner Geschichten und Romane vorwiegend aus dem Defereggental entliehen hat. So diente Onkel Josef als Vorlage für die „Geschichten vom Kreuzkaspar".

Ein nicht minder großer Erzähler und begnadeter „Lügner" und „Reimer" mit großem Einfluss auf Reimmichls spätere Schriftstellerei war der Bruder der Mutter, Thomas Brugger, Bauer zu Breuding. Sei-

Dieses Bild stammt aus dem Jahre 1863 (!) und zeigt die Passeirer Schützen-kompanie. Die Väter und Großväter der Abgebildeten kämpften 1809 am Bergisel. Heute sind Schützen Mitglieder eines Vereins, damals und bis 1918 Teil der Tiroler Landesverteidigung. Die Kleidung der hier abgebildeten Schützen ist keine Uniform, sondern war die damals übliche Männerkleidung. (Foto: Reimmichlmuseum, Hall)

ne angeblichen Kriegserlebnisse unter Feldmarschall Radetzky im sar-disch-piemontesischen Krieg fesselten jedes Mal den jungen Sebastian und die übrigen Zuhörer derart, dass die Frage nach dem Wahrheitsge-halt vollkommen in den Hintergrund trat.

„Lügner" bedeutet in diesem Zusammenhang in der Volkssprache „Reimer" und kommt von zusammenreimen, zusammendichten, auch im Sinne von übertreiben. Reimmichls Mutter, die den Aufstieg ihres Sohnes zu einem der erfolgreichsten Volksschriftsteller seiner Zeit er-lebte, ermahnte ihn gelegentlich, in seinen Geschichten nicht so viel „zusammenzulügen" – im Sinne von „zusammenreimen".

Glückliche Kindertage

Johann und Maria Rieger führten eine gute und glückliche Ehe. Zum Leidwesen des Ehepaares blieb aber ihre Verbindung die ersten Jahre kinderlos. Endlich, nach langen sieben Jahren, trat das heißersehnte Ereignis ein: Ein Stammhalter und der vermeintlich zukünftige Bauer erblickte am Dienstag, den 28. Mai 1867 um vier Uhr nachmittags am Eggerhof das Licht der Welt. Doch das neue Glück war nicht ungetrübt. Der neue Erdenbürger kam zwei Monate zu früh und man fürchtete um das Leben des Siebenmonatskindes. Eine Frühgeburt bedeutete zu jener Zeit, als die Säuglingssterblichkeit ohnedies sehr hoch war, große Gefahr für das junge Leben. Noch mehr fürchtete man aber, dass ein Kind ungetauft sterben könnte. Deshalb packte man das Neugeborene in Windeln und Decken und trug es bereits zwei Stunden nach der Geburt den steilen Weg hinauf zur Kirche, wo es auf den Namen Sebastian getauft wurde.

Damals war es noch weit verbreiteter Brauch, ein Kind entweder nach einem nahen Verwandten oder auf den Namen des Taufpaten zu taufen. Da Sebastian Ladstätter den Taufpaten machte, erhielt der Riegersproß den Namen Sebastian; in der Umgangssprache war er der „Wastl". Auch später, als er schon der berühmte Reimmichl war, nannten ihn seine engsten Freunde Wastl und so zeichnete er auch seine Briefe an sie.

Reimmichl stellte in seinen Erzählungen dem Leser gern das Idealbild eines Paten vor: Dieser soll ein gläubiger, rechtschaffener Charakter mit Vorbildwirkung sein. Nach katholischem Verständnis übernimmt der Pate ein Ehrenamt und die Mitverantwortung für die religiöse Erziehung; gleichzeitig ist der Pate Zeuge, dass der Täufling kraft des Sakraments in die Gemeinschaft der Kirche aufgenommen worden ist. Und dass sich der Pate um sein Patenkind kümmert, wenn es in eine Notlage kommt, ist selbstverständlich.

Um die Patenschaft gefragt zu werden, gilt noch immer als Ehre. Zwischen Patenkind und Pate besteht ein besonderes Verhältnis, eine geistige Verwandtschaft, der Pate wurde zum Gevatter, also zum Mit-Vater. Dieses besondere Verhältnis zeigt sich hierzulande heute noch bei der Hochzeit und im Tode: Der Taufpate erhält beim Hochzeitsmahl des Patenkindes einen Ehrenplatz an der Tafel und auf Partezetteln wird der Taufpate namentlich unter den Trauernden angeführt. Früher war diese geistige Verwandtschaft sogar ein kirchliches Ehehindernis.

In der oft langen Abwesenheit Vater Riegers hatte Reimmichls Mutter zwar die Hauptlast am Hof zu tragen, das Regiment führte aber die ersten Jahre der alte Rieger, Reimmichls Großvater. Ihm hatte sich auch die Mutter zu fügen. Und er war der Meinung, dass man Kinder nicht verwöhnen durfte, sonst würden sie verweichlicht. Diese Sicht bezog sich auch auf das Essen. Gerade hier aber hätte der kleine Wastl besonderer Fürsorge bedurft, schließlich musste er die zwei Monate, die er zu früh geboren wurde, aufholen.

Reimmichl war die ersten Jahre ein schwächliches und oft kränkliches Kind, was ihn aber nicht hinderte, sich mit allerlei Einfällen immer wieder in Gefahr zu bringen und die Nerven der Eltern zu beanspruchen. Seine Mutter erzählte später, als ihr Sohn schon ein berühmter Mann war, dass sie mit all den anderen Kindern zusammen, eigenen und angenommenen, nicht so viel mitgemacht habe wie mit dem Wastl allein.

Als kleines Kind konnte Sebastian am Abend nur mit großer Mühe zu Bett gebracht werden. War er einmal unleidlich oder ungehorsam, brauchte man ihm nur mit dem Bett drohen und schon war er der bravste Bub, denn ins Bett gehen müssen, war für ihn die ärgste Strafe.

Als der Bub fünf Jahre alt war, nahm ihn die Mutter zum Christi-Himmelfahrt-Fest mit in die Dorfkirche. Dort wurde – wie damals in Tirol üblich – die Himmelfahrt anschaulich dargestellt, indem eine Statue des Auferstandenen an einem Seil durch die Deckenöffnung, das sogenannte „Heilig-Geist-Loch" hinaufgezogen wurde. Vier Engel umschwebten dabei den auffahrenden Christus. Nachdem der Herr verschwunden war, wurden die vier Engel wieder heruntergelassen. Als sie tief über der Kirchenbank schwebten, in der der Bub mit seiner Mutter kniete, sprang der kleine Wastl auf die Bank und fasste blitzschnell einen der Engel mit den Worten: „Der kommt mir nimmer aus!" Die meisten Kirchenbesucher lachten, einige schüttelten missbilligend den Kopf.

Von der Strafpredigt, die ihm die Mutter am Heimweg von der Kirche gehalten hat, erzählte Reimmichl zur Erheiterung der St. Veiter Festversammlung anlässlich der Verleihung der Ehrenbürgerschaft in bestem Defereggerr Dialekt:

„Du damischer Bue, du schiacher, wie viel i mi heunt hon gschumbt, i hon mi gedenkt, es trifft mi der Schlog. Kirchen bische heunt s'löschte Mal gong und in Att'n tu i's erscht a no schreib'n, wo du dir da heunt hoscht far a Gleichnisse gegebn!" Die hochdeutsche Annäherung an diese Rede könnte lauten: „Du verrückter Bub, du schlimmer, wie sehr habe ich mich heute geschämt, ich habe mir gedacht, mich trifft der Schlag. In die Kirche bist du heute das letzte Mal gegangen, und dem Vater (Atte = Vater, Namme = Mutter, Nune = Großmutter) schreib ich es auch noch, wie du dich heute aufgeführt hast".

Hochzeiten waren im Defereggen – wie überhaupt am Lande – mit viel Brauchtum verbunden. Wenn z. B. einer der geladenen Gäste zum Mahl ein Kind mitbrachte, wurde es im Volksmund „Hochzeitshund" genannt. Als nun Reimmichls Tante Kreszentia den Thomas Prast heiratete, wurde auch der kleine Sebastian mitgenommen. Zum Gaudium der Hochzeitsgäste nahm der kleine Wastl die Bezeichnung „Hochzeitshund" wörtlich und bellte immer wieder tapfer drauflos und kroch dabei am Boden herum, weil seiner Meinung nach ein Hund ja unter den Tisch gehört.

Dann war es so weit: Wastl wurde im Jahre 1874 Abc-Schütze und musste zur Schule. Der Eggerhof liegt ziemlich in der Mitte zwischen den Volksschulen des Hauptortes St. Veit droben am Berghang und der Fraktion Feld im Talboden. Beide Schulen sind jeweils eine halbe Stunde vom Elternhaus entfernt. Da aber der Weg nach St. Veit steil und im Winter lawinengefährdet war, wurden die Kinder von Inneregg nach

Der festlich geschmückte Hochaltar in der Pfarr- kirche von St. Veit, in der Reimmichl getauft wurde und die Primiz gefeiert hat. (Foto: G. Rosenkranz)

Feld in die Volksschule geschickt. Es war eine einklassige, gemischte Schule mit etwa 50 Kindern. Als Klasse diente eine Stube des Wirtshau- ses von Feld, aber bereits im zweiten Schuljahr übersiedelte man in ein geräumigeres Holzhaus und in der dritten Klasse stand dann sogar ein eigenes Schulhaus zur Verfügung.

Das Schulwesen war damals gerade erst nach liberalen Vorstellun- gen neu geordnet worden. Das neue Volksschulgesetz war unter ande- rem auch eine Folge der verlorenen Schlacht von Königgrätz im Jahre 1866, denn man sah einen der Gründe für die verheerende Niederlage der Österreicher im weitverbreiteten Analphabetismus. Viele Soldaten konnten kaum lesen und schreiben, wodurch die militärische Ausbil- dung und Nachrichtenübermittlung verständlicherweise erschwert wurde.

1869 wurde der zukünftige Bildungsgang für Kinder festgelegt. Die allgemeine Schulpflicht wurde von sechs auf acht Jahre verlängert, die

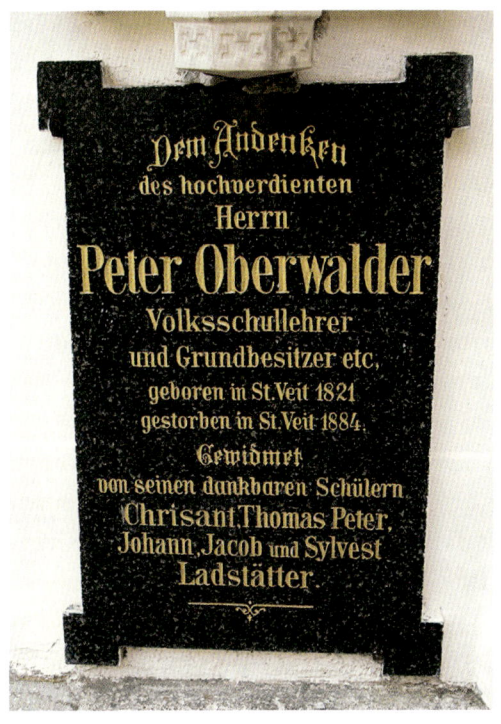

Schüler widmeten ihrem
Lehrer Peter Oberwalder den
Grabstein an der Kirchmauer
von St. Veit. Diesem außergewöhnlichen Pädagogen
bewahrte Reimmichl lebenslang ein dankbares Gedenken.
(Foto: Huber/Familienarchiv
Hintner)

Schülerhöchstzahl pro Klasse auf 80 (!) beschränkt, was durchaus als Fortschritt empfunden wurde.

Die achtstufige Volksschule galt für ländliche Gebiete. In den Städten und größeren Gemeinden gab es nach der fünften Volksschulklasse die Möglichkeit, die dreiklassige Bürgerschule zu besuchen, wo Burschen und Mädchen nach unterschiedlichen Lehrplänen unterrichtet wurden. Dabei hatten Mädchen weniger Mathematik-, dafür mehr Handarbeitsstunden.

Es dauerte aber, bis sich die neuen Verordnungen überall durchgesetzt haben. Die Bauern rebellierten nämlich, weil ihnen durch die verlängerte Schulpflicht die Kinder als Arbeitskräfte entzogen wurden. Also kam es zu Ausnahmeregelungen, indem man auf dem Land die Länge des Schuljahres an den bäuerlichen Arbeitsablauf anpasste, d. h. das Schuljahr dauerte (nur) am Land von Oktober bis April/Mai (Winterschule), während der übrigen Monate standen die Kinder für die Feldarbeit und zum Viehhüten zur Verfügung. Den Lehrern und Lehrerinnen fehlte dabei oft die nötige Unterstützung durch die Gemeinde, denn Bildung hatte in der Bevölkerung nur einen geringen Stellenwert – folglich genossen Lehrer auch kein besonderes Ansehen.

Andere Regelungen wurden wiederum für Industriebetriebe erlassen. Hier wurden eigene Fabriksschulen eingerichtet, die von den dort beschäftigten Kindern in den Arbeitspausen(!) besucht wurden. Kinderarbeit bis zum 14. Lebensjahr war dann offiziell ab 1895 verboten, setzte sich aber nur langsam durch.

Sebastian Rieger hatte mit der Schule in Feld einen Volltreffer gelandet. Er hatte das große Glück, in der Person des Peter Oberwalder einen herausragenden Lehrer zu bekommen. Eigentlich war dieser ein Kleinbauer, der aber Freude am Lehrfach hatte und sich nach den damaligen Vorschriften in einem Kurs von wenigen Wochen zum Lehrer ausbilden ließ und die Schule in Feld übernahm. Durch eifriges Lesen und durch Selbststudium erlangte er ein bedeutendes Wissen. Er war der geborene Pädagoge. Er vermittelte nicht nur Wissen, sondern behandelte die Schüler ganz nach ihren Anlagen und Fähigkeiten und konnte sie für den Lernstoff begeistern.

Die Schule des Peter Oberwalder in Feld galt in den 1870er-Jahren als beste Volksschule des Bezirkes Lienz, obwohl sie nur einklassig geführt wurde. Immer wieder kamen Schüler aus Feld nach der fünften oder sechsten Stufe in Höhere Schulen und bestanden die Aufnahmeprüfungen ohne besondere Vorbereitung mit bestem Erfolg. Oberwalder legte großen Wert darauf, dass seine Schüler die deutsche Sprache nicht nur recht verstehen, sondern Texte auch mit Verständnis lesen konnten. Er führte sie in die Rechenkunst ein und machte sie auf die Geheimnisse der Natur aufmerksam. Er erzählte spannende Geschichten von fremden Ländern und Völkern. Sogar in die Lektüre von deutschen Klassikern weihte Oberwalder seine Buben und Mädchen ein.

Dazu erzählte Peter Feldner aus Hopfgarten in Defereggen, der spätere Dekan und Propst von Innichen: „Ich kann mich noch gut an jenen

18. August 1880 erinnern, als Sebastian Rieger und ich mit unserem Führer, Kooperator Ploner, unterwegs waren auf dem Weg nach Brixen zur Aufnahmeprüfung ins Gymnasium. Ploner und Rieger unterhielten sich dabei über Goethe und Schiller, über Adalbert Stifter und über die Bolandisten, alles Namen, die ich noch nie gehört habe, geschweige denn, dass ich etwas über ihr Leben oder ihre Werke gewusst hätte. Mich packten plötzlich Furcht und Entsetzen: Am besten drehe ich um, dachte ich mir, denn ich werde die Aufnahmsprüfung nie und nimmer bestehen." Es kam aber anders und die beiden drückten ab 14. September 1880 gemeinsam die Schulbank im Vinzentinum in Brixen.

In seinen späteren Erzählungen hat Reimmichl mehrmals seines geschätzten, außergewöhnlichen Lehrers gedacht und ihm so ein Denkmal gesetzt. Auch seine Schüler und Schülerinnen haben ihm über den Tod hinaus dankbare Erinnerung bewahrt. Einige haben ihm sogar den Grabstein gewidmet.

Der „Wastl" geht studieren

Jeder Mensch hat seine Fähigkeiten und Talente. Aus dem kleinen Wastl war inzwischen ein 13-jähriger Bub geworden, hochaufgeschossen, eher schwächlich gebaut. Er stotterte und besondere Talente zeigte er auch nicht; jedenfalls hielt man seinen jüngeren Bruder Hans für wesentlich talentierter. Was sollte also aus dem Wastl werden? Es fehlte ihm das Interesse und die Freude an der Bauernarbeit, also schied er als zukünftiger Hoferbe aus. Blieb noch die Möglichkeit, als Geschäftsmann in die Fußstapfen des Vaters zu treten, der es vom Wanderhändler zum Fabriksteilhaber gebracht hatte. Aber dazu fehlte dem Buben das kaufmännische Verständnis. Was tun?

Gerne beschäftigte sich Wastl mit Büchern und Landkarten – Lesen war seine Leidenschaft und Ministrant sein seine Passion.

Es war im Jahr 1880. Da kam eines Tages der Pfarrer des Weges. Wie überall am Lande, war der Pfarrer unbestritten die angesehenste Persönlichkeit im Ort, daher erzählte ihm die Mutter von ihren Sorgen. Da machte der Seelsorger jenen Vorschlag, der das Leben des jungen Sebastian Rieger in neue Bahnen lenkten sollte:

„Lasst ihn doch studieren!" Die Mutter war gänzlich überrascht und doch irgendwie erwartungsvoll: „Auf Pfarrer studieren?" Dazu muss man wissen: Im Volksmund nennt man vielfach jeden Geistlichen einen Pfarrer. Und für jemanden, der vom Land zum Studieren in eine Stadt ging, war es damals in Tirol sozusagen eine Selbstverständlichkeit, dass er Geistlicher werden wollte, es sei denn, dass er der Sohn eines Beamten oder eines Arztes war.

„Warum nicht? Aus ihm könnte durchaus ein guter Priester werden und finanziell könnt ihr euch sein Studium wohl leisten."

Es bedurfte nun keiner allzu langen Überlegungen mehr, und es stand fest: Der Bub geht studieren! Dem Vater gefiel die Vorstellung und auch die Mutter verhehlte nicht ihre Freude. Der Wastl war auch

Feuer und Flamme und konnte es kaum erwarten, in die Welt hinaus-
zukommen.

Für Osttiroler war es in jenen Jahren beinahe selbstverständlich, in
Brixen zu studieren. Nur ganz wenige Buben wurden nach Bozen,
Innsbruck oder Hall geschickt. In Brixen standen zwei Gymnasien zur
Auswahl: Bereits seit langer Zeit existierte das Kassianeum, ein geistlich
geführtes Internat, dessen Zöglinge das Staatsgymnasium in Brixen besuchten, wo Augustiner-Chorherren aus dem nahen Kloster Neustift
unterrichteten. Diese alte Domschule war eine erfolgreiche Ausbildungsstätte und konnte auf eine altehrwürdige Geschichte blicken, die
bis ins 10. Jahrhundert zurückreicht.

Die Entscheidung fiel aber dann doch zu Gunsten des Vinzentinums,
das erst kürzlich eröffnet worden war und dessen Name auf den Erbauer Fürstbischof Vinzenz Gasser zurückgeht. Dieses diözesane Knabenseminar, das Gymnasium und Internat unter einem Dach vereinigte,
verdankte seine Errichtung dem Priestermangel jener Zeit.

Bis dorthin hatten die öffentlichen Gymnasien Tirols und Vorarlbergs
für den regelmäßigen Nachschub an Priesteramtskandidaten in der
Diözese Brixen gesorgt. Doch seit den 1850er-Jahren konnten die neu
ausgebildeten Neupriester die Zahl jener, die durch Tod, Krankheit
oder Alter ausgeschieden sind, nicht mehr voll ersetzen. 1872 waren
von 999 geistlichen Planstellen 92 wegen Priestermangels nicht besetzt
(auch Vorarlberg gehörte damals zur Brixner Diözese). Fürstbischof
Vinzenz Gasser sah den Hauptgrund für diese Entwicklung in den liberalen Tendenzen, die sich an den Schulen jener Zeit ausbreiteten. 1867
kamen die neuen Schulgesetze dazu: Bis dahin war die Schulaufsicht
in den Händen der Kirche gelegen, die natürlich Wert auf eine katholische Formung der Jugend gelegt hatte und dabei auch von den Lehrern
unterstützt worden war. Aber der politische Wind hatte sich schon seit
einiger Zeit gedreht.

In Wien kam eine liberale Regierung an die Macht, die ein neues
Staatsgrundgesetz nach liberalen Grundsätzen erließ. Eines der Ziele

war, die Macht des Adels und der Kirche zu brechen, dazu gehörte auch, den Einfluss der Kirche im Schulbereich zurückzudrängen. Deshalb übernahm nun der Staat die Schulaufsicht. Der Kirche blieb nur noch der Religionsunterricht.

Nun war für den Fürstbischof Feuer am Dach, denn er musste damit rechnen, dass der Jugend in Zukunft keine christlichen Wertvorstellungen mehr vermittelt würden, dafür aber liberales, antiklerikales Gedankengut Einzug hält. Als Folge würde der Priesternachwuchs noch weiter zurückgehen. Vinzenz Gasser war in allem ein Mann der Tat. Daher wollte er nicht mehr länger zuwarten und auf eine unsichere Zeitenwende hoffen. Von 1873 bis 1876 ließ er ein Knabenseminar mit Gymnasium errichten, das den Priesternachwuchs fördern und der Diözese gute Seelsorger in ausreichendem Maße bringen sollte. Damit auch Laien christliches Gedankengut in die Welt hinaustrügen, war das Vinzentinum von Anfang an auf ausdrücklichen Wunsch des Fürstbischofs auch für solche geöffnet, die nicht den Priesterberuf ergreifen wollten.

Das Vinzentinum erfüllte über Jahrzente bis nach dem Ersten Weltkrieg für ganz Tirol und Vorarlberg die ihm gestellte Aufgabe. Ab 1926 durfte aber das Vinzentinum auf Befehl der Faschisten keine Schüler mehr aus Nordirol und Vorarlberg aufnehmen. Damit war dieser nördliche Teil der Diözese von der Brixner Ausbildungsstätte abgeschnitten. Aber der Salzburger Fürsterzbischof Sigismund Waitz als für Nordtirol und Vorarlberg zuständiger Oberhirte – ein gebürtiger Brixner und Freund Reimmichls – reagierte sofort, erwarb die ehemalige Landesschützenkaserne in Schwaz und baute sie zum Knabenseminar Paulinum um. Der Betrieb begann dann mit 202 Schülern. Übrigens: Der Name Paulinum geht auf einen Wunsch von Fürsterzbischof Waitz zurück, der für den Völkerapostel Paulus besondere Bewunderung und Verehrung zeigte.

Reimmichl verbrachte insgesamt dreizehn Jahre in Brixen: Acht Jahre am Gymnasium Vinzentinum, anschließend vier Jahre im Priesterseminar und fünf Jahre später noch einmal ein Jahr, als er 1898 die Zeitungsredaktion der „Brixner Chronik" und des „Tiroler Volksboten" übernehmen musste. Jugendjahre bleiben oft besonders stark in Erinnerung und man wird unschwer verstehen, dass das alte Städtchen am Eisack in Reimmichls Herzen besonders tiefe Wurzeln schlug – ja ihm zur zweiten Heimat wurde.

Brixen war zu Reimmichls Gymnasialzeit eine Kleinstadt mit rund 5000 Einwohnern (heute 22.000). Vom Dombezirk aus im Zentrum erreichte man den Stadtrand bereits nach wenigen hundert Schritten. Auch andere Tiroler Städte waren damals noch recht bescheiden; Innsbruck zählte 35.000 Einwohner, Bozen 18.000, die Millionenstadt München entsprach mit 270.000 Einwohnern der heutigen Größe von Graz.

Der Brixner Talkessel ist uraltes Siedlungsgebiet. Archäologische Funde im kleinen Weiler Melaun oberhalb der Stadt gaben sogar einem Zeitabschnitt im Alpenraum vor 3300 Jahren den Namen: die Laugen-Melaun-Kultur. Die Stadt Brixen – sie ist die älteste Stadt Tirols – wird erst später greifbar, aber immerhin bereits im 5. Jahrhundert v. Chr.: Vor zwei Jahrzehnten wurden am Domplatz in vier Metern Tiefe Reste einer Hütte aus jener Zeit freigelegt.

In der Tradition der Stadt gilt der 13. September 901 als Gründungsdatum. Damals schenkte König Ludwig das Kind dem Bischof von Säben einen großen Gutshof in Prihsna (Brixen), der dann dem hl. Bischof Albuin die materielle Grundlage dafür bot, den Bischofssitz um das Jahr 990 von Säben/Klausen nach Brixen zu verlegen. Fast 1000 Jahre war Brixen Bischofssitz, ehe es 1964 zur Neuordnung der Diözesangrenzen kam und der Bischof nach Bozen übersiedelte. Die legendäre Überlieferung berichtet, dass der hl. Kassian dieses Bistum noch in spätrömischer Zeit gegründet haben soll; auf jeden Fall ist dann der hl. Ingenuin 579 der erste geschichtlich belegte Bischof auf Säben.

Die Heiligen Ingenuin und Albuin sind heute Diözesanpatrone von Bozen-Brixen (Gedenktag ist der 5. Februar); der hl. Kassian als dritter Patron wird jedes Jahr am zweiten Sonntag nach Ostern mit der weitum bekannten Kassianiprozession geehrt. Diese Prozession war damals, als Reimmichl das Vinzentinum besuchte, einer der jährlichen

Der Brixner Dom, durch 1000 Jahre kirchliches Zentrum der Diözese Brixen. (Foto: Herzog)

Höhepunkte im Leben der Stadt und wird auch heute noch mit großem barockem Aufwand begangen. Alle drei Heiligen stehen als überlebensgroße Statuen über dem Eingang zum Brixner Dom.

Vor 1926 reichte die Diözese Brixen im Süden bis Klausen, im Westen umfasste sie Vorarlberg, im Norden ganz Nordtirol westlich des Zillers, im Osten ging sie bis an die tirolisch/kärntnerische Grenze. Bis zur Entstehung der Grafschaft Tirol im 13. Jahrhundert waren die Fürstbischöfe über 300 Jahre hinweg die einzige nicht nur geistliche, sondern auch politische und kulturelle Kraft im Lande. Auch wenn dann die weltliche Macht von den Tiroler Landesfürsten übernommen wurde, blieb die religiöse und kulturelle Ausstrahlung ungebrochen. Brixen war das geistige Zentrum Alt-Tirols. Die Ausbildung der Weltpriester und die höhere Ausbildung eines nicht geringen Teils der Jugend vollzogen sich seit dem Mittelalter in Brixen.

Als Reimmichl am 14. September 1880 in Brixen ankam, sah er zuerst einmal nicht viel von der altehrwürdigen Bischofsstadt, denn sowohl der Bahnhof als auch der mächtige Bau des Vinzentinums lagen damals noch vor der Stadt.

Schüchtern betrat der Bub aus dem Defereggental das riesengroße Gebäude, das ihm nun für acht Jahre Heimat werden sollte. Wie begeistert war der Wastl damals, als man ihm eröffnete, dass er studieren dürfe. Jetzt aber, in der Bischofsstadt angekommen, fand er sich nicht leicht zurecht. Reimmichl erzählte später, wie es ihm, dem scheuen, unbeholfenen Bübl aus dem hintersten Tal, die erste Zeit erging: Bisher war der heimatliche Kirchturm das größte Weltwunder, hier aber schien ihm alles so riesengroß und unbekannt und oft genug blieb ihm der Mund offen vor Staunen. Immer wieder blieb er stehen, um den noblen Damen und Herren nachzusehen und sich über die Mode zu wundern.

Im Vinzentinum selbst wollte es dem Wastl anfänglich nicht gefallen. Das Haus war ihm viel zu groß und in den ersten Tagen verirrte er sich mehr als einmal in den zahlreichen Stockwerken und Gängen. Zu Hause hatte man dem Wastl eingeschärft, er müsse immer freundlich und höflich sein: „Bevor man ein Zimmer betritt, nimmt man den Hut ab und klopft an!" Der Wastl nahm das wörtlich, auch dann, wenn er z. B. das Klassenzimmer, den Speisesaal oder das Studierzimmer betrat. Warum man in der Klasse nicht den Rock ausziehen darf, sah er auch nicht ein. Auch die einheitliche Schulkleidung war nicht nach seinem Geschmack.

In diesen ersten Tagen drückte es ihm schwer aufs Herz, in der Fremde zu sein. Damals lernte er zum ersten Mal das Heimweh kennen. Als er dann glaubte, es nicht mehr ertragen zu können, beschloss er ins Defereggental zur Mutter heimzukehren. Sie würde ihn schon verstehen. Um nicht aufzufallen, schien ihm Mitternacht der geeignete Fluchtzeitpunkt zu sein. Er schlich auf leisen Sohlen aus dem Schlafsaal und durch die Gänge dem Ausgang zu. Der Wastl hatte aber nicht mit dem großen Haushund gerechnet, der im Hof seinen Platz hatte und sofort anschlug und sich mit gefletschten Zähnen dem jungen Ausreißer nä-

Das Knabenseminar Vinzentinum in Brixen (Blick von Süden), benannt nach dem Erbauer Fürstbischof Vinzenz Gasser. Hier verbrachte Reimmichl die Gymnasialjahre. (Foto: Schlern 47/1973)

herte. Dem Wastl fiel das Herz in die Hose, er machte kehrt und legte sich wieder unbemerkt ins Bett.

Der alte Reimmichl erzählte später öfters schmunzelnd, dass er seinen Priesterberuf neben der Vorsehung einem Hund verdanke.

Nach diesem nächtlichen Fehlschlag stürmten aber immer mehr neue Eindrücke auf den jungen Studenten ein. Die Schule und das Treiben im Internat ließen für trübe Gedanken bald keinen Platz mehr. Von nun an drehte sich das Leben im Vinzentinum um zwei Brennpunkte: Den einen bildete das Heim mit seinen Vorgesetzten, der strikten Zeiteinteilung und dem regelmäßigen Wechsel von Studium und Erholung, den anderen die Schule mit den zahlreichen Unterrichtsfächern und Professoren.

Das Studieren machte dem Wastl viel Freude. Zwar zeigte sich noch öfters seine anfänglich unbeholfene Art, wenn er etwa nicht nur an den Fingern, sondern auch auf den Wangen und der Nase schwarze Spuren hatte. Das kam daher, dass er den Umgang mit Feder und Tinte bisher nicht gewohnt war. Auch sein Stottern brachte ihm so manchen Spott ein. Sein Mitschüler Georg Harrasser erzählt: „In den ersten Studienjahren litt Wastl an einem Sprachfehler, er stotterte arg. Am ärgsten, wenn er in der Schule geprüft wurde, ohne gut vorbereitet zu sein. Da ließ ihn dann manchmal der Professor in Gnaden laufen oder trug selbst vor, was der Schüler hätte sagen sollen." Aber bald erkannten die Mitschüler, dass Wastl vielen an Wissen überlegen war und bei allem Fleiß, den er an den Tag legte, für jeden Spaß zu haben war. Er wurde zu einem beliebten und geschätzten Mitschüler.

So ein großes Haus wie das Vinzentinum war vorübergehende Heimat von Buben aus allen Teilen des Landes. Und so machte der Wastl bald deutsch-, ladinisch- und italienischsprachige Bekanntschaften. Dazu hörte er noch verschiedene Dialekte wie jenen der Vorarlberger, der ihm überhaupt unverständlich blieb. Es war die reinste babylonische Sprachenverwirrung.

Auch mit einem Buben aus Steinach am Brenner namens Ferdinand Plattner – er wurde Nante bzw. Nant gerufen – kam der Wastl ins Gespräch. Aus dieser ersten Begegnung entwickelte sich eine dicke Freundschaft, die bald üble Früchte tragen sollte. Und das kam so:

Während der Studierzeit wollte der Nant dem Wastl das Bauchreden lehren. Darüber lachte die ganze Klasse. Als der Präfekt, der die Aufsicht führte, den Nant als Missetäter ausfindig gemacht hatte, nahm er ihn mit ins Nebenzimmer, aus dem man umgehend ein Sausen durch die Luft und einen Schlag hörte. Wastl sagte dazu: „Jetzt hat's eins geschlagen." Wieder allgemeines Gelächter. Der Präfekt erschien: „Was gibt's da?" „Der Wastl hat gesagt, jetzt hat's eins geschlagen", verriet ein lieber Mitschüler. „So, so", bemerkte der Präfekt, „komm nur, Wastl, dann lassen wir's gleich zwei schlagen." Der Wastl wankt dem Gestrengen nach und bald tanzt der Rohrstock zweimal auf seine ausgestreckte Handfläche. Das war die Feuerprobe der edlen Freundschaft und sie wurde infolgedessen noch enger. Der Wastl und der Nant saßen in der letzten Bank links außen. Da die beiden aber als notorische Ruhestörer galten, wurden sie bald getrennt. Diese Maßnahme in Verbindung mit so mancher Strafaktion brachte langsam Einsicht und Besserung.

Die Freude an harmlosen Streichen und so manchen Schabernack blieb den beiden aber ein Leben lang erhalten. Einer der Streiche des erwachsenen Nant hätte aber beinahe böse geendet. Und das kam so: Nant bzw. Ferdinand Plattner wurde wie Reimmichl ein volksverbundener Priester und beschäftigte sich eingehend mit Heimat- und Volkskunde. Er leitete die Krippenbauschule in Sarns bei Brixen und gilt heute als Vater der Südtiroler Krippe. Als er zu Weihnachten 1944 wie jedes Jahr die Krippe aufbaute, stellte er in den Stall nur Ochs und Esel hinein. Als er gefragt wurde, wo denn die Heilige Familie geblieben sei, antwortete er, dass diese heuer vor den Nationalsozialisten geflohen sei und dass nur Hitler und Mussolini bei der Krippe geblieben wären. Die Folgen dieser Erklärung waren fatal: Er wurde angezeigt und zu fünf Jahren Kerkerstrafe verurteilt, die er allerdings wegen des Kriegsendes nicht mehr antreten musste.

1899 schrieb Reimmichl im „Tiroler Volksboten" in Erinnerung an den Freund und die gemeinsame Jugendzeit die Fortsetzungsgeschichte „Der Nant", die später auch als Buch in zahlreichen Auflagen erschien. Die Leser waren begeistert und warteten ungeduldig auf die Fortsetzungskapitel. Als Reimmichl diese Geschichte dann für mehrere Nummern unterbrach – er hatte die Fortsetzung noch nicht geschrieben –, erhielt er beinahe tagtäglich Anfragen, was denn aus dem Nant geworden sei und wie es weitergehe, und so entschloss er sich, mit der Geschichte ohne Unterbrechung fortzufahren und sie zum Ende zu bringen.

Der Wastl war kein Musterschüler, aber er zählte zu den guten und lernte viel im Vinzentinum. Reimmichl konnte – da staunen gewiss heutige und ehemalige Lateinschüler – in der Sprache Ciceros und Cäsars nicht nur Aufsätze schreiben, sondern sogar sprechen! Auch anmutige lateinische Verse gingen ihm leicht von der Hand. Und doch, „Deutsche Sprache und Literatur" war neben Geschichte und Geografie sein Lieblingsfach. Im deutschen Reimen hatte er zu Beginn allerdings seine Schwierigkeiten, da flossen die Zeilen nur zäh aus der Feder. Aber im Laufe der Zeit legte sich der Wastl eine reichhaltige Sammlung an Reimwörterpaaren an und nun flossen die Gedichte wie eine sprudelnde Quelle. Bereits als Gymnasiast versuchte er sich an Novellen und Dramen, die bereits ein gewisses Talent erkennen ließen.

Seine Aufsätze zeigten von Anfang an Phantasie und Stilsicherheit, sodass sie – wie Mitschüler berichteten – oft als beispielhaft vorgelesen wurden. Dieses Talent wurde sicher auch dadurch gefördert, dass er gern und viel klassische und moderne Literatur las. Dieses viele Lesen, auch bei ungünstigen Lichtverhältnissen, denn es gab noch kein elektrisches Licht, forderte seinen Tribut. Die Sehkraft ließ zu wünschen übrig und der Wastl brauchte Brillen, an die er sich nur langsam gewöhnte.

Viel Schweiß hat dem Wastl die Rechenkunst und die Mathematik gekostet. Kurz gesagt, er stand mit ihr auf Kriegsfuß, was ihm so manchen Sechser einbrachte – das entsprach damals dem heutigen Fünfer. Sprachen hingegen machten dem jungen Studenten Freude, nicht nur Latein und Griechisch. Er lernte auch Französisch und Italienisch. Italienisch sprach er recht gut, immerhin wurde im südlichen Tirol (Trentino) Italienisch gesprochen. Auch war es ihm von Nutzen, als ihn später mehrere Reisen nach Italien führten. Französisch brach er allerdings bald wieder ab.

Dann kam die Zeit – die ersten Barthaare sprossen schon –, als der Wastl mit dem fernen Amerika in Berührung kam, wenn auch nur in Form von Zigarren aus Puerto Rico. Der erste Versuch, sich an köstlichem Rauch zu erfreuen, endete kläglich mit Erbrechen und Durchfall. Trotzdem erlernte er später doch noch das Rauchen und es wurde zu seinem größten Laster.

In den Ferien daheim ließ es sich der Wastl gut gehen. Man sah ihn kaum jemals bei der Heuarbeit oder im Stall. Für den Bauernstand aber zeigte er lebhaftes Interesse, für bäuerliche Sitten und Gebräuche, für die wirtschaftliche und soziale Lage der Landwirtschaft. Lesen, Gitarre spielen und singen, ab und zu eine Wanderung zu Marienwallfahrten in der näheren und weiteren Umgebung oder die Besteigung eines Joches brachten ihm Erholung. Jeden Dienstag fand in einem Gasthaus

An einem selten klaren Augustmorgen des Jahres 1884 erlebte Reimmichl am Gipfel des Großglockners einen überwältigend schönen Sonnenaufgang. „Weder vorher noch später habe ich jemals so etwas Großes gesehen." (Foto: W. Mair)

das Treffen der Deferegger Studenten statt. Dabei übernahm oft Reimmichls Vater die ganze Zeche.

Ein Sonnenaufgang am Gipfel des Großglockners prägte sich tief in das Gemüt und die Erinnerung des damals Siebzehnjährigen ein. Dieses unvergessliche Naturschauspiel weckte in Reimmichl eine leidenschaftliche Liebe zur Heimat, zum Land Tirol. Noch im hohen Alter erzählte er von jener beglückenden Morgenstunde auf dem Gipfel. Von daher rührte auch seine heiße Liebe zu den Bergen, die in vielen seiner Geschichten beredten Ausdruck findet.

Nach acht Jahren Freud und Leid, Erfolgen und Misserfolgen, erlebter Geselligkeit und Kameradschaft trat Wastl im Frühsommer 1880 zur Reifeprüfung an: In Deutsch „vorzüglich", in den Sprachen je ein „sehr gut". Nur die Mathematiknote verhinderte ein Vorzugszeugnis. Er durfte aber zufrieden sein. Aus dem schüchternen Bübl aus dem hintersten Tal war ein junger Mann geworden, der sich zwar noch immer

Man ging vom Kreuzgang „übers Brüggele" zum Brixner Priesterseminar, einem Barockbau aus dem Jahre 1771. (Foto: Herzog)

in Bescheidenheit übte, aber gleichzeitig wusste, was er wollte: Priester werden.

Östlich des Brixner Dombezirks, jenseits des Kreuzganges, floss früher die Wier (= Wehr, aufgestautes Wasser), ein Nutzwasserkanal, der – vom Eisack gespeist – unterhalb von Vahrn begann und an dessen Ufern Müller, Schmiede, Gerber u. a. ihrem Gewerbe nachgingen. Über diesen Kanal führte eine schmale Brücke (Brüggele). Wollte man nun vom Dombezirk zum Priesterseminar, musste man über selbiges gehen. Im Volksmund sagte man daher von jemandem, der ins Priesterseminar eingetreten ist, dass er „übers Brüggele" gegangen wäre.

Die Frage, welchen Beruf er ergreifen sollte, bereitete Reimmichl nach der Matura kein Kopfzerbrechen. Der Wunsch Priester zu werden war in ihm während der acht Jahre im Vinzentinum stetig gewachsen und gereift, und so beschritt er im Herbst 1888 in voller Überzeugung, den richtigen Schritt zu tun, den Weg „übers Brüggele" ins Priesterseminar, wo er mit den meisten seiner Klassenkameraden wieder zusammentraf.

Bis zum Ersten Weltkrieg zählte das Brixner Priesterseminar zu den berühmtesten Theologischen Lehranstalten des ganzen Habsburgerreiches. Gleichzeitig galt es als ein Bollwerk gegen Liberalimus und wurde zu der Zeit, als Reimmichl dort studierte, zur Hochburg christlichsozialer Ideen.

Das heutige Seminar steht auf den Fundamenten eines mittelalterlichen Hospizes, wurde 1771 als Barockbau errichtet und ist mit wertvollen künstlerischen Arbeiten ausgestattet. Joseph Ratzinger ist dem Seminar seit vielen Jahren eng verbunden. Zehnmal verbrachte er als Kardinal und einmal als Papst seinen Sommerurlaub im Brixner Priesterseminar.

Bis 1938 war das Brixner Seminar die Bildungsstätte auch für die Nordtiroler Anwärter, ehe ihnen diese Möglichkeit auf Grund der politischen Verhältnisse genommen wurde und ihnen die Jesuiten im Innsbrucker Canisianum Aufnahme geboten haben. 1955 wurde dann in der Innsbrucker Riedgasse das neue Priesterseminar errichtet.

Das Theologiestudium betrieb Sebastian Rieger gewissenhaft und mit bestem Erfolg. Er blieb der tiefgläubige, lebensfrohe und gemütsvolle Wastl. Welterfahrene Professoren weiteten seinen Blick für die sozialen Probleme des Volkes, denn bereits zu dieser frühen Zeit hörten die Priesteramtskandidaten in Brixen sozialwissenschaftliche Vorlesungen.

Rieger brannte für seine kommende Aufgabe als Seelsorger, dabei sah er im aufstrebenden Tourismus eine Gefahr für Glaube und Sitte im Land. In jugendlichem Eifer lehnte er ihn weitgehend ab. Für eine seiner Probepredigten im Speisesaal des Priesterseminars wählte er das Thema „Fremdenverkehr". Dabei zog er alle Register und schoss in der Verurteilung weit übers Ziel hinaus.

Dr. Franz Egger, der Regens und spätere Bischof von Brixen, rief den feurigen Prediger anschließend zu sich und fragte ihn, ob er auch draußen in der Seelsorge so zu predigen gedenke. Und nach einer kurzen Pause: „Herr Rieger, so geht das wohl nicht."

Reimmichl erzählte in späten Jahren oft von dieser Episode und lachte über sein damaliges jugendliches Ungestüm, denn im Lauf der Jahre hat er sehr wohl erkannt, dass der Tourismus für Bevölkerung und Land auch viel Positives brachte.

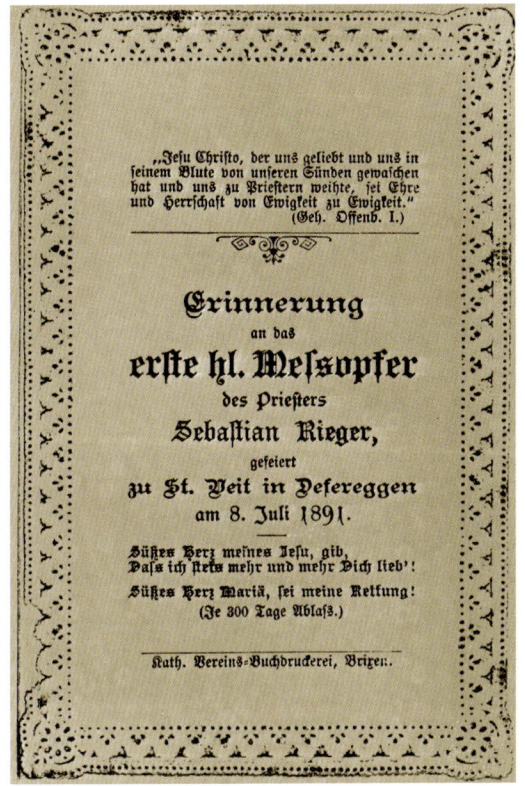

„Jesu Christo, der uns geliebt und uns in seinem Blute von unseren Sünden gewaschen hat und uns zu Priestern weihte, sei Ehre und Herrschaft von Ewigkeit zu Ewigkeit."
(Geh. Offenb. I.)

Erinnerung

an das

erste hl. Messopfer

des Priesters

Sebastian Rieger,

gefeiert

zu St. Veit in Defereggen

am 8. Juli 1891.

Süßes Herz meines Jesu, gib,
Daß ich stets mehr und mehr Dich lieb'!
Süßes Herz Mariä, sei meine Rettung!
(Je 300 Tage Ablaß.)

Kath. Vereins-Buchdruckerei, Brixen.

Erinnerungsbildchen an Reimmichls Primiz. (Foto: Reimmichlmuseum, Hall)

Mit Ernst- und Gewissenhaftigkeit bereitete sich Rieger auf die priesterlichen Weihen vor. Wegen seines höheren Alters – er begann seine Studien ja erst mit 13 Jahren – erhielt er Dispens und wurde noch vor Beendigung des Theologiestudiums am Peter-und-Pauls-Tag 1891 im Brixner Dom von Fürstbischof Simon Aichner in Anwesenheit seiner Eltern, Geschwister und einiger Verwandter zum Priester geweiht.

Am 8. Juli 1891 feierte der Neugeweihte in seiner Heimatkirche St. Veit in Defereggen seine Primiz. Es war ein großartiges Fest, von dem die Leute noch Jahrzehnte später redeten. Dass an nichts gespart werden musste und sich alle mitfreuen konnten, dafür sorgte ein stolzer Vater Rieger, der tief in seinen Geldbeutel griff.

Ehe der junge Priester nun in die Seelsorge entlassen wurde, musste er noch ein weiteres Jahr nach Brixen, um seine Studien abzuschließen.

Lehr- und Wanderjahre

1892 trat der 25-jährige Sebastian Rieger als Kooperator (= einem Pfarrer zugeordneter Geistlicher) der Dekanalpfarre Stilfes bei Sterzing seine erste Seelsorgsstelle an. Zu seinem Wirkungskreis gehörte auch die auf der anderen Talseite gelegene Marienwallfahrt Maria Trens. Dort war der junge Geistliche voll gefordert, denn Maria Trens war seinerzeit neben Absam der größte Wallfahrtsort Tirols. Er war das Ziel zahlreicher Kreuzgänge – benannt nach dem Kreuz, das einem Wallfahrtszug vorangetragen wurde. An diesen Bittprozessionen aus oft weit entfernten Gemeinden nahmen nicht selten hunderte Menschen teil. Manchmal war die Kirche so überfüllt, dass sich in der kälteren Jahreszeit an den Wänden dünne Wasserrinnsale bildeten. Stundenlang saß er nun im Beichtstuhl, denn der Pilgerstrom riss selten ab. Dazu kam, dass Maria Trens zu den beliebtesten Hochzeitskirchen des Landes zählte; die Paare kamen aus allen Teilen Tirols. Für viele war diese Reise nach Trens, vielleicht noch mit einem Abstecher nach Sterzing oder Brixen, gleichzeitig die Hochzeitsreise. Deshalb verwundert es nicht, dass in Reimmichl-Geschichten öfters Brautpaare den Bund fürs Leben in Maria Trens schließen.

Im Beichtstuhl lernte nun Rieger erstmals die ganze Breite und Tiefe menschlichen Daseins kennen, die Nöte und Hoffnungen. Schnell sprach es sich herum, dass der Neue ein freundlicher und verständnisvoller Beichtvater war. Und er war gewissenhaft. Bevor er das erste Mal in den Beichtstuhl ging, fiel ihm plötzlich nicht mehr ein, wie das mit einer in gutem Glauben geschlossenen, aber ungültigen Ehe ist – in der Moraltheologie heißt der Fachausdruck dafür *matrimonium putativum*. So nahm er das entsprechende Moralbuch in den Beichtstuhl mit, um gegebenenfalls nachschauen zu können. Oft erzählte er später davon und fügte lachend hinzu: „Der Fall, über den ich mich damals so gesorgt habe, ist mir in den 60 Jahren meines priesterlichen Wirkens

Sebastian Rieger im Alter von etwa 25 Jahren, als er in die Seelsorge eintrat. (Foto: Reimmichlmuseum, Hall)

nie vorgekommen." Diese Episode zeigt aber einen Wesenszug Reimmichls: Er neigte zur Ängstlichkeit, wenn es um den Vollzug priesterlicher Handlungen ging. Da achtete er auf jede Kleinigkeit in der vorgeschriebenen Durchführung. Das galt vor allem für die Messfeier und beim Spenden von Sakramenten. Da konnte es schon vorkommen, dass er Teile einer heiligen Handlung wiederholte, um ja die Gültigkeit sicherzustellen.

Es bedeutete viel für Reimmichl, der ein großer Marienverehrer war, dass er gerade in einem Marienwallfahrtsort sein priesterliches Wirken beginnen durfte und dass er hier die Marienbegeisterung des Tiroler Volkes erfahren konnte.

Aber sein Aufenthalt in Stilfes/Maria Trens dauerte nur vier Monate, dann erreichte ihn das bischöfliche Versetzungsschreiben nach Sexten, einem kleinen Ort zehn Kilometer südlich von Innichen im Pustertal, ein Ort, der gerade seinen ersten Aufschwung nahm, nachdem die Städter die Dolomiten als Bergsteiger- und Wanderparadies entdeck-

Josef Bachlechner (1835–1915), Pfarrer
von Sexten, war dem jungen Kooperator
Rieger ein verständnisvoller Vorgesetzter.
(Foto: Archiv)

ten. Rieger hatte das Glück, in Sexten und später in Dölsach, der dritten
Station als Kooperator, Pfarrer als Vorgesetzte zu haben, in denen er ein
Vorbild für sein eigenes priesterliches Wirken sah. Zeitlebens sprach er
mit großer Achtung und tiefer Zuneigung von ihnen. In Sexten erlebte
er eine Gläubigkeit und Religiosität unter dem Volk wie in den darauffolgenden Jahren vielleicht nie mehr. Wenn man ihm später öfters
vorwarf, dass es den tiefen Glauben, den seine Gestalten in den Geschichten zeigten, im Volk nicht mehr gäbe, erwiderte er gewöhnlich:
„Ihr habt das alte Tirol nicht mehr gekannt!" Und dabei dachte er vor
allem an seine Jahre in Sexten.

Als der neue Kooperator dort im Herbst 1892 einzog, erwartete ihn
sein 57-jähriger Pfarrherr Josef Bachlechner, der erst seit fünf Jahren in
Sexten wirkte, aber bereits die Zuneigung der Bevölkerung durch seine Frömmigkeit, seinen seelsorglichen Eifer und seine tätige Teilnahme
und Unterstützung des Dorflebens erworben hatte. So war er u. a. Mit-
begründer der Feuerwehr. Die Gemeinde dankte später ihrem Pfarrer
mit der Verleihung der Ehrenbürgerschaft.

Reimmichl fühlte sich durch die freundliche Aufnahme im Pfarrhaus
und durch die Bevölkerung bald heimisch. Wegen seiner umgänglichen
Art wurde er bald zu Festen und Familienfeiern eingeladen und feierte
gerne mit.

Michael Rogger (1821–1909), Schuster
in Sexten. Seine „Reimereien" lieferten
dem jungen Kooperator Rieger Stoff für
Geschichten im Volksboten, die er unter
der Überschrift „Was der Michl erzählt"
veröffentlichte. Rogger nannte ihn dar-
aufhin einen „Reimmichl". Dieser Name
ging dann bald auf den Autor über.
(Foto: Archiv)

Hier nun schlug Riegers eigentliche Geburtsstunde als Volksschriftsteller und hier erhielt er den Namen Reimmichl, der bald so populär war,
dass er den bürgerlichen Namen Sebastian Rieger vollkommen ver-
drängte. Mitbrüder und Bekannte nannten ihn nur noch Michl; seine
engsten Freunde nach wie vor Wastl.

1892 wurde von Männern um den Brixner Theologieprofessor Aemilian Schoepfer der „Tiroler Volksbote" gegründet, nachdem sie bereits
vier Jahre zuvor die „Brixner Chronik" aus der Taufe gehoben hatten,
die auf das städtische Publikum ausgerichtet war. Die neu gegründete Zeitung sollte für die Landbevölkerung sein. Dr. Schoepfer schrieb
dazu: „Wir brauchen ein recht pupulär geschriebenes Blättchen, das
nur alle zwei Wochen erscheint und darum so billig ist, dass es in jedes
Haus Aufnahme finden kann, das so geschrieben ist, dass es von allen
gerne gelesen wird, das einen solchen Inhalt hat, dass es überall recht
viel Nutzen stiftet." Mit diesem Blättchen wollte Schoepfer einerseits
den katholischen Glauben im Land festigen sowie Angriffe gegen ihn
vor allem von liberaler und sozialdemokratischer Seite abwehren, andererseits die Sache der christlich-sozialen Partei unterstützen. Am 22.
Dezember 1892 erschien unter der Leitung des Brixner Theologiepro-
fessors Dr. Sigismund Waitz, dem späteren Erzbischof von Salzburg, die
erste Ausgabe des „Tiroler Volksboten".

Der alte Schustertisch des Michael Rogger, des „Ur-Reimmichl", hat die Zeiten überdauert; heute dient er als Werkzeugablage. (Foto: Archiv)

Rieger begann zuerst in unregelmäßigen Abständen kleinere Geschichten für dieses neue Wochenblatt zu schreiben. Herausgeber und Schriftleiter kannte er von seinen Brixner Tagen her, Die Themen lieferte ihm am Anfang ein Sextener Original. Und das kam so:

In Sexten im Unterdorf lebte und arbeitete der alte Schuster Michael Rogger. Beim „Unterschmiedergütl" oder „Gaaser" lautete der Hausname. In seinen jungen Jahren hütete nämlich der Michl Rogger zwanzig Sommer hindurch im nahen Fischleintal die Ziegen der Sextener Bauern. Die Ziege oder Geiß heißt in der dortigen Mundart Gaas. Deshalb nannten ihn die Leute „Gaaser", ein Übername, der den alten Hausnamen dann in den Hintergrund drängte.

Dieser alte Schuster Michl Rogger war ein begnadeter Erzähler und unterhielt seine Kundschaft und die Nachbarn mit seinen Geschichten. So trafen sich die Leute gern zum Feierabend in seiner Werkstatt und

Das Bild aus Reimmichls Dölsacher Zeit (1894–1897) zeigt den hochverehrten Pfarrer Johann Treyer (sitzend) im Kreis der „Widumsfamilie"; der junge Kooperator mit Pfeife ist Reimmichl. (Repro O. Voght)

lauschten gespannt den Erzählungen. Auch der neue Kooperator zählte gelegentlich zu den Zuhörern und war von der Originalität des alten Mannes begeistert. Daheim machte er sich dann sogleich Notizen von dem Gehörten, aus denen die ersten Kurzgeschichten entstanden, die kurze Zeit später im „Tiroler Volksboten", mit R (für Rieger) oder S. R. (für Sebastian Rieger) gezeichnet, erschienen.

In einem nächsten Schritt leitete er die Kurzgeschichten mit der Überschrift ein: „Was der Michl (nämlich der Rogger Michl) erzählt". Wer hinter dem Namen Michl stand, wussten die Leser nicht.

Nun wurde aber der „Tiroler Volksbote" auch in Sexten bereits fleißig gelesen. Eines Tages hält der alte Michl dem Sebastian Rieger mit der Bemerkung „Sie sind mir ja ein schöner Reim-Michl" eine Ausgabe des

„Tiroler Volksboten" unter die Nase. Der Michl hatte nämlich eine seiner Erzählungen wiedererkannt, die der Kooperator diesmal nur wenig verändert ins Blatt setzen ließ. Die Art, tatsächliche Ereignisse mit teilweise erfundenen auszuschmücken und zu ergänzen, nannte man seinerzeit in der Volkssprache „reimen". Erhalten geblieben ist der Ausdruck in der Redewendung „sich etwas zusammenreimen".

Sebastian Rieger gefiel diese Wortschöpfung des alten Schusters und er schrieb nun ab 1. März 1894 seine Geschichten unter der Überschrift: „Was der Reimmichl erzählt". Die Leser liebten diese Geschichten und lasen sie mit Begeisterung. Jedes Mal wenn ein neuer Volksbote erschien, hieß es: „Was der Reimmichl wohl diesmal wieder schreibt?". Dieser Satz wurde gleichsam zu einem geflügelten Wort und es dauerte nicht lange, bis der Name Reimmichl auf den Autor überging.

Das Unterschmiedergütl des alten Rogger steht heute nicht mehr. An seiner Stelle errichtete der Ururenkel einen modernen Neubau. Die Schusterbank aber, an der der „Ur-Reim-Michl" alt wurde, hat die Zeiten als Erinnerungsstück überdauert und steht nun im neuen Haus.

Die Zeit verflog und bereits nach zwei Jahren übersiedelte Reimmichl in das sonnige Dölsach bei Lienz. Rückblickend hielt er die nun folgenden drei Jahre für die glücklichsten und unbeschwertesten seines Lebens. Und wieder war es ein Pfarrherr, der großen und entscheidenden Einfluss auf Reimmichl als Seelsorger ausübte. Johann Treyer (1812–1899) wirkte über 20 Jahre als Pfarrer in Dölsach. Selbst ein ausgezeichneter Sänger, förderte er besonders die Kirchenmusik; er sorgte für die Renovierung der Kirche, schaffte neue Paramente (liturgische Gewänder), Festtagsleuchter und eine herrliche Monstranz an, denn festliche Gottesdienste an hohen Feiertagen in der schön geschmückten Kirche waren ihm ein Anliegen, um so besser das Herz der Gemeinde ansprechen zu können. Hohen Stellenwert hatte für ihn die Gastfreundschaft. Bereitwillig stellte er Besuchern Küche und Keller zur Verfügung. Deshalb kam man auch gern im Dölsacher Widum zusammen, und das freute Pfarrer Treyer. In seiner Gegenwart durfte allerdings kein böses Wort über Mitmenschen fallen und nie hat jemand aus seinem Mund ein solches gehört. Der Friede in der Gemeinde war ihm sehr wichtig. Hörte er von irgendeinem Streit, bemühte er sich persönlich und meist erfolgreich als Schlichter.

Es ist also kein Wunder, dass diese Priesterpersönlichkeit den jungen Kooperator beeindruckte und dass er ihn verehrte. Als Treyer 1899 starb, widmete ihm Reimmichl im „Volksboten" einen ausführlichen, dankbaren Nachruf.

Es war üblich, dass ein Priester in den ersten Jahren öfters mit Versetzungen rechnen musste. Ziel war es, junge Priester unter der Anleitung eines Pfarrers Erfahrung sammeln zu lassen. Reimmichl war als Kooperator ein Jahr in Stilfes/Maria Trens, zwei Jahre in Sexten und drei Jahre in Dölsach. Dann hieß es wieder packen. Das nächste Ziel war Sand in Taufers nahe Bruneck. Kaum hatte er sich in seiner neuen Wirkungsstätte eingerichtet, kam nach einem halben Jahr bereits der nächste Marschbefehl, dem er nur sehr widerstrebend folgte. Am fürstbischöflichen Hof in Brixen wurde beschlossen, Sebastian Rieger aus der Seelsorge herauszunehmen und ihm für die nächste Zeit die Redaktion der „Brixner Chronik" und des „Tiroler Volksboten" zu übertragen.

Der bisherige Redakteur Sigismund Waitz, ein Freund Reimmichls und späterer Erzbischof von Salzburg, stand nämlich vor einer Operation, der eine längere Genesungszeit folgen würde.

Dass die Entscheidung auf Rieger fiel, hing mit seiner erfolgreichen Mitarbeit beim „Tiroler Volksboten" zusammen. Reimmichl hatte mit seinen Beiträgen und Geschichten schnell Aufmerksamkeit erregt und bereits eine begeisterte Leserschaft gewonnen.

Reimmichl folgte dem Ruf zwar mit gemischten Gefühlen, andererseits erwartete er sich aber in der Bischofsstadt mehr geistige Anregung als am stillen Land.

Die neue Zeit

Der englische Althistoriker Ronald Syme (1903–1989) hielt es „für vermessen und unbillig, an eine historische Person andere Maßstäbe anzulegen als die seiner Zeit, seiner Klasse und Stellung". Diesem Grundsatz folgend, soll nun als Einleitung zu diesem Abschnitt die Zeit, in der Reimmichl als einflussreicher Redakteur wirkte, in groben Zügen beleuchtet werden.

Die Menschen des 19. Jahrhunderts lebten in einem Obrigkeitsstaat, in dem alles von oben festgelegt und geregelt wurde. Die Obrigkeit bestimmte, was rechtens und erwünscht war. Auch die persönliche Lebenswelt des Einzelnen war geregelt. Die Gesellschaft gab für den Einzelnen unter dem Einfluss von Staat und Kirche die Verhaltensnormen vor. Die Kontrolle der Einhaltung übernahm die Gemeinschaft selbst, wobei die dörfliche strenger richtete als die städtische. Wer sich nicht an die gesellschaftlichen Normen hielt, wurde zum Außenseiter und an den Rand verbannt oder ausgestoßen.

Eine Teilnahme der Bürger am öffentlichen Entscheidungsprozess begann erst mit der Verfassungsreform 1861 und entwickelte sich innerhalb der nächsten Jahrzehnte zu unserem heutigen demokratischen Selbstverständnis.

Neben dem Staat spielte die katholische Kirche eine bedeutende Rolle. Dabei ist zweierlei zu berücksichtigen. Die katholische Kirche regelte über die Glaubens- und Sittenlehre – damals ein häufig gebrauchtes Begriffspaar – und die daraus entstandenen Gebräuche das Leben der Menschen bis tief hinein in den Alltag. Es gab keinen Unterschied zwischen Kirche und Glaube. Der alte Grundsatz des Cyprian von Karthago (um 200–258) „Außerhalb der Kirche gibt es kein Heil" stand außer Zweifel. Als richtige Religion war für die Kirche und die Bevölkerungsmehrheit nur die katholische denkmöglich. Glauben bedeutete die vollinhaltliche Annahme der Glaubens- und Sittenlehre der Kirche, jede

Infragestellung galt automatisch als ein als Angriff auf die Institution Kirche. Von daher ist auch der verbissene Kampf gegen die Protestanten, die als Abtrünnige galten, erklärbar. Nur ganz langsam und erst spät änderte hier die katholische Kirche ihre Sicht und Einstellung.

Der zweite Aspekt: Die Kirche war im 19. Jahrhundert von den äußeren Feinden Liberalismus und Sozialismus ernsthaft bedroht: Beide waren antiklerikal und von missionarischem Eifer erfüllt. Ihr erklärtes Ziel war damals die Vernichtung der katholischen Kirche, in der sie ein Hindernis für den Fortschritt sahen. Kein Wunder also, dass sich die Kirche vehement gegen diese beiden Ideologien wehrte. Der Kampf wurde in Tirol auf mehreren Ebenen in aller Härte geführt: auf der politischen mit Hilfe christlich orientierter Parteien; von den Kanzeln, was Liberale und Sozialisten immer wieder wutentbrannt anprangerten, weil sie selbst über kein gleich wirksames Instrument verfügten, sowie schließlich über Zeitungen, zu denen auch der einflussreiche „Tiroler Volksbote" zählte.

In den Jahren 1861 und 1867 wurde unter dem Einfluss liberaler Gruppen erstmals zwischen Kaiser und Reichsrat eine Verfassung vereinbart, die die Macht des Adels und der Kirche einschränkte, die Mitsprache des Volkes garantierte und bürgerliche Freiheiten brachte. Viele Errungenschaften, die heute für selbstverständlich gehalten werden, galten damals als unerhörte Neuerungen: der demokratische Gedanke, die Gleichheit aller Bürger vor dem Gesetz, die Unverletzlichkeit des Eigentums, das Briefgeheimnis, die Freiheit Vereine zu gründen und Versammlungen abzuhalten, Pressefreiheit, Glaubens- und Gewissensfreiheit – freie Wahl der Religionszugehörigkeit –, Freiheit der Wissenschaft und Lehre, freie Berufswahl und Niederlassungsfreiheit u. a. m. Nun möchte man meinen, dass die Menschen damals alle diese Freiheiten, die ihnen der Staat ab nun garantierte, freudig begrüßt hätten. Doch nicht wenige Menschen lehnten viele dieser Freiheiten ab, denn sie meinten, statt der bisherigen Ordnung werde nun das Chaos Einzug halten, „wenn jeder Mensch tun und lassen kann, was er will" – so die vielfach gehörte Interpretation der neuen Freiheiten.

Von größter Bedeutung war das nunmehr garantierte Versammlungs- und Vereinsrecht. Damit wurde die Möglichkeit geschaffen, Interessensvereinigungen zu gründen. Es entstanden zahlreiche Kultur- und Bildungsvereine. In ihren Versammlungen wurden auch soziale sowie gesellschaftliche Probleme und deren Lösung diskutiert. Daraus entstanden politische Vereine. Unterschiedliche Argumente und Weltanschauungen führten dann zur Herausbildung von unterschiedlichen politischen Gruppierungen: Dem liberalen stand das katholisch-konservative Lager gegenüber – noch immer in Form von Vereinen. Erst ab 1880 formierten sich dann in den größeren Städten aus diesen politischen Vereinen die liberale und die konservative Partei. Die Sozialdemokratische Partei Tirols wurde erst 1890 gegründet, wurde aber in Tirol kaum zu einer bestimmenden Kraft.

Die Liberalen griffen vor allem auf die Ideen der Aufklärung zurück, die sich ab etwa 1700 entwickelten. Immanuel Kant (†1804) fasste zusammen, worum es bei der Aufklärung geht: „Aude sapere! Habe Mut, fange an, dich deines eigenen Verstandes ohne Bevormundung durch andere zu bedienen!" Der Mensch sollte nicht blind weltlichen und geistlichen Autoritäten folgen – gemeint waren in erster Linie Adel und Kirche –, sondern selbst den Verstand gebrauchen und vernünftig handeln. Damit geriet die Aufklärung in schroffen Gegensatz zum Christentum, das einen geoffenbarten und keinen „Verstandes"-Glauben verkündete. Die Aufklärung bedeutete nun für die Kirche die größte Gefahr und entsprechend hart waren die Auseinandersetzungen und Abwehrkämpfe.

Der Liberalismus entwickelte sich auch in Tirol vorwiegend in den Städten und Märkten sowie an der Universität. Teile des Adels, der Beamten und besser Gebildeten waren seine Anhänger. Er zerfiel von Anfang an in mehrere Richtungen. In einigen Punkten aber herrschte Einigkeit: keine Vorherrschaft mehr durch Adel und Geistliche; man war gegen föderalistische Bestrebungen und für einen starker Zentralstaat; für eine freie Wirtschaft ohne staatliche Hemmnisse; für den Ausbau des Rechtsstaates sowie der bürgerlichen Grund- und Freiheitsrechte im Sinne der Aufklärung.

Die Christlich-Konservativen, die vor allem die Landbevölkerung hinter sich hatten und im Tiroler Landtag die überwältigende Mehrheit besaßen, wandten sich entschieden gegen diese Forderungen der Liberalen. In keinem wichtigen Punkt gab es Übereinstimmung. Die Tiroler Gegenargumente waren: Adel und Kirche waren seit Jahrhunderten Garanten der Ordnung in der Gesellschaft; das Ständewesen, in dem jeder seinen Platz hat, bewährte sich; die ungezügelte Freiheit und Gleichheit, wie sie die Demokratie versprach, sei gegen die göttliche Ordnung. Außerdem hätte Tirol seit Jahrhunderten verbriefte Sonderrechte und „angestammte Freiheiten", die es unter keinen Umständen aufgeben würde. Eine Wirtschaft ohne staatliche Regulierung sei abzulehnen. Sie ginge nur zu Lasten der Tiroler Landwirtschaft sowie der Klein- und Mittelbetriebe. Von einer freien Wirtschaft würden nur die in- und ausländischen „Geldsäcke" profitieren.

Ein weiterer überaus wichtiger Punkt für den Landtag war die Sicherstellung der Glaubenseinheit: Tirol ist seit jeher ein geschlossen katholisches Land, wurde argumentiert, und seine Religion ist Garant für Friede und Wohlergehen der Heimat. Außerdem hätte der Tiroler Landtag 1796 mit dem Herz-Jesu-Gelöbnis die Treue zu Gott und zum Erbe der Väter ausdrücklich beschworen. Deshalb könnte es in Tirol auch keine andere offizielle Religion geben als die katholische. Die Kurzformel lautete: Glaubenseinheit = Landeseinheit.

Die Auseinandersetzungen zwischen dem konservativen Tirol und der liberalen Zentralregierung erreichten mit der Durchführung verschiedener Gesetze ihren Höhepunkt:

Der erste große Aufreger war die Verstaatlichung der Schule ab 1867. Worum ging es? Es war eines der Ziele der Liberalen, die Macht des Klerus zu brechen. Sein großer Einfluss auf die Bevölkerung war ihnen ein besonderer Dorn im Auge.

Die Kirche hatte damals aus historischen Gründen nahezu das Bildungsmonopol. Also verstaatlichte die Regierung das Schulwesen, wandelte die Volksschule in eine achtjährige Pflichtschule um, die ausnahmslos alle Kinder besuchen mussten, machte die Lehrer zu öffentlich Bediensteten und übernahm die volle Aufsicht, sodass der Kirche nur noch die Kontrolle des Religionsunterrichtes blieb. Die Empörung über dieses Schulgesetz war groß und erfasste auch weite Teile der Tiroler Bevölkerung. Man war überzeugt, dass nur die Kirche sicherstellen könnte, dass Kinder zu charakterlich und religiös gefestigten Menschen und nützlichen Mitgliedern der Gemeinschaft herangebildet würden. Der Streit um die Schule zog sich jahrelang hin.

Nächster Streitpunkt war die Gleichstellung der Protestanten mit den Katholiken. Eigentlich war diese Frage bereits mit dem Toleranzpatent Kaiser Josephs II. aus dem Jahre 1781 entschieden worden. Durch dieses erhielten die Protestanten das Recht der freien Religionsausübung, wobei der katholischen Religion eine Vorrangstellung zugebilligt blieb. Aber Tirol hatte sich mit Erfolg gegen diese neuen Bestimmungen gestemmt und unter Verweis auf die Glaubenseinheit des Landes Ausnahmeregelungen durchgesetzt. Jetzt aber bekräftigte die liberale Regierung nochmals die Gleichstellung und verband damit für die Protestanten die Erlaubnis, eigene Pfarren zu gründen, Kirchen (mit Kirchturm) zu bauen und ihren Kult öffentlich auszuüben. Gegen den Willen und unter Protest des Tiroler Landtages wurden dann 1876 in Innsbruck und Meran die ersten evangelischen Gemeinden Tirols gegründet.

Als dritte Ungeheuerlichkeit wurden die staatlichen Kirchengesetze 1868 empfunden. Sie ersetzten das kanonische Eherecht der Kirche, das bisher von Staats wegen für Ehen zuständig war, durch ein neues staatliches Eherecht. Ab nun waren in eingeschränkter Form auch Ziviltrauungen und Scheidungen möglich. In diesen sogenannten Maigesetzen wurden auch die Verhältnisse in gemischten Ehen (z. B. Ehen zwischen Katholiken und Protestanten und die Erziehung der Kinder aus diesen Ehen) neu geregelt.

Ab dem 14. Lebensjahr durfte jetzt jeder die Religionszugehörigkeit frei wählen, man durfte auch „ohne religiöses Bekenntnis" leben.

Dass die Wiener Zentralbürokratie auf Tiroler Forderungen und Wünsche nicht einging, führte zu einem jahrelangen Kulturkampf zwischen Konservativen und Liberalen innerhalb Tirols und zwischen Tirol und Wien, wobei die Konservativen auf die Unterstützung der Kirche zählen konnten. Die positiven Seiten des neuen Grundgesetzes wollte man in Tirol nicht sehen. Der Kampf war vergeblich, Wien blieb diesmal hart. Dem Land Tirol kosteten diese Auseinandersetzungen aber viel Kraft und Substanz.

Eine neue Aufgabe

Als der 30-jährige Reimmichl 1897 als Redakteur der „Brixner Chronik" und des „Tiroler Volksboten" nach Brixen gerufen wurde, war diese Stadt am Eisack das kirchliche und – neben Innsbruck – auch intellektuelle Zentrum Tirols. An der dortigen theologischen Anstalt lehrte u. a. der anerkannte Theologieprofessor Aemilian Schoepfer (1858–1936), der außerdem als Abgeordneter der Konservativen Partei sehr aktiv war.

Schoepfer, 1858 geboren, erhielt 1880 die Priesterweihe, studierte anschließend am Frintaneum in Wien – eine Ausbildungsstätte für den höheren kirchlichen Dienst – und promovierte 1883 zum Doktor der Theologie. Auf eigenen Wunsch ging er zuerst in die Seelsorge, ehe er 1887 als Professor für Bibelwissenschaften und orientalische Sprachen ans Brixner Seminar berufen wurde.

Schoepfer war ein politischer Mensch. Während seiner Studienzeit in Wien lernte er die christlich-soziale Bewegung kennen. Ab nun war sein Interesse für die Sozialpolitik geweckt. Brixen war damals ein eher verschlafenes Nest. So gründete er mit Gleichgesinnten 1888 das „Katholisch-politische Kasino für Brixen und Umgebung", einen Verein für politisch interessierte Konservative, der das politische Leben in Brixen in Schwung bringen sollte. Zeitungen waren damals die einzigen Medien – neben den Kirchenkanzeln –, die zur Verbreitung von Ideen zur Verfügung standen. Also hob Schoepfer mit seinen Freunden noch im gleichen Jahr die „Brixner Chronik" aus der Taufe, für die er in der Folge viele Leitartikel selbst schrieb. Um die Finanzierung dieses Blattes langfristig sicherzustellen, wurde 1890 der „Katholisch-politische Pressverein" samt angeschlossener Druckerei gegründet. Aus dieser Konstruktion ging 1907 die Verlagsanstalt Tyrolia hervor, die damals Betriebe nördlich und südlich des Brenners besaß. Auf politischen Druck musste die Tyrolia 1924 in einen Nordtiroler und Südtiroler Zweig getrennt

Prälat Dr. Aemilian Schoepfer (1858–1936), Priester, Theologieprofessor, Gründer der Christlichsozialen Partei Tirols, Landtagsabgeordneter (ab 1896), Reichsratsabgeordneter (ab 1897), Gründer der beiden Zeitungen „Brixner Chronik" und „Tiroler Volksbote", Präsident der Verlagsanstalt Tyrolia (1907–1936). (Foto: Archiv)

werden. Der Südtiroler Zweig wurde Vogelweider genannt, nachdem ihm der Name Tyrolia verboten wurde. Als auch dieser deutsche Name nicht mehr erwünscht war, kam es 1936 zur Umbenennung in Athesia.

Da die „Brixner Chronik" für das städtische Publikum konzipiert war, brachte Schoepfer vier Jahre später für die Landbevölkerung den „Tiroler Volksboten" heraus. Beide Zeitungen wurden gegründet, um die katholischen Vorstellungen darzulegen und diese gegen antiklerikale Kräfte zu verteidigen.

Am 1. Dezember 1897 übersiedelte Rieger von Sand in Taufers, wo er zuletzt Kooperator gewesen war, nach Brixen ins Haus von Aemilian Schoepfer. Am 11. Dezember trat er seinen Dienst an und damit begann für ihn ein völlig neuer Lebensabschnitt, den er sich – wie er bald feststellen musste – so nicht vorgestellt hatte. Vor allem fehlte ihm der Umgang mit Menschen. Schoepfer war kaum daheim. Er war viel auf Reisen oder weilte oft wochenlang in Wien. Mit Arbeit überhäuft bis in die Nacht hinein, blieb Rieger kaum Zeit für soziale Kontakte. Außerdem fühlte er sich weniger zu den Städtern hingezogen als mehr zu

Blick auf das Straßendorf Gries am Brenner. Das Haus hinter dem Kirchturm
ist das Widum (Pfarrhof), in dem Reimmichl von 1898 bis 1914 wohnte und
arbeitete. (Foto: Privatarchiv Georg Jäger)

den einfachen Leuten. Seine Zuneigung gehörte vor allem dem Bauernstand. Der „Volksbote" als Blatt für die Bauern und die Landbevölkerung wuchs ihm schnell ans Herz, aber die „Brixner Chronik" mit ihrem häufigeren Erscheinen für das städtische Publikum empfand er als große Belastung, die er gern abgeben wollte.

Doch nicht genug damit, plagte ihn auch noch für Monate ein Lungenleiden, das er mit der Kneippmethode in der Kuranstalt Guggenberg in Brixen behandelte. Reimmichl beschreibt in einer seiner Kurzgeschichten, dass er erst endgültig Heilung erfuhr, als er sich mit seinem Freund, dem Maler Franz von Defregger, für eine Woche auf eine Alm zurückzog. Dabei entdeckten sie auf ihren Streifzügen eine Bergquelle, von der Reimmichl mehrmals täglich ausgiebig trank. Von da an, erzählte er später, habe er von einem Lungenleiden nie mehr etwas gespürt.

Man gab schließlich Reimmichls Drängen nach. Er legte die Redaktion der „Brixner Chronik" zurück und übernahm die Expositur Gries am Brenner, zugehörig der Pfarre Vinaders (Expositur: Seelsorge ohne eigene Vermögensverwaltung). In dieser Kleingemeinde konnte er seelsorglich tätig sein, was ihm sehr wichtig war, gleichzeitig blieb ihm genügend Zeit, die Redaktion des „Volksboten" weiterzuführen.

Als Reimmichl 1897 zum „Tiroler Volksboten" stieß, standen die alten Streitthemen zwischen Konservativen und Liberalen nach wie vor auf der Tagesordnung. Im Wesentlichen ging es immer um die gleichen drei Themenkreise: die antiklerikalen Angriffe der Liberalen und Sozialdemokraten; die Wirtschaftspolitik und ihre Auswirkung auf die Bauern sowie der Kampf um die Vorherrschaft im katholischen Lager.

Der „Tiroler Volksbote" unter Reimmichl sah seine zentrale Aufgabe darin, die katholische Glaubens- und Sittenlehre darzulegen und zu verteidigen und so die ländliche Bevölkerung gegen liberale und sozialdemokratische Lockrufe zu immunisieren. Reimmichl trug wesentlich dazu bei, dass dieses Ziel erreicht wurde und die Liberalen und Sozialdemokraten im Kampf um die Bauern unterlagen.

Die Welt hatte sich in der zweiten Hälfte des 19. Jahrhunderts durch die industrielle Revolution und den Ausbau der Verkehrsnetze stark verändert. Auch hier standen sich zwei Richtungen gegenüber. Die eher kosmopolitisch denkenden Liberalen traten für eine freie, grenzenlose Wirtschaft ein, die Konservativen wollten eine regulierte Wirtschaft zum Schutz der einheimischen Betriebe und Arbeitsplätze.

Der „Tiroler Volksbote" wurde als Blatt für die Landbevölkerung gegründet, die damals größtenteils in der Land- und Forstwirtschaft und im Kleingewerbe tätig war. Auf diese Zielgruppe war auch der Inhalt abgestimmt. Gerade die Bauern und die kleinen Handwerker litten am meisten unter der freien Wirtschaft, da das Land plötzlich ohne das ausgleichende Element der Zollschranken von billiger ausländischer Ware überschwemmt wurde.

Der „Volksbote" stand daher von Anfang an auf Seite der Bauern und Kleinbetriebe und trat für den Schutz der inländischen Wirtschaft gegen die ausländische Konkurrenz ein, wobei seine Angriffe den damals rasch wechselnden Regierungen, vor allem aber den Großindustriellen und Bankiers galten, die für eine freie Wirtschaft eintraten.

Aber auch im katholischen Lager herrschten stürmische Zeiten. Innerhalb der katholisch-konservativen Partei hatte sich unter der Führung des bereits genannten Aemilian Schoepfer eine neue, sozial ausgerichtete Gruppierung gebildet. Sie nannte sich „Schärfere Tonart" und geriet mit der Führung der Konservativen zusehends in Konflikt.

Die Tiroler Konservativen, die von Adeligen und Intellektuellen angeführt wurden und sich vorwiegend auf Großgrundbesitzer und Bauern stützten, betrachteten die drei Landesbischöfe als ihre Anführer – auch in politischen Fragen, obwohl die Bischöfe diese Rolle nicht angestrebt haben. (Tirol war unter drei Diözesen aufgeteilt: das Unterinntal ab dem Ziller gehörte zu Salzburg, das südliche Tirol ab Klausen zu Trient, und der Rest zur Diözese Brixen, wobei der Brixner Fürstbischof in der Politik die größte Rolle spielte.) In ihrer Politik wollten die Konservativen – überspitzt gesagt –, dass alles im Lande so bleibt, wie es ist,

Tiroler Volks-Bote

Jllustriertes Blatt zur Belehrung und Unterhaltung des katholischen Volkes.

Administration: Brixen, Südtirol, Domplatz.

Erscheint alle 14 Tage am Donnerstag und kostet ganzj. 80 kr. (mit Post fl. 1.—), halbj. 40 kr. (mit Post 50 kr.). Für Abonnenten der zweimaligen Ausgabe der „Brixener Chronik" (Jahresabonnement fl. 4.—, mit Post fl. 5.—) ganzj. 60 kr (mit Post 80 kr.), halbj. 30 kr. (mit Post 40 kr.). Werden außer Brixen 12 Exemplare packetweise unter gemeinsamer Adresse bezogen, so kostet der einzelne Jahrgang ebenfalls ganzj. 60 kr., halbj. 30 kr. (mit Post ganzj. 80 kr., halbj. 40 kr.). Der Adressat erhält außerdem ein Freiexemplar. Für jedes weitere Dutzend ebenfalls ein Freiexemplar. — Inserate die Drittelspalte 6 kr. pro Petitzeile (10 Zeilen = 3 Cm. hoch). — Einzelne Nummern 10 kr.

Nr. 5.	Brixen, Donnerstag, den 1. März 1894.	II. Jahrg.

Wir bitten alle Freunde, für die Verbreitung dieses Volksblattes zu wirken.

Was der Reimmichl erzählt!

Der Reimmichl ist noch einer von der guten alten Zeit. Er hat vieles in der Welt erlebt, und wenn ihm etwas recht gefallen hat, so hat er einen Reim darauf gemacht. Es war überhaupt seine Freude, an Sonn- und Feiertagen allerhand lustige und ernste Reime zu drechseln; und mancher ist ihm gut gelungen. In jungen Jahren ist er in der heiligen Nacht in den Stall geschlichen, um zu horchen, was die Kühe einander erzählen; aber davon hat er noch niemandem etwas wissen lassen. Daß er ein gescheiter Kopf ist, wissen alle; die Leute sagen, er höre das Gras wachsen, und so ganz unrecht werden sie nicht haben. Er kennt sich in der Gemeinde aus, weiß alle Rechte und Bräuche; er liest nicht nur im Evangelienbuch, sondern auch alle 14 Tage den „Volksboten" und sonst noch hie und da ein Trum Zeitung. Sein grauer Kopf ist noch voller Reime, und wenn ihm einer aus alter Zeit einfällt, erinnert er sich gleich, was sich damals Wichtiges zugetragen hat. Die Leute mögen ihn alle gut leiden, und wenn er oft einem ein Capitel liest, so meint er's gut, und niemand ist ihm deswegen feind. Erzählen thut der Michel gern, aber nie viel.

Wenn der „Volksbote" etwas Geduld hat, so ist er bereit, ihm mitunter ein „Stückl" zum Besten zu geben. Für heute etwas für die Dienstboten. Zuerst ein Reiml:

„A seidenes G'wond
Und an Gratsch in die Schueh,
Das Herz auf der Hond
Und Schneid ganz ginne!

Das Schlengeln[1]) ist fein!
Und i sog', es ist wohr;
Es konn onderst nit sein,
I bleib' ninderst[2]) ka Johr!"

Jetzt werden die Mägde schon davonlaufen; aber Geduld! Es kommt gleich eine Geschichte: Komme ich vor einigen Jahren im Herbst herunter nach Schönkirchen. Da begegnet mir auf verschiedenen Wegen immer wieder eine noble Kutsche, ein Zweispänner, und drinnen — zwei halbherrische Mädchen. Die Gesichter kommen mir bekannt vor. Ich gehe zur „goldenen Bratwurst", und richtig erscheint schon wieder das Fuhrwerk. Die beiden herrischen Dinger kommen herein — ich hätte bald das Kreuz gemacht — das ist ja die Schnippliese und richtig auch die Schnappnanne! Die eine ist einmal bei mir „Küherin" (Kuhmagd) und die andere „Kuchele" (Küchen-

[1]) Wechseln des Dienstes. [2]) nirgends.

Zeitungskopf des „Tiroler Volksboten" vom 1. März 1894 (Foto: Archiv)

obwohl sich in jenen Tagen ein unaufhaltsamer politischer, wirtschaftlicher und gesellschaftlicher Wandel vollzog.

Die Gruppe der „Schärferen Tonart" stand zwar auch fest auf katholischem Boden, lehnte aber die bischöfliche Mitsprache in politischen Angelegenheiten ab. Den Bischöfen wurde nur Autorität in religiösen und sittlichen Dingen zugestanden. Außerdem war es für diese Gruppe von großer Bedeutung, die wirtschaftliche Situation der Arbeiter, kleinen Handwerker und Bauern zu verbessern, und zwar durch eine Neuorientierung des Wirtschaftssystems. Leitlinie war dabei die Sozialenzyklika *Rerum Novarum* von Papst Leo XIII., die 1891 gerade erschienen war.

Diese Spannungen führten letztlich 1898 unter Führung von Aemilian Schoepfer zur Abspaltung und Gründung einer zweiten katholischen Partei. Sie nannte sich „Christlichsoziale Partei". Vorbild war die von Dr. Karl Lueger 1893 gegründete namensgleiche Partei in Wien. Zu deren Forderungen gehörte auch eine Reform des Kurienwahlrechts. So waren nach damaligem Wahlrecht nur Männer stimmberechtigt, die direkte Steuern in einer vorgegebenen Mindesthöhe zahlten. Außerdem wurden die einzelnen Stimmen je nach Stand und Vermögen unterschiedlich gewichtet. Dadurch waren weite Bevölkerungskreise von der Wahl ausgeschlossen. Erst als 1907 das (Männer-)Kurienwahlrecht in ein allgemeines Wahlrecht umgewandelt wurde, begann der Aufstieg der Christlich-Sozialen und der Sozialdemokraten zu Massenparteien; die Liberalen und Konservativen aber, die sich kaum für den „kleinen Mann" interessiert hatten, verloren ihre Bedeutung.

Die Folge war nun ein erbitterter Kampf im katholischen Lager um die Vorherrschaft im Lande. 1904 gelang es den Christlichsozialen, die Mehrheit der Bauern, die bisher konservativ waren, auf ihre Seite zu ziehen. Unter wesentlicher Mitwirkung Reimmichls kam es zur Gründung des Tiroler Bauernbundes, der sich zu einer schlagkräftigen Interessensvertretung des Bauernstandes entwickelte. Reimmichl gilt als der geistige Vater des Bauernbundes. Als dann die Christlichsozialen die Landtagswahl 1907 für sich entschieden, war der Kampf vorbei, nicht aber der Streit, denn eine Versöhnung fand erst spät nach dem Ersten Weltkrieg statt.

Auch die einflussreiche Geistlichkeit war in dieser politischen Auseinandersetzung in zwei Lager geteilt: Die bischöfliche Kurie, die Dekane und Pfarrherren – also die Etablierten – standen vielfach auf Seite der Konservativen, die Professoren des Brixner Seminars, von dem die „Schärfere Tonart" ausgegangen war, die Kooperatoren und Kapläne unterstützten mehrheitlich die Christlichsozialen. Reimmichl stand auf Seite der Christlichsozialen, deren Vorstellungen er bereits während der Jahre im Priesterseminar kennengelernt hatte.

Die Auseinandersetzungen zwischen Christlichsozialen und Konservativen führten dazu, dass es nach einiger Zeit nicht einmal mehr eine gemeinsame Gesprächsbasis gab. Erst eine Privatinitiative Reimmichls sollte wieder Bewegung in die Beziehungen bringen. Reimmichl hatte nie ein offizielles poltitisches Amt inne.

Reimmichl lud Nikolaus Recheis, Kaplan der „Irrenanstalt" in Hall, zu einem Gespräch nach Gries am Brenner. Recheis war nicht nur Kaplan, er war auch Chefredakteur der „Tiroler Stimmen", des Zentralorgans der Konservativen, und enger Vertrauter von Landeshauptmann Theodor Kathrein. Reimmichl wollte ausloten, auf welche Weise der Friede im Lande und zwischen den Parteien wiederhergestellt werden könnte.

Von dieser Einladung berichtete Recheis umgehend dem Landeshauptmann, wobei er festhält, dass Reimmichl „gewiss ein sehr einflussreicher und gewichtiger Mann im Lande und in seiner Partei" ist.

Es gelang auch ein Entwurf für ein gemeinsames Programm, das eine Verschmelzung der beiden Parteien vorsah. Letztlich jedoch scheiterte dieser Versuch, da der Graben zwischen den beiden katholischen Parteien bereits zu tief war.

In dem erwähnten gemeinsamen Programmentwurf heißt es unter Punkt fünf: „Die Konservativen sind ebenfalls für einen berechtigten christlichen Antisemitismus." Damit stellt sich die Frage nach dem Antisemitismus des Reimmichls.

Recheis erläutert diesen Punkt in einem Brief an Landeshauptmann Kathrein: „Punkt 5 ist ein Zugeständnis und gewiss recht unklar abgefasst, und mit Recht wird man fragen: Was ist das: berechtigter christlicher Antisemitismus? Wir wollten damit aber nur sagen, dass wir keine Judenfreunde sind, die Auswüchse und den unheilvollen Einfluss des Judentums ebenso verabscheuen wie die Christlichsozialen. Wir mussten diesen Punkt aufnehmen, weil uns gesagt wurde, dass man von christlichsozialer Seite darauf großes Gewicht lege und im Judenpunkt wenigstens etwas zugestanden werden müsse." Daraus ist ersichtlich, dass dieser Passus auf ausdrücklichen Wunsch Reimmichls hineinkam, weil er den Christlichsozialen sehr wichtig war.

Aemilian Schoepfer lernte in Wien die dortigen Christlichsozialen kennen und bewunderte ihr Wirtschaftsprogramm und ihre Sozialpolitik. Allerdings war ein ausgeprägter Antisemitismus ein Wesensmerkmal dieser Partei, den Schoepfer und seine Anhänger mit übernahmen.

Juden wurden jahrhundertelang von vielen sogenannten ehrbaren Berufen gesetzlich ferngehalten und waren deshalb auf den Handel verwiesen. Da Christen lange in Geldgeschäften keine Zinsen verlangen durften, blieb den Juden auch das Geld- und Bankwesen. Daraus entstanden dann die Zerrbilder des Wucherers, gierigen Geldeintreibers und verschlagenen Händlers.

Erst 1867 erhielten die Juden Religionsfreiheit und volle Bürgerrechte. Da sie diesen Aufstieg den Ideen des Liberalismus verdankten, wandten sie sich der liberalen Partei zu und gerieten dadurch sofort in scharfe Opposition zu Konservativen und Christlichsozialen.

Der antisemitische Wiener Bürgermeister Lueger, ein tüchtiger Politiker, aber auch ein Populist reinsten Wassers, erklärte 1890 vor begeisterten Anhängern die Ursachen für den „christlichen Antisemitismus":

„Erstens, die judenliberale Presse": Tatsächlich wurden einige bedeutende Medien in Wien von Juden herausgegeben. Diese Zeitungen vertraten in ihrer Mehrheit liberales und kapitalistisches Gedankengut, propagierten also einen freien Markt ohne staatliche Einmischung – das Gegenteil von dem, was die Christlichsozialen vertraten, die den staatlichen Schutz der heimischen Landwirtschaft und des Kleingewerbes forderten.

„Zweitens, das erdrückende Großkapital in jüdischer Hand": Zahlreiche Handelshäuser, Banken und Fabriken hatten jüdische Besitzer. Diese Bankiers, Fabriks- und Handelsherren besaßen natürlich entsprechenden gesellschaftlichen und politischen Einfluss gemäß der alten Erkenntnis „Wer das Geld hat, hat die Macht". Damit waren sie für alle anderen eine unliebsame Konkurrenz.

„Drittens, die Unterdrückung der Christen durch die Juden": Damit waren die oft ausbeuterischen Arbeitsbedingungen in jüdischen Industriebetrieben gemeint. Allerdings waren zur damaligen Zeit die Bedingungen in nichtjüdischen Betrieben keinesfalls besser.

Da es in der zweiten Hälfte des 19. Jahrhunderts immer wieder zu Wirtschaftskrisen kam, unter denen besonders der Mittelstand und die kleinen Leute litten, fanden diese Behauptungen Luegers in der Wiener Bevölkerung breiten Anklang, da man ohnedies der Meinung war, dass die Stadt von Juden überschwemmt sei. In Wirklichkeit waren zehn Prozent der Einwohner Wiens mosaischen Glaubens und nur ein kleiner Teil von ihnen gehörte zu den Wohlhabenden und Reichen.

Dieser soziale Antisemitismus war weit über die Christlichsozialen hinaus verbreitet. In Tirol fiel er nur leichter auf fruchtbaren Boden, weil der religiöse Antisemitismus mit dem Vorwurf des Jesus- und Gottesmordes hier bereits fest verankert war und in den Ritualmordlegenden des Anderl von Rinn, Simon von Trient und der Ursula von Lienz weitererzählt wurde.

Auch Reimmichl war in diesem Fahrwasser unterwegs. Im „Tiroler Volksboten" waren es immer wieder die „liberalen Juden", die für tatsächliche oder vermeintliche Fehlentwicklungen vor allem in der Wirtschaftspolitik verantwortlich gemacht wurden. Im Reimmichlkalender 1925 schreibt er:

„Seit 2000 Jahren liegt auf dem Judenvolk ein Fluch, der es nicht zur Ruhe kommen lässt. Glücklos irrt es unter den Nationen herum (den Staat Israel gab es damals noch nicht. Anm.) und sucht seinen Unfrieden und seine Zerrüttung auch den anderen Völkern aufzudrängen. Nicht nur dem christlichen Gelde jagt der Jude nach, sondern er unterminiert auch absichtlich und planmäßig Glauben und Sitte, Glück und Ordnung bei den christlichen Völkern. Wo der Jude hinkommt, zersetzt und verhetzt er alles."

Wenn man bedenkt, dass Reimmichl für Tausende Leser eine glaubwürdige Autorität war, muss man annehmen, dass sich viele in ihrem latenten Antisemitismus bestätigt fühlten.

Den Antisemitismus haben nicht Hitler und die Nationalsozialisten erfunden. Im Gegenteil, Hitler beruft sich sogar in seinem Antisemitismus auf Lueger. Er hat dessen sozialen und politischen Antisemitismus nur auf furchtbare Weise zum rassischen Antisemitismus weiterentwickelt. So wurde die Saat der nationalsozialistischen Judenverfolgung schon lange vorher ausgelegt und auch Reimmichl war wie viele andere einflussreiche Personen daran beteiligt.

Es fällt aber auf, dass Reimmichls Angriffe auf die Juden Anfang der Dreißigerjahre aufhören, gerade zu einer Zeit, als es besonders „modern" wurde, Juden zu verunglimpfen. Warum? War es Einsicht? War es die Ablehnung des aufstrebenden Nationalsozialismus? Wir wissen es nicht. Er hat sich nie dazu geäußert.

Reimmichl lehnte den Nationalsozialismus grundsätzlich ab, er war auch gegen den Anschluss und trat immer für ein selbstständiges Österreich ein. Im November 1923 hatte Hitler vergeblich versucht, sich an die Macht zu putschen. Eine Notiz dazu im Reimmichlkalender 1925 samt kleinem Hitlerporträt bereitete Reimmichl später, als die Nazis ans Ruder gekommen waren, noch Kopfzerbrechen, denn er schrieb dort: „Der bekannte Hitler, ein Mann, der nicht viel im Kapitolium (Kopf), aber desto mehr auf der Windmühle (gutes Mundwerk) hat, bildet sich ein, er sei berufen, der Retter Deutschlands zu sein."

Ein Glücksfall

Schon nach kurzer Zeit entpuppte sich die Entscheidung von Schoepfer und Fürstbischof Aichner, Reimmichl den Seelsorgsort Gries am
Brenner zu übertragen und ihm die Redaktion des Volksboten anzuver-
trauen, als Glücksfall. Wie man eine Zeitung macht, hatte Reimmichl
in dem einen Jahr in Brixen gelernt. Dieses „Lehrjahr" schärfte seinen
Blick für das Zeitgeschehen und für das Wesentliche und Interessante.
Auch musste er sich mit Politik befassen, die ihn bisher kaum beschäftigt hatte. Von damals rührte sein lebenslanges politisches Interesse,
auch wenn ihm das tagespolitische Gezänk fremd blieb.

Reimmichl übernahm 1897 die Zeitung mit 3000 Abonnenten und
machte aus ihr innerhalb von wenigen Jahren die meistverbreitete
Zeitung Tirols nördlich und südlich des Brenners. Worin lag nun das
Geheimnis dieses Erfolges? Was fesselte die Menschen an dieser Zeitung? Bereits damals, als er noch Kooperator in Sexten und Dölsach
war, waren es die Reimmichl-Geschichten, die sofort begeisterte Leser
fanden.

Nachdem Reimmichl den „Volksboten" übernommen hatte, gab er ihm
eine klare Struktur: Das Blatt begann mit politischen Nachrichten, die
auch die wirschaftlichen und sozialen Verhältnisse in Tirol und in der
Monarchie berücksichtigten. Im Mittelpunkt stand immer die Situation
des Bauernstandes, denn der Volksbote wurde ja in erster Linie für die
bäuerliche Bevölkerung, die die Mehrheit im Lande stellte, herausgegeben. Die Sprache war scharf und angriffig. Breiten Raum nahmen auch
Berichte über die Heimatkirche und Rom ein. Im lokalen Teil kamen
die Tiroler Ereignisse „aus Stadt und Land" zur Sprache. In jeder Ausgabe fanden sich ein oder zwei religiös gefärbte Beiträge, die vor allem –
meist in Form einer kleinen Geschichte oder eines fiktiven Gespräches
– Anleitungen gaben für ein christliches Leben. Ein Fortsetzungsroman
und/oder eine unterhaltsame Kurzgeschichte, beides aus Reimmichls

Feder, sowie Sagen und Legenden ergänzten das Angebot. Abgerundet wurde der Inhalt mit amtlichen und kirchlichen Ankündigungen und Veranstaltungshinweisen. Die Rubrik „Briefe an die Redaktion" gehörte ebenfalls zum vielgelesenen Teil. Der Umfang der Zeitung schwankte zwischen 16 und 24 Seiten, die Erscheinungsweise war bis zum Ersten Weltkrieg 14-täglich. Während des Kriegsjahres 1914 stieg das Bedürfnis der Bevölkerung nach möglichst viel Information über den Kriegsverlauf und die Schauplätze, auf denen Tiroler kämpften. Nachdem die Bitten und Forderungen der Abonnenten immer drängender wurden, entschloss man sich ab September 1914 wöchentlich zu erscheinen.

Reimmichl führte einen ausgedehnten Briefwechsel mit den Leserinnen und Lesern. Jede Woche brachte der Briefträger an die 100 und mehr Briefe ins Grieser Widum. Da er aus Zeitgründen nicht jedem mit einem ausführlichen Brief antworten konnte, forderte er die Schreiber auf, am Ende des Briefes neben der Unterschrift einen Buchstaben oder ein Pseudonym zu setzen. Er, Reimmichl, werde dann in einer der nächsten Ausgaben in der Rubrik „Briefe an die Redaktion" unter dem jeweiligen Buchstaben oder Pseudonym eine kurze Antwort geben, ohne dass der Schreiber der Öffentlichkeit bekannt würde.

Reimmichls Antworten lasen sich dann zum Beispiel so:

R: Der junge Mann ist eh schon genug gestraft. Warum denn die Sache noch in die Zeitung bringen?

T.S: Für längere Ernteberichte ist jetzt Anfang Winter jedenfalls keine Zeit mehr. Ein Witzbold hat dem Michl ehedem schon gesagt, er soll das Bötl umtaufen in „Heublattl" oder „Grummetzeitung" (Grummet ist der zweite Heuschnitt. Anm.)

Westendorf: Herzlichen Dank! Ihr Brief war vier Tage auf dem Weg, darum die Verspätung. Ich weiß nicht, hat die k. k. Post den Brief über Paris gehen lassen?

K.A: Recht dankbar. Für heute zu spät eingelangt.

Tösens, Trens: Zu spät eingelangt. Ich muss die Briefe immer schon am Montag in der Hand haben. Der Bericht kommt das nächste Mal.

Schwabenland: Gedichte können wir leider nicht verwenden.

Pinzgerlapp: Du hast dir einen garstigen Namen gewählt. Im Übrigen: Reg dich nicht auf, wer zuletzt lacht, lacht am besten.

Weitental: Der hochwürdige Herr Pfarrer ist an dem Artikel, der so viel Staub aufgewirbelt hat, gänzlich unschuldig.

Flaurling: Die Sache war schon vor zwei Monaten, jetzt ist sie katzgrau. Aber lass wieder einmal etwas von dir hören.

Oberhofen: Eingesandter Artikel war von zu wenig Belang.

L. S.: Den Beitrag kann ich nicht bringen, sonst landen wir beide im Kriminal.

Z. S.: Sein Porträt kann der Michl nicht ins Bötl drucken lassen, das wäre gegen alle Bescheidenheit; Euch ein Porträt schicken kann er ebenfalls nicht, weil er selbst keines besitzt. Übrigens hat der Michl ein kohlschwarzes Gesicht. Ihr würdet Euch fürchten.

Achenkirch: Brauchst keine Angst zu haben, es ist aber besser, wenn die Sache nicht in die Zeitung kommt.

Für den lokalen Nachrichtenteil baute Reimmichl gemeinsam mit seinem Mitarbeiter Josef Grinner ein „Korrespondentennetz" auf, indem er die Leser aufforderte, ihn regelmäßig mit Nachrichten zu versorgen. Diese brieflichen „Meldungen" wurden – wenn notwendig – in der Redaktion von Rechtschreib- und Grammatikfehlern gesäubert, da und dort gefälliger formuliert und so zeitungstauglich gemacht. Aus diesen Meldungen wurde dann die Rubrik „Nachrichten aus Stadt und Land" und „Briefe aus nah und fern" zusammengestellt.

Die Leistungen und Verdienste Josef Grinners um den „Tiroler Volksboten" stehen in der Erinnerung zu Unrecht im Schatten Reimmichls. Josef Grinner war Reimmichls Freund. Seit 1900 unterstützte er als treuer Mitarbeiter und kongenialer Partner Reimmichl in der Redaktion des Tiroler Volksboten.

Josef Grinner wurde 1870 im oberen Vinschgau geboren, besuchte mit Reimmichl das Vinzentinum und erhielt 1892 die Priesterweihe. Kooperatorenjahre führten ihn nach Graun am Reschenpass, Kolsass und Fulpmes. Hier im Stubai nahm dann sein Leben eine Wende. Neben seiner seelsorglichen Aufgabe wurde er Mitarbeiter beim Tiroler Volksboten.

Reimmichl stellte ihn den Lesern folgendermaßen vor, wobei gerade der volksnahe Stil seiner Artikel wesentlich zum Erfolg beitrug:

„Liebe Boten-Leser! Zwei Rösslein ziehen immer leichter als eines und zwei Schreiber bringen den Volksboten leichter fertig als einer. Darum hat sich der Bote jetzt einen zweiten Redakteur oder, wenn ihr wollt, einen zweiten ‚Boten'-Schreiber aufgenommen. Ihr kennt ihn bereits – es ist der Schreiber von den Nachrichten aus Stadt und Land, die seit einem halben Jahr im Volksboten nett zusammengestellt sind. Dieser Schreiber heißt mit Namen Josef Grinner und ist Kooperator in Fulpmes. Herr Grinner ist ein dicker Freund von mir, und ich halte einen Patzen auf ihn, besonders, weil er die Schreiberei gut los hat. Herr Grinner wird nun in Zukunft auch die Briefe aus Stadt und Land dazupassen. Ihr müsst also in Zukunft alle Nachrichten und Neuigkeiten, die ihr bisher an mich geschrieben habt, an Herrn Grinner in Fulpmes senden. Ihr könnt ganz genau so schreiben wie bisher. Ihr braucht euch vor dem zweiten Boten-Schreiber genauso wenig schenieren wie vor dem Reimmichl. Ihr könnt auch zu ihm reden, wie Euch der Schnabel gewachsen ist, und Ihr dürft mit ihm auch per Du reden.

Ich werde Euch als Boten-Schreiber nach wie vor treu bleiben. Ich habe mir nur einen Teil der Arbeit abgewälzt, damit ich auf die Geschichten und die anderen Artikel mehr Zeit und Mühe verwenden kann. Der Volksbote wird dadurch noch reichhaltiger und besser werden.

Ihr dürft auch in Zukunft noch an mich schreiben, je mehr desto besser, es freut mich allemal und ich werde auf alle Briefe wie bisher eine Antwort im Briefkasten geben. Nur die Berichte und Neuigkeiten müsst ihr alle an Herrn Grinner schicken, weil er eigens für dieselben als Redakteur aufgestellt ist. Ihr werdet mit ihm gewiss zufrieden sein. Wenn ihr an Herrn Grinner schreibt, setzt folgende Adresse: *Tiroler Volksbote, Fulpmes, Tirol*. Meine Adresse lautet nach wie vor: *Tiroler Volksbote, Gries am Brenner, Tirol* oder *Reimmichl, Gries am Brenner, Tirol*

Euer ergebenster Boten-Mann Reimmichl – Gries am Brenner, 1. Oktober 1900."

In der darauffolgenden Ausgabe meldete sich Grinner selber zu Wort und ermunterte die Leser, ihn eifrig mit Nachrichten und Neuigkeiten aus ihren Dörfern zu versorgen. Und sie sollten sich keinesfalls „genieren" und auch nicht zur Ausrede Zuflucht nehmen, dass sie das Schreiben nicht los hätten:

„Es mag schon sein, dass es das erste Mal etwas hart geht – aller Anfang ist schwer – das zweite und dritte Mal geht's schon viel leichter. Und in Gottesnamen, wenn halt einmal alles kunterbunt durcheinandergeht und die Böcke nur so herumlaufen, nur wacker geschrieben, ich werde die Sache schon selbst in ein Gwandl stecken, dass es sich sehen lassen kann. Andere meinen, da müsste man Wunder wie extra schreiben. Je einfacher, desto besser fällt es gewöhnlich aus. Schreibe aber kurz! [...] Freilich darf es mir niemand verübeln, wenn hie und da ein paar Zeilen verschwinden oder – jedenfalls nur aus triftigen Gründen – das ganze Briefl im Papierkorb landet. Also, wenn die Leser wollen, dass das Boten-

Wagele frisch in Gang bleibt und allweil mehr und Besseres bringt, dann müssen sie auch kräftig schieben – durch Schreiben …"

Eines Tages blickte den Volksboten-Lesern auf Seite neun ein Bild von Josef Grinner entgegen. Den Text dazu – ein typischer Reimmichltext – lieferte Reimmichl der Boten-Mann Nr. eins:

„Da habt ihr ihn nun, wie er leibt und lebt, meinen und euren dicken Freund, den Volksboten-Mann Nr. 2. Über ein Jahr lang bin ich schon in ihn gedrungen, habe gepenzt und gebeten, er möge mir eine Photographie schenken und möge mir erlauben, dass ich sein Bild in das ‚Bötl' drucke; aber allemal ist er darüber fuchswild geworden und hat erklärt, um alles in der Welt lasse er sich nicht in das Bötl setzen (Bötl ist die volkstümliche Bezeichnung für Volksbote, die sich bald eingebürgert hat, Anm.). Da ich auf geradem Weg nicht zum Ziel gelangt bin, so hab ich müssen krumme Straßen einschlagen."

Reimmichl ließ nun Grinner heimlich von einem Fotografen, der sich auf die Lauer legte, ablichten, ohne dass Grinner es merkte. Reimmichl setzte das Foto in den Volksboten und freute sich bereits diebisch auf den Donnerstag: „Was wird der Boten-Mann Nr. 2 für große und runde Augen, und was für ein langes Gesicht machen, wenn er sich in seiner ganzen Leibhaftigkeit im ‚Bötl' drinnen erblickt? ‚Ach du liebe Zeit!' wird er ausrufen – das ist nämlich sein Leibspruch, wenn ihm etwas wider den Strich geht – und dann wird er über den Michl loswettern. Dem Michl ist auch ein wenig bang, dass ihm sein Freund die Liebe und Treue kündige; aber der Boten-Mann Nr. 2 hat ein gutes Herz, und er lässt wohl hintendrein mit sich ein wenig handeln. Der Michl tut auch gleich einen Fußfall und sagt: ‚Mein lieber, lieber Freund, ich habe gesündigt wider […] ich bin nicht mehr wert, dein Freund zu heißen […] aber ich will es gewiss nicht mehr tun, es ist das erste und letzte Mal gewesen!'
Wenn der Boten-Mann Nr. 2 meine aufrichtige Reue und den ernsten Vorsatz erblickt, wird er mir gewiss die kleine Lumperei verzeihen.

Msgn. Josef Grinner (1870–1934), Kaplan in Fritzens und Erbauer der dortigen Kirche, zuerst Mitarbeiter Reimmichls beim „Tiroler Volksboten" und ab 1913 dessen Leiter. (Foto: Archiv)

Ganz im Vertrauen kann ich den Lesern mitteilen, dass mein Freund Nr. 2 eben jetzt, da ich dies schreibe, in meinem Haus weilt und schon seit einiger Zeit in den Federn ruht; ich habe eben die nachtschlafene Zeit zu dieser Schmuggelei wählen müssen, weil mir sonst der Gefeierte leicht hinter die Schliche hätte kommen können.

Ich muss euch nur noch mitteilen, dass der Boten-Mann Nr. 2 seinen Sitz gewechselt hat und jetzt nicht mehr in Fulpmes, sondern in Mühlau bei Innsbruck lebt. Alle Nachrichten und Korrespondenzen sind daher von jetzt an zu richten an: *Tiroler Volksbote in Mühlau bei Innsbruck.*"

Doch in Mühlau blieb Grinner nur ein Jahr, dann übernahm er 1902 die Seelsorge in Baumkirchen, „ein allerliebstes Örtchen eine Stunde unter Hall", und die neue Anschrift lautete: *„Tiroler Volksbote", Baumkirchen bei Hall.*

Neben der Betreuung des Nachrichtenteils verfasste Grinner im Laufe der Jahre immer häufiger auch politische Artikel. Damit entlastete er Reimmichl von einer lästigen Pflicht, denn für die hektische Tagespolitik zeigte er nie große Begeisterung. 1912 überließ Reimmichl schließlich seinem Freund die politische Leitung des Blattes. Damit übernahm Grinner auch die Hauptleitung der Zeitung. Seine volkstümliche und zugleich offene und direkte Sprache machten ihn schnell berühmt und bei den Lesern beliebt – bei den politischen Gegnern allerdings war er gefürchtet. Dennoch blieb der „Tiroler Volksbote" auch weiterhin mit der Person Reimmichl untrennbar verbunden.

Reimmichl blieb Mitarbeiter und Berater und bestritt nun ausschließlich den erzählenden und besinnlich-religiösen Teil, worin von jeher seine Stärke lag.

Offenbar ging dann später das Gerücht um, Grinner hätte die Leitung der Zeitung an sich gerissen. Darauf nimmt Reimmichl in einem Brief an den Stiftspropst von Innichen, Peter Felder, Bezug: „… um Missverständnissen vorzubeugen, muss ich noch betonen, dass Grinner keineswegs die Redaktion an sich gezogen hat; vielmehr hab ich ihn immer ersucht: ‚Geh, schreib das! Und schreib das!' Er hat es getan, bis ihm schließlich die ganze Arbeit blieb."

Josef Grinner wurde 1923 in Anerkennung seiner Leistungen als Leiter des „Volksboten" zum „Päpstlichen Geheimkämmerer" ernannt und führte den Ehrentitel Monsignore.

1926 wurde Fritzens, das bisher zur Pfarre Baumkirchen gehört hatte, selbständige Seelsorgstation und Grinners neuer Arbeitsplatz. Hier starb er bereits 1934 im Alter von erst 64 Jahren. Im Jahr zuvor hatte er den Fritznern ihr heutiges Gotteshaus errichtet und beträchtliche Mittel aus eigener Tasche beigesteuert.

Inkognito

Am wohlsten fühlte sich Reimmichl, wenn man um ihn kein Aufheben machte. Ehrungen und Lobreden ging er zeitlebens aus dem Weg, soweit es möglich war. Trotzdem konnte er nicht verhindern, dass ihn vier Gemeinden zum Ehrenbürger erklärten: Dölsach (1897), Gries am Brenner (1905), St. Veit (1924)und Hall in Tirol (1947).

1923 erhielt er außerdem den Ehrentitel „Päpstlicher Geheimkämmerer", erkennbar an den violetten Knöpfen an der schwarzen Soutane und einem seidenen violetten Zingulum (breiter Gürtel) und dem violetten Birett (Kopfbedeckung). Damit verbunden war die Anrede Monsignore.

All das focht Reimmichl aber nicht an: Er bestand darauf, weiterhin nur als „Herr Kaplan" angesprochen zu werden. Im Freundeskreis blieb er der Michl, gelegentlich nach seinem Vornamen auch der Wastl. Im Kleid des Monsignore war er nur zweimal zu sehen. Einmal beim Goldenen Priesterjubiläum, um dem anwesenden Freund und Erzbischof von Salzburg, Sigismund Waitz, eine Freude zu machen, und das zweite Mal aufgebahrt am Totenbett.

Reimmichl wollte am liebsten unerkannt und unbeachtet bleiben, wie einige Begebenheiten deutlich machen. Den Namen Reimmichl hatte ihm ja, wie erwähnt, der alte Sextener Schuster Michael Rogger „gestiftet". Wer sich jedoch hinter diesem Pseudonym verbarg, blieb noch fast drei Jahre lang unentdeckt. Wurde in Gesellschaft die Frage gestellt, wer wohl hinter dem Namen Reimmichl steckte, gab sich Sebastian Rieger immer unwissend. Erst, als er bereits Kooperator in Dölsach war, wurde das Geheimnis durch Zufall aufgedeckt.

Der aufgrund seiner kriegsverherrlichenden Schriften später kontroversiell diskutierte Schriftsteller Anton Müller – besser bekannt unter dem

Zu Lebzeiten trug Reimmichl nur einmal die Kennzeichen eines Monsignore: bei seinem Goldenen Priesterjubiläum 1941. (Foto: Joh. Posch)

Pseudonym „Bruder Willram", von Freunden bisweilen scherzhaft auch „Bruder Milchrahm" gerufen, war Kooperator in der Nachbarpfarre Nikolsdorf. Eines Tages kam er ins Widum von Dölsach zu Besuch. Was dann geschah, beschreibt er folgendermaßen: „Sie tarockierten unten im Speisezimmer [...] und ich erbat mir die Erlaubnis, oben im Kooperatorenzimmer mein restliches Brevier beten zu dürfen. Indes ich nun im goldenen Abendlicht auf und ab schritt [...] fiel mein Blick während eines Psalms, den ich auswendig konnte, wie von ungefähr auf Reimmichls Schreibtisch. Und da las ich auf einem der vielen beschriebenen Blätter die Überschrift: ‚Wie der Kreuzkaspar zu seiner Frau kam – eine Geschichte vom Reimmichl'. Da ich die Handschrift meines Freundes kannte, war nun auch dieses Rätsel gelöst. In mir aber stritten Freude und Ärger über den unverbesserlichen Lügenschüppel, der uns alle so lange hinters Licht führen konnte." Bald darauf wusste es die ganze Welt, dass der Reimmichl niemand anderer war als der Kooperator von Dölsach.

Auch als er die Leitung des Tiroler Volksboten übernahm, wollte Sebastian Rieger im Hintergrund bleiben. Diesmal enttarnte ihn eine andere Zeitung. In der „Brixner Chronik" wurde Reimmichl als neuer Redakteur des Tiroler Volksboten erwähnt. Darauf reagierte Reimmichl in seinem Blatt auf Seite eins:

„Der Reimmichl an die Volksbotenleser! ‚Nichts ist so fein gesponnen, es kommt doch endlich an die Sonnen‘, heißt ein altes Sprichwort, und das hat sich an dem Michl buchstäblich bewahrheitet. Der Michel hat nämlich wollen incognito reisen, wie die ‚Hearischen‘ sagen, das heißt zu Deutsch, er hat wollen hübsch unerkannt bleiben und alle 14 Tage ein kleines nettes Geschichtl schreiben und im Übrigen seine Ruhe haben. Und wies halt so kommt. Plötzlich hat es geheißen: ‚Michl, du musst nach Brixen und auf ein Viertel Jahr Volksboten-Mann werden.‘ Der Michel hat sich gesträubt und gewehrt und wollte lieber auf seinem bisherigen Platz (als Kooperator in Sand in Taufers. Anm.) bleiben. Allein, alles Sträuben hat nichts genützt und so ist der Michel halt Volksboten-Mann geworden. Jetzt hat der Michel wollen eine Larve aufsetzen, damit ihn nicht jeder erkenne, weil's nicht gemütlich ist, wenn einen die Leute so groß anschauen. Da hat aber die Brixner Chronik alles ausgeplauscht. Weil nun das Heimlichtun ohnedies nichts mehr hilft, reißt der Michel die Larve herunter, lupft sein Hütl und sagt: Recht grüß Gott, ihr lieben Bötl-Leser, alle miteinander!"

Man wusste also inzwischen, wer sich hinter dem Namen Reimmichl verbarg, aber von Angesicht kannten ihn die wenigsten. Die Wiedergabe von Fotos in Zeitungen war damals technisch aufwendig und teuer. Außerdem war Reimmichl sehr darauf bedacht, dass von ihm keine

Bilder in Umlauf kamen. Auf diese Weise wollte er sich ein wenig Privatsphäre retten.

Er konnte sich sehr amüsieren, wenn Leute in seiner Anwesenheit rätselten, wer und wo denn der Reimmichl sei.

Wenn sie ihn dann kennenlernten, waren viele im ersten Moment überrascht, wenn nicht gar enttäuscht. Hatten sie sich doch einen kraftvollen, kernigen Tiroler, groß, würdig, vielleicht gar einen Andreas-Hofer-Typ vorgestellt. Tatsächlich stand aber ein schlanker, nicht allzu großer Priester mit Brille und gepflegter Frisur vor ihnen; am meisten verblüffte sie aber sein jugendliches Aussehen, das sich Reimmichl bis über die Lebensmitte bewahrte.

Doch es gibt natürlich auch „boshafte" Menschen, und die saßen in diesem Fall in seinem Freundeskreis im Zeitungsverlag in Brixen, wo der Tiroler Volksbote gedruckt wurde. Als Reimmichl die Neujahrsausgabe 1901 durchblätterte, prangte mitten auf Seite fünf groß sein Porträt. Zu allem Überfluss stand auch noch darunter: „Sebastian Rieger, Expositus in Gries am Brenner vulgo Reimmichl, der Volksboten-

Seite 78: Reimmichl in Bronze im Kreis der St. Veiter Jugend. Der Reimmichl-Brunnen wurde 1996 im Dorfzentrum von St. Veit in Erinnerung an den großen Sohn errichtet. (Foto: G. Rosenkranz)

Links: Dieses Reimmichl-Porträt veröffentlichten Freunde im „Tiroler Volksboten" gegen den Willen des Abgebildeten. (Foto: Reimmichlmuseum, Hall)

Mann". Seine Freunde hatten ohne sein Wissen das Porträt in die Zeitung geschmuggelt. Damit war das letzte Geheimnis um die Person des Reimmichl gelüftet.

Was macht man aber, wenn man eine Person ehren will, auf die eine ganze Gemeinde stolz ist, und die sich partout nicht ehren lassen will? Es war das Jahr 1924. Reimmichl hatte kürzlich sein 25-jähriges Redaktionsjubiläum begangen, Anlass für die Gemeinde, ihrem berühmten Sohn die Ehrenbürgerschaft zu verleihen. Auch die Pfarre wollte ihm bei dieser Gelegenheit ein Reimmichl-Fest ausrichten. Wie aber brachte man ihn ins Tal? Das gelang mit viel Geschick dem Pfarrer: Er lud Reimmichl als Hauptzelebrant für den feierlichen Gottesdienst am Hauptfest der „Todesangst-Christi-Bruderschaft" ein, einem der Höhepunkte im St. Veiter Jahreslauf. Reimmichl sagte zu, allerdings musste der Pfarrer schriftlich versprechen, dass er ihm bei dieser Gelegenheit ja keine Überraschung bereite; denn, wenn er das wüsste, dann käme er nicht. Der Pfarrer hielt sein Versprechen und sich von allen Vorbe-

Die „Reimmichl-glocke" mit seinem Porträt als Glockenzier im Turm zu Heiligkreuz, Diese Glocke war ein Geschenk der Heiligkreuzer Bevölkerung, das Reimmichl so viel Verdruss bereitete. (Foto: Reimmichl-museum, Hall)

reitungen fern. Dafür war der Pfarrmesner umso eifriger. Er nahm die ganze Organisation in die Hand.

Dass die Vorbereitungen so still und heimlich über die Bühne gehen konnten, verdankte man in erster Linie der Primiz des St. Veiters Friedrich Kurztaler, des späteren Dekan und Ehrenbürger von Matrei i. O. Dessen Primiz war am Vortag des „Todesangst-Christi-Festes" angesetzt. Im Trubel der Vorbereitungen für die Primiz und das Hauptfest fielen die Vorbereitungen zur Reimmichl-Ehrung also nicht weiter auf.

Als Reimmichl am späten Nachmittag des Primiztages einen kleinen Spaziergang machte, begegnete ihm ein Bauer: „Grüß Gott, Hochwürden! Ja, ja, heut haben wir den Primizianten gefeiert und morgen werden wir dann Euch ein wenig feiern!" Reimmichl fiel aus allen Wolken. „Ja, was? – Ja, was tut man morgen? Man will mich feiern? Auf gar keinen Fall!" Als der Bauer erkannte, dass er ein Geheimnis preisgegeben hatte, wollte er den Rückzug antreten, aber es war schon zu spät. Reimmichl drang weiter in ihn, bis er gestand, was er wusste.

Reimmichl stürmte wutentbrannt dem Widum zu, und nun gab es hitzige Wortgefechte mit den anwesenden Geistlichen und Gästen, denn er wollte abreisen. Als Reimmichl aber einsah, dass hier Widerstand nichts brachte und die wohlmeinenden Leute nur verstörte, fügte er sich ins Unvermeidliche.

Die Feier mit Festgottesdienst, Mahl, Festansprache und Kindergedichten nahm einen schönen Verlauf, zu dem auch Reimmichl selbst beitrug, indem er heitere Episoden aus seiner Kindheit zum Besten gab.

Auch die Heiligkreuzer wollten ihren Reimmichl nach dem Zweiten Weltkrieg ehren. Aber das ging gründlich daneben. Es stand die Weihe der neuen Glocken für Heiligkreuz an. Ohne Reimmichls Wissen hatte man auf einer Glocke seinen Porträtkopf als Zier eingegossen. Einigen kamen dann doch Zweifel an dieser „Auszeichnung", aber niemand getraute es sich Reimmichl zu sagen. Die Pfarrhaushälterin war es dann, die ihn unmittelbar vor der Feier von der „Reimmichlglocke" in Kenntnis setzte. Er wurde fuchswild und wollte der Feier unbedingt fernbleiben. „So ein Unsinn!", rief er aus, „ich bin doch kein Heiliger, dass man mein Bild an einer Glocke anbringt!" Nur nach langem Zureden ging er dann doch zum Fest. Bei der Predigt erklärte er den verdatterten Leuten, die ihm ja nur eine Freude machen wollten, dass sie ihm mit dieser Glocke einen großen Verdruss bereitet hätten.

Das war der letzte Versuch, ihn zu ehren. Sein diamantenes Priesterjubiläum im Jahre 1951 ging dann zu seiner Zufriedenheit sang- und klanglos vorüber.

Der Bauerntag in Sterzing

Für Reimmichl bildeten die Bauern das Rückgrat des katholischen Tirol. Um 1900 waren noch zwei Drittel der Bevölkerung in der Landwirtschaft tätig. In einem gesunden Bauernstand sah er die Voraussetzung, dass die überlieferten Sitten und Gebräuche, die ein wichtiger Teil der Identität eines Volkes sind, weitergegeben würden. Er hielt den Bauernstand für eine tragende Säule, wenn er einmal meinte: „Mit dem Untergang des Bauernstandes versiegt die Hauptquelle für Volkskraft und Volksgesundheit, geht der Bauernstand zugrunde, geht unfehlbar das ganze Volk zugrunde."

In den Siebzigerjahren des 19. Jahrhunderts geriet der Bauernstand in Tirol für Jahrzehnte in eine tiefe Krise. Zu den häufigen Naturkatastrophen jener Jahrzehnte kam ein Wandel in der Wirtschaft, der zu zahlreichen Billigimporten führte, wodurch die heimische Landwirtschaft immer weniger konkurrenzfähig wurde. Der Zukauf von Saatgut, Kunstdünger und Maschinen kostete viel Geld und förderte die Verschuldung. Zudem wurden Steuern, Abgaben und Gebühren, die Staat, Land und Gemeinden einhoben, drastisch erhöht.

Der Ausbau des österreichischen und europäischen Eisenbahnnetzes förderte zwar im Lande den Fremdenverkehr, führte aber zu einem steigenden Bedarf an Arbeitskräften. Diesen Bedarf deckten vor allem Dienstboten, die in den Tourismus abwanderten, wo sie bessere Verdienstmöglichkeiten hatten. Auf den Höfen fehlten diese nun oder stellten, wenn sie blieben, höhere Ansprüche.

1895 erreichte der Verschuldungsgrad der Tiroler Bauern den höchsten Stand in ganz Österreich. Diese triste Situation der Tiroler Bauern hatte sich zwar bereits zu Beginn der Siebzigerjahre abgezeichnet, jedoch waren Gegenmaßnahmen ausgeblieben, da die Tiroler Politik ihre Zeit mit Kulturkämpfen vergeudet hatte. Erst ab 1884 beschloss der Tiroler Landtag Gesetze zur Förderung der Landwirtschaft. In weiterer Folge waren es vor allem die Christlichsozialen, die im Landtag auf Verbesserungen drängten. Bis aber die Gesetze griffen, vergingen wieder einige Jahre.

Eine zusätzliche Möglichkeit, aus dem Tief herauszukommen, war die Selbsthilfe in Form des Genossenschaftswesens. In den Neunzigerjahren wurde eine Reihe von Spar- und Darlehenskassen nach dem System Raiffeisen gegründet, um den verschuldeten Bauern zu billigen Krediten zu verhelfen.

1899 sprach Reimmichl erstmals im Volksboten von der Notwendigkeit eines Zusammenschlusses der Tiroler Bauern, damit sie ihre Interessen leichter durchsetzen könnten. Es dauerte aber noch vier Jahre, bis sein Traum in Erfüllung ging.

Bereits Wochen vorher rührte Reimmichl im Volksboten die Werbetrommel für einen geplanten Bauerntag in Sterzing. Am 29. Mai 1904 warb er noch einmal unter dem Titel „Auf zum Bauerntag am 5. Juni in Sterzing!". Nachdrücklich setzte er an den Anfang seines Artikels die Forderung: „Bitte diesen Artikel ja nicht überschlagen, sondern fleißig lesen! Er enthält wichtige Sachen!" Und dann begann er:

„Es ist Zeit! – Der Volksboten-Mann richtet heute sein letztes Aufgebot an alle deutschtirolischen Bauern und empfiehlt dringend, den Bauerntag aus allen Teilen des Landes zahlreich zu besuchen. Der allgemeine Bauerntag ist ein Ereignis für die Tiroler Bauernschaft, wie ein so wichtiges und weittragendes wohl seit 50 Jahren nicht mehr eingetroffen ist. Die Tiroler Bauernschaft geht daran, sich eng und fest zusammenzuschließen, sich mit eigenen und vereinten Kräften eine Hilfe zu schaffen gegen den Niedergang und die wirtschaftliche Not. Im festen Zusammenhalten aller Bauern, wo einer für alle und alle für einen eintreten, ist noch eine Hilfe möglich. Darum auf mit Mut und Hoffnung, mit kräftigem Standesbewusstsein, auf zum Bauerntag!

Jetzt werden aber viele fragen: ‚Was geschieht beim Bauerntag und was kommt da alles vor?' Ich will Euch kurz den ganzen Plan des Bauerntages auseinanderlegen ..."

Nun folgt das genaue Programm, die Liste der Redner und deren Themen sowie Organisationsfragen, dann schließt er eindringlich: „Hiermit bin ich fertig. In Sterzing am 5. Juni auf Wiedersehen! Mit Ernst und Ruhe, aber auch mit Eifer und Begeisterung schreiten wir an ein großes Werk, das mit Gottes Hilfe und Segen zu einem glücklichen Wendepunkt im Leben der Tiroler Bauernschaft werden soll. – Euer Reimmichl."

Aus übervollem Herzen berichtet Reimmichl in der nächsten Volksboten-Ausgabe:

„Herrlich ist der Tiroler Bauerntag ausgefallen, über alle Erwartungen großartig. Die Zahl der Teilnehmer betrug nach sehr knapper Schätzung mindestens 7000. Aus allen Teilen des Landes, aus Nord und Süd, vom Inntal und Etschland, von der Sill und vom Eisack, von der Rienz und Drau waren die Bauern herbeigekommen, kein einziges Tal blieb ausgenommen; selbst vom tiefsten Iseltal und Ahrntal, zuhinterst aus dem Ötztal, vom obersten Oberinntal, vom Paznaun, vom Außerfern, vom Obervintschgau und vom deutschen Nonsberg, von Kitzbühel und der Kufsteiner Gegend, ja sogar aus dem Pinzgau waren Leute erschienen, oft sogar in bedeutender Anzahl.

Die Tuxer, die Passeirer und in hervorragender Anzahl die Sarner waren über die Jöcher herbeigekommen, von Sölden kam ein alter Bauer über den Timbl und Schneeberg („Timbl" ist das Timmelsjoch, 2474 m; Schneeberg/St. Martin, 2374 m, Anm.). Man kam unwillkürlich zur Überzeugung: Hier ist Tirol."

Schon am Vorabend waren über 1000 Bauern in Sterzing eingetroffen und die Delegiertenversammlung selbst verlief dann überaus rege. Der eigentliche Bauerntag wurde bei strahlendem Wetter unter freiem Himmel im großen Garten des Gasthauses „Zur Rose" abgehalten. Mit staunenswerter Aufmerksamkeit und großem Interesse wurden die Ausführungen der Redner verfolgt.

Reimmichl war sich der Außenwirkung dieser Demonstration wohl bewusst: „Wie ich ganz sicher weiß, hat die Regierung den Tiroler Bauerntag schon von Anfang an mit gespannter Aufmerksamkeit und mit einem gewissen Zagen verfolgt. Das kann uns ganz recht sein, denn in Österreich erhält nur derjenige etwas, der sich auch stark aufzutreten getraut. Aufgetreten sind wir in Sterzing und deutsch geredet haben wir auch. Wenn's nicht gehört werden sollte, können wir noch lauter werden." Der erfolgreiche Verlauf des Bauerntages war für Reimmichl eine große Genugtuung und Freude. Und das hob er im Volksboten auch hervor:

„Für mich, den Volksboten-Mann, war der Bauerntag einer der schönsten Tage meines Lebens. Ich habe so viele Tausende meiner Leser von Angesicht gesehen und kennengelernt und hab einmal mit ihnen mündlich sprechen können. Ich hab auch Freude und Rührung empfunden, wie mir alle mit Wohlwollen und Herzlichkeit entgegenkamen. Ich hätte grad allen die Hände drücken und mit jedem extra ein Wörtl reden mögen. Dass mich Eure Anhänglichkeit außerordentlich gefreut hat, brauch ich nicht zu sagen und ich danke Euch allen von ganzem Herzen. – Bauern, jetzt tun wir erst recht zusammenhalten, gelt! Der Michl für die Bauern und die Bauern für den Michl! Und nicht vergessen, was ich Euch in Sterzing gesagt habe: Fest zum Herrgott halten! Fest beim Bauernstand aushalten! Fest zusammenhalten!"

Auf diesem Sterzinger Bauerntag wurde der Tiroler Bauernbund gegründet, vorerst nicht als politische Gruppierung oder als Teil einer Partei, sondern als Interessenvertretung im Sinne einer Genossenschaft. Bereits am Gründungstag waren einige Tausend Bauern Mitglieder geworden und in den folgenden Wochen wuchs die Bewegung rasant.

Diese Entwicklung rief Missgünstige und Neider auf den Plan, die durch Gerüchte und Verleumdungen Zwietracht säen und Schaden stiften wollten. Da rückte Reimmichl persönlich aus und stellte sich im Herbst 1904 mit seiner ganzen Autorität an die Seite des Bauernbundes:

„Meine lieben Boten-Leser, besonders ihr Bauern! Diesmal muss ich ein entschiedenes Wörtl in einer sehr wichtigen Angelegenheit sprechen. Schon seit vier Jahren war ein Lieblingsplan von mir die Gründung eines großen Tiroler Bauernbundes – der erste Gedanke dazu ist von mir ausgegangen –, seit vier Jahren arbeite ich an diesem Werk ohne jegliche Nebenabsicht auf parteipolitische Zwecke, sondern einzig deshalb, um eine Hebung des ganzen Bauernstandes zu erzielen, aber auch in der festen Überzeugung, dass eine solche Einigung für den Tiroler Bauernstand das beste Mittel zu seiner Erhaltung und Kräftigung ist. Als der Bauernbund endlich heuer im Frühjahr gegründet wurde, habe ich eine Freude gehabt wie noch selten in meinem Leben."

Dienstbotenehrung

Mit Aufkommen des Fremdenverkehrs – die Industrie spielte in Tirol noch keine so große Rolle – zogen immer mehr bäuerliche Dienstboten in die Städte und in die Fremdenverkehrsorte, weil sie dort bessere Verdienstmöglichkeiten und ein angenehmeres Leben sahen.

Reimmichl beobachtete diese Entwicklung mit Sorge. Es blieb ihm nicht verborgen, dass manche wegen ihrer Unerfahrenheit und Naivität einen hohen Preis für das neue Leben bezahlen mussten. Dazu beschäftigten ihn die wirtschaftlichen Auswirkungen auf den Höfen. Er schrieb: „Mehr als alle Lasten fühlt der Bauer den wachsenden Mangel an Dienstboten und, damit zusammenhängend, die zunehmende Verteuerung der Arbeitskräfte. Die Landflucht reißt jährlich immer mehr die besten Arbeitskräfte vom Lande weg und wirft sie in den nimmersatten Rachen der Städte. Der Grund und Boden kann infolgedessen nicht richtig bebaut werden, er verwildert und die Bauerngüter verlieren an Wert und gehen ein."

Diese Entwicklung konnte auch ein Reimmichl nicht aufhalten, aber er wollte zumindest nicht kampflos aufgeben. Ihm schwebte eine Aktion vor, die den Dienstboten zeigen sollte, dass sie wichtig waren, dass ihre Arbeit wertvoll ist und ihre Leistung auch öffentlich gewürdigt wird.

Das Ergebnis dieser Überlegungen war 1904 die große Dienstbotenehrung im Volksboten.

Reimmichl forderte alle bäuerlichen Dienstboten auf, ihre Dienstzeugnisse einzusenden. Es wurden dann die besten mit einem großen oder kleinen Verdienstkreuz in Silber ausgezeichnet. Die zehn schönsten Zeugnisse wurden außerdem noch mit einem Golddukaten belohnt.

Eine Bewirtschaftung der Höfe ohne Dienstboten war damals kaum möglich. Dabei war das Verhältnis zwischen Herr und Dienstbote viel enger als heute zwischen Dienstgeber und Dienstnehmer. Knechte und

Mägde gehörten offiziell zur bäuerlichen Familie. Man hatte gegenseitige Rechte und Pflichten, wobei der Handschlag nach einer mündlichen Abmachung höher eingestuft wurde als etwaige Gesetze.

1879 erließ der Kaiser eine Dienstbotenverordnung für Tirol. Für jeden Knecht und jede Magd war ab sofort ein Dienstbotenbuch vorgeschrieben. Es enthielt die Personalien, die Dienstverwendung beim jeweiligen Dienstherrn und die Beurteilung von Gehorsam, Fleiß, Geschicklichkeit, Sittlichkeit und Treue.

Auch der Dienstgeber musste Pflichten übernehmen: Da der Dienstbote ein Mitglied der Hausgenossenschaft war, hatte der Dienstherr die Aufsichtspflicht hinsichtlich des sittlichen Benehmens in und außerhalb des Hofes, auch den regelmäßigen Besuch des Sonntagsgottesdienstes hatte er sicherzustellen. Ebenso musste er für sein leibliches Wohl sorgen und ihn gegen Dritte schützen.

Dienstboten lebten in und mit der Familie und teilten Freud und Leid. Dass es dabei nicht immer harmonisch zuging, lag auch an der Stellung der Dienstboten: Die Aufstiegschancen waren eng begrenzt – auch auf Grund ihrer geringen Bildung –, sie waren an ihren Stand gebunden, eine eigene Familie zu gründen war meistens aus rechtlichen Gründen kaum möglich, da die Gemeinde nur dann die Heiratserlaubnis erteilte, wenn das Brautpaar über Vermögen (Erspartes) verfügte. Auch eine würdige Altersversorgung konnte ein ernstes Problem werden.

Reimmichls Aufruf folgten Hunderte Dienstboten, Knechte und Mägde. Das Geld für diese Aktion bettelte Reimmichl zusammen, einen Teil übernahm er aus eigener Tasche. Auch hohe und höchste Stellen im Land wurden angepumpt.

Im Februar 1904 veröffentliche der Volksbote die Ausgezeichneten in großer Aufmachung. Dazu schrieb er:

„Mit wahrer Freude greife ich heute zur Feder, um vor allem anderen denjenigen eine Ehre zukommen zu lassen, die es vollkommen verdienen. Ehre, wem Ehre gebührt. Vierhundert Zeugnisse von bäuerlichen Dienstboten liegen vor mir. Allen diesen braven Dienstboten wird von ihren Dienstgebern das anerkennendste Lob und die vollste Zufriedenheit ausgesprochen, nebenbei haben auch die hochwürdigen Herrn Seelsorger und die löblichen Gemeindevorstehungen überall sehr ehrenvolle Bemerkungen und sehr schöne Empfehlungen zu den Zeugnissen hinzugeschrieben. Darum, meine lieben Dienstboten, freut es mich außerordentlich, Euch einmal eine ganz besondere Ehre verschaffen zu können. Euer Name kommt heute ins Bötl und dadurch wird Euer Lob und Eure Ehre nicht nur in Eurer Gemeinde, nicht nur im ganzen Land Tirol, sondern fast in ganz Österreich, in Deutschland draußen und überm Meer, wo überall das Bötl hinkommt – das Bötl hat 30.000 Abnehmer; jedes Bötl wird sicher von vier Personen gelesen; alle diese 120.000 Leser in allen Weltgegenden lesen Eure Namen und Eure Ehre."

402 treue Knechte und Mägde konnten mit einem großen oder kleinen Verdienstkreuz ausgezeichnet werden. Die Namen wurden in Fettschrift, alphabetisch geordnet veröffentlicht. Die Verdienstkreuze und die Prämien wurden per Post zugeschickt und von der Gemeindevorstehung oder vom Seelsorger überreicht. In vielen Häusern fand bei der Überreichung des Verdienstkreuzes eine Familienfeier statt, an manchen Orten sogar ein öffentliches Gemeindefest.

Diese Dienstbotenehrung hat großes Aufsehen erregt und wurde freudig aufgenommen. Auch ausländische Zeitungen berichteten darüber und es kamen Anfragen über die Durchführung, da diese Aktion als nachahmenswert befunden wurde.

Ein Freischießen

Ein einiges Tirol gehörte zu Reimmichls großen Wünschen und Hoffnungen. Im Zuge der Wahlauseinandersetzung zur Landtagswahl 1907 taten sich tiefe Gräben auch innerhalb des katholischen Lagers auf, worunter Sebastian Rieger sehr litt. Ein großes Fest für jedermann, frei von Politik, sollte das Land beispielhaft wieder einen. „Vielleicht schreibe ich einmal ein Freischießen aus": Mit diesem Gedanken trug sich Reimmichl immer wieder.

Im Mai 1908 war es dann so weit: „Einladung zum Tiroler Volksboten-Freischießen, welches auf dem k. k. Schießstand Vinaders-Gries am Brenner vom 21. Juni bis 3. Juli 1908 stattfindet" prangte groß auf Seite eins der Volksboten-Ausgabe. Dazu wurden die Bedingungen und die Prämien bekanntgegeben: „Auf Scheiben geschossen wird täglich von ½7 Uhr bis abends, solange das Tageslicht reicht. Mittagspause ist von 12 bis 1 Uhr; eingeladen zu diesem Volksschießen ist jedermann, auch wenn jemand nicht bei einem Schießstand immatrikuliert (Mitglied) ist. Es ist nicht notwendig, Volksboten-Abonnent zu sein; gut schießende Gewehre sind gegen Entgelt für die Munition am Schießstand zu haben."

Es folgten dann noch weitere Ordnungsbestimmungen. Zum Schluss wurde den Spendern namentlich gedankt. Es war eine bunte Gesellschaft, bestehend aus Adeligen, Mitgliedern des niederen und höheren Klerus, Beamten, Abgeordneten und begeisterten Schützen unter den Volksboten-Abonnenten.

In der nächsten Nummer lieferte Reimmichl die Gründe für diese Einladung. Dabei zeigt sich wieder deutlich, wie Reimmichl in seinen Texten eine persönliche Beziehung zum einzelnen Leser herstellte. Hier ein kurzer Auszug:

„Mehr als 15 Jahre geht das Bötl schon ins Land hinaus und weit über die Grenzen des Landes. Es hat sich im Laufe der Zeit so viele Freunde, Leser und Gönner erworben, es ist so tief ins Volk hineingewachsen, dass es sich mit Fug und Recht das Volks-Bötl nennen darf. Da es weitaus in den meisten, wenn nicht gar in allen Gemeinden des deutschen Tirol das Bürgerrecht besitzt, ist es in aller Form zu einem Landstand geworden. Freud und Leid hat es mit seinen Lesern geteilt und die Beziehungen zwischen Bötl und Leser haben sich so innig gestaltet, wie vielleicht bei keinem einzigen Blatt auf der Welt. Was verbindet denn das Bötl mit den Lesern? Wenn wir sagen: Lieb und Treu und Vertrauen, so treffen wir wohl den richtigen Nagel oder das richtige Zentrum. Bei einer so weiten und dicken Freundschaft ist es aber wohl längst an der Zeit, dass wir einmal persönlich zusammenkommen und ein Freundschaftsfest feiern.

Wenn in Tirol ein Fest gefeiert wird, da muss es krachen und ein weltliches Fest in Tirol bedeutet allemal ein Schützenfest. Das Bötl ist ein Tiroler vom Kopf bis zur kleinen Zehe. Bei jedem Büchsenschuss glaubt es schon den alten Tiroler Feldruf zu hören: ‚Für Gott, Kaiser und Vaterland!‘ Wenn darum das Bötl seinen Freunden ein Ehrenfest gibt, so kann das nur ein lustiges Schießen sein, nach alttirolischem Brauch und Stil. In der letzten Bötl-Nummer konnten wir nun endlich das Schießen ausschreiben. Das Ladschreiben ist uns aber zu förmlich und wir kommen deshalb persönlich unter Eure Türen, um Euch von ganzem Herzen einzuladen.“

Reimmichl rief und alle kamen. Den ganzen Vormittag des 21. Juni trafen bei herrlichem Kaiserwetter Schützenabteilungen aus allen Landesteilen in Gries ein. Um ein Uhr nachmittags ging es in festlichem Zug unter dem flotten Spiel der Musik und dem Dröhnen der Böller zum nahen Schießstand. Gries und Vinaders waren mit Fahnen und Ehrenbögen reich geschmückt.

Die Schützen und eine dicht gedrängte Volksmenge stellten sich um den Schießstand auf. Reimmichl hielt die Begrüßungsansprache, von allen stürmisch umjubelt. Msgn. Sigismund Waitz, damals Theologieprofessor in Brixen und früher der erste Redakteur des Volksboten, trug eine mitreißende Festrede vor. Anschließend gaben Reimmichl, Josef Grinner und Msgn. Waitz die Ehrenschüsse ab und eröffneten damit das 14-tägige Preisschießen. Am Abend flammten auf den umliegenden Höhen Bergfeuer auf. Raketen und Leuchtkugeln stiegen in den Nachthimmel. Auf einem nahegelegenen Hügel konnte man plötzlich die Flammenschrift „Hoch Tiroler Volksbote" lesen.

Das Freischießen entwickelte sich zu einem echten Tiroler Volksfest. 1000 Schützen beteiligten sich unter fachkundigem Beifall einheimischer und auswärtiger Besucher am Wettbewerb. Reimmichl forderte in der Einladung ein friedliches Fest. „Auf dem Schützenboden gibt's keine Politik und keine Parteiung; wir wollen nicht politisieren – kein Wort – sondern es grad g'mütlich haben und lustig schießen." Reimmichls Wunsch ging in Erfüllung: Alle Stände waren vertreten und brüderlich vereint, neben Greisen und Veteranen schossen 14-jährige Knaben. Von den bekannten Meisterschützen fehlte kein einziger. Auch Büchsenfreunde aus dem übrigen Österreich, aus Bayern und der Schweiz eilten herbei. Insgesamt wurden fast 57.000 Schuss abgegeben.

Reimmichl besuchte jeden Tag den Schießstand und freute sich, wenn ihm die Menschen dankbar versicherten, dass es nie vorher so ein großartiges Schützenfest gegeben hätte.

Reiselust

Reimmichl war ein gebildeter Mann. Das verdankte er einer soliden Grundausbildung in der Jugend, seinem wachen Geist und den vielseitigen Interessen. Nicht zuletzt aber trugen seine zahlreichen Reisen kreuz und quer durch Europa zur Vertiefung der Bildung und zur Erweiterung des Horizonts bei.

Reimmichls Reisefreudigkeit war zweifellos ein Erbteil seines Vaters, wie überhaupt der Deferegger, die nach allgemeiner Ansicht den Zug zur Fremde in ihren Genen tragen. Ein Tal, in dem durch mehrere Generationen jeder fünfte Mann als Hausierer und Händler den Großteil des Jahres unterwegs war, erhält eine Prägung, die sich offenbar auch auf die Nachfahren auswirkt.

Aber so wie die Deferegger großteils trotz aller Erfolge immer wieder in ihre Heimat zurückkehrten, hielt auch Reimmichl Tirol für das schönste Land und konnte sich nie vorstellen, woanders zu leben. Nur wenn das Frühjahr kam, erfasste ihn jedes Jahr die Reiselust. „Für dieses Fieber gibt es nur eine einzige wirksame Kur: sich rasch auf den Weg machen". Aber wohin? Einmal gab Reimmichl genauer Einblick, wie er sich auf eine Reise vorbereitete:

„Diesmal (es ist das Jahr 1909. Anm.), sagte ich mir, fahre ich in jedem Fall in Länder, die ich noch nicht gesehen habe. Dieser allgemeine Plan formte sich bald in eine bestimmte Richtung. Und ich war entschlossen, nach Ägypten zu reisen, nach Kairo und, wenn es möglich ist, nilaufwärts bis Assuan, an den ersten Katarakt, an die uralte Grenze des Pharaonenreiches. Ende April kam ich zum Dekan von Matrei, Albert von Hörmann, der zwei Jahre Rektor im Österreichischen Hospiz in Jerusalem war und sich längere Zeit auch in Ägypten aufgehalten hat. Albert von Hörmann ist in Tirol ohne Zweifel der beste Kenner des Vorderen Orients und so wandte ich mich an ihn, um Ratschläge für meine Reise zu erhalten. Er meinte, dass eine Reise nach Ägypten sicher zum Schönsten und Interessantesten gehöre, aber für dieses Jahr sei ich viel zu spät dran. Im Mai und Juni steigt in Ägypten das Thermometer bereits auf 40 Grad im Schatten. Ägypten steuert man am besten in den Monaten Jänner und Februar an. Ich war dankbar für diesen Rat, stand aber nun wieder ohne Ziel da. Wenn nicht Ägypten, wohin dann?

Die Landkarte soll es weisen. Ich schlug die Europakarte auf und studierte. In Österreich, Deutschland, Italien und in der Schweiz bin ich schon gewesen, Griechenland und die Türkei sind derzeit in politischer Gärung und deshalb keine empfehlenswerten Reiseziele; in Russland geht momentan die Cholera um und gegen Frankreich* habe ich eine Abneigung. Spanien oder England überzeugen mich auch nicht.

Aber hoch droben im Norden winken noch ausgedehnte Länder wie Schweden und Norwegen (Finnland erreichte erst 1917 die Unabhängigkeit von Russland. Anm.), für die ich schon seit meinen Studienjahren eine Schwärmerei hegte. Vor allem ist es Norwegen, wohin es mich zieht. – Ich hielt Zwiesprache mit meinem Geldbeutel und nachdem die finanzielle Seite geklärt war, stand fest: Statt in den Dörrofen Ägyptens geht es in die Kühlanlage Norwegens. Ich schrieb rasch einem Schiffsmakler in Hamburg und bestellte ein Billett auf einem norwegischen Dampfer nach Trondheim (Zentrum von Mittelnorwegen am Trondheimfjord an der Westküste. Anm.), zugleich kaufte ich mir eine norwegische Sprachlehre und verschiedene Reisebücher. Nachdem ich mich ein paar Wochen zurückgezogen und die Sprache Norwegens und die Reiseliteratur studiert hatte, fühlte ich mich gerüstet.

Anfänglich wollte ich allein reisen. Aber nach und nach kam ich zur Überzeugung, dass eine Reisebegleitung angenehm sei. Ich schrieb nun

---

*) Reimmichl verbrachte später dann doch einige Tage in Paris und war von der Seine-Metropole sehr beeindruckt. Und wieder ein paar Jahre später besuchte er Südfrankreich.

mehrere Briefe an Freunde und Bekannte, worin ich zur Mitfahrt einlud. Aber die Einladung fiel auf keinen fruchtbaren Boden. Einer hielt sie für eine Zumutung, für einen tollen Spaß, einem anderen war die Reise zu ungeheuerlich weit, ein Dritter erklärte, Schnee und Eis hätte er in Tirol genug und brauche daher nicht erst in die Polarregion, einen Vierten schreckte die Einbildung, in Norwegen bekomme man nur Stockfisch zu essen und Fischtran zu riechen – und so stand ich kurz vor meiner Abreise noch allein auf weiter Flur. Doch im letzten Augenblick bewahrheitete sich das Sprichwort: ‚Warum denn in die Ferne schweifen, das Gute liegt so nah!‘. Ich hatte meinen Nachbarn und Freund, Albuin Meßner**, den Kooperator im benachbarten St. Jodok vergessen zu fragen. Das holte ich nun nach und lud ihn ein, an der Reise ans Nordkap teilzunehmen. Ich musste ihn zwar ein bisschen drängen, aber schließlich reichte er mir die Hand zum Reisebündnis. Am Abend des 10. Juni fahren wir von Innsbruck fort in den hohen Norden …“ (Wie es den beiden dort ergangen, lesen sie ab Seite 181.)

Für die Reise ins Land der Mitternachtssonne hatte er nur einen Begleiter, bei sonstigen Fahrten waren sie manchmal aber sogar zu fünft, in der Regel waren es Mitbrüder oder Mitschüler aus der Brixner Zeit.

Bis zum Aufkommen des Autos war Reisen aufwendig und nicht immer bequem. In den Jahren um 1900 aber konnte man bereits mit der Eisenbahn in die entferntesten Winkel des Kontinents reisen. Das war zwar noch immer zeitaufwendiger als heute – ein Zug fuhr damals bestenfalls mit 80 Stundenkilometern durch die Landschaft – dafür aber weniger hektisch.

**) Albuin Meßner, geb. 1881 im Ahrntal (bei der Nordkap-Reise war er 28 Jahre alt, Reimmichl 42 Jahre), wirkte in verschiedenen Orten Tirols als Kooperator, u. a. auch in St. Jodok, ehe er 20 Jahre Pfarrer in der Reimmichl-Gemeinde St. Veit und 14 Jahre Pfarrer in Schönberg war. Für seine Verdienste wurde er zum Ehrenbürger von St. Veit ernannt. Er starb 1960 im Alter von 79 Jahren.

Reimmichls Reisen dauerten unterschiedlich lang, von wenigen Tagen bis zu mehreren Wochen. Dabei war ihm das Ziel gerade so wichtig wie der Weg. Heute ist nur noch das Ziel wichtig, das möglichst rasch erreicht werden soll. In diesen Fällen erfährt man wenig vom Land selbst, von der Landschaft, den Menschen und ihren Lebensgewohnheiten. Das war nie die Art, wie Reimmichl reiste. In seinen Reiseberichten entpuppt er sich als guter Beobachter. Er würdigt Landschaften und Städte, die auf dem Weg zu seinem Ziel liegen, beschreibt lebendig Bauten und Kunstwerke, berichtet treffsicher von den Menschen, die er zufällig trifft, ihren Sitten und Eigenarten, vergleicht mit den Verhältnissen in Tirol und entfaltet ein Bild, das einem tatsächlich einen Eindruck des Landes vermittelt. Dabei legt er Wert darauf, nur über das zu schreiben, was er selbst gesehen und erlebt hat.

Verfolgen wir als Beispiel die Route seiner Italienreise nach Rom und Neapel, die er im Jahre 1894 mit vier Freunden unternahm. Das Transportmittel war die Eisenbahn.

Die erste Etappe führt die fünf Freunde von Brixen nach Verona. Dazwischen lag die österreichisch-italienische bzw. Tiroler Grenze bei Ala, etwa 60 km vor Verona, wo nach einem Stadtbummel genächtigt wurde. Am nächsten Tag ging es weiter nach Venedig. Nach drei Tagen Aufenthalt in der Lagunenstadt unterbrachen sie die Weiterfahrt in Padua für einen Besuch des Grabes des hl. Antonius. Nach langer Fahrt in einem Personenzug erreichten sie Bologna. Nach zwei Tagen verließen sie diese Stadt der hohen Türme Richtung Rimini. Nach kurzer Rast steuerten die fünf Freunde Ancona an, von wo sie mit einer Pferdekutsche ins nahe Loretto, nach Rom der größte Wallfahrtsort Italiens, fuhren. In Foglio gab es noch einmal eine kurze Pause.

Am Morgen des achten Tages seit der Abfahrt von Innsbruck erreichten sie Rom, wo sie für eine Woche im Deutschen Pilgerhospiz ihr Quartier aufschlugen. Auf ausgedehnten Streifzügen erkundeten sie Sehenswürdigkeiten der Ewigen Stadt. Wenn man sich bereits in Rom aufhält, ist es bis Neapel nur noch ein Katzensprung und die fünf Freunde wollten testen, ob Neapel wirklich so schön war, um sagen zu

Hier an diesem Schreibtisch entstanden die Geschichten und Romane, hier konzipierte Reimmichl den Kalender und erledigte Berge von Post, umgeben von Ansichtskarten aus aller Welt. (Foto: Reimmichlmuseum, Hall)

können: „Neapel sehen und sterben". Sie besichtigten Neapel in drei Tagen, fanden es sehr schön, wollten aber trotzdem nicht sterben und traten die Heimfahrt an; diesmal an Rom vorbei nach Civitavecchia und der Westküste entlang hinauf bis Livorno. Das nächste Nachtquartier wurde in Pisa aufgeschlagen. Nach Besichtigung von Dom und Schiefem Turm war die nächste Station Florenz. Bereits in Rom wurden drei Gefährten von einem Malariaanfall heimgesucht, den sie allerdings schnell überwanden. Hier in Florenz aber erlitt einer einen Rückfall, sodass sich die Gruppe entschloss, unverzüglich und direkt zurück in die Heimat zu fahren und Florenz auf einer weiteren Italienreise zu „erobern".

Malaria in Rom? Vor den Toren der Stadt lagen damals die Pontinischen Sümpfe, ein Gebiet von fast 800 km², das bis zur Trockenlegung ab 1930 Brutstätte dieser gefürchteten Krankheit war. Auch in Tirol war die Malaria einmal heimisch, z. B. in den ehemaligen Sumpfgebieten am Eingang des Zillertales. Um 1910 ist hier der letzte Malariafall aufgetreten.

Reisen in die Kaiserstadt Wien und in Kronländer der Monarchie oder ins benachbarte Ausland nach Deutschland bis hinauf an die Ostsee, nach Italien oder in die Schweiz standen bereits während der Seminarferien auf dem Programm des Priesteramtskandidaten Rieger. Später, in seinen Kooperatorenjahren und als Leiter des Tiroler Volksboten, besuchte Reimmichl England und Holland, sogar bis St. Petersburg kam er. Norwegen und Frankreich wurden bereits genannt. Die meisten Reisen fielen in die Jahre zwischen 1889 und 1913. Die letzte große Reise führte den inzwischen 63-jährigen Reimmichl im Jahre 1930 nach Südfrankreich, wo er unter anderem Lourdes besuchte und sich dann in Marseille nach Tunesien einschiffte, wo er in Karthago am Eucharistischen Weltkongress teilnahm.

Konnte aber Reimmichl einmal seinem jährlich wiederkehrenden Wandertrieb wegen seiner vielen Verpflichtungen nicht nachgeben, musste ihn der Anblick der ungezählten Ansichtskarten, die an den Wänden um seinen Schreibtisch drapiert waren, über das Fernweh hinwegtrösten. Er sammelte nämlich Ansichtskarten, und weil diese Passion seinen Freunden und auch vielen Lesern bekannt war, erhielt er aus aller Welt fotografische Grüße.

Vier Kriegsjahre

Nachdem Reimmichl die Leitung des Volksboten 1912 in die Hände Grinners gegeben hatte, schrieb er nur noch religiöse Beiträge und Geschichten für den Feuilletonteil des Volksboten. Für die Leser blieb der Volksbote aber das geliebte Reimmichl-Blatt. Er wandte sich kaum mehr als Reimmichl direkt an die Leserschaft. Nur für Werbeaktionen des Volksboten, wenn neue Abonnenten gewonnen werden sollten, oder zu ganz besonderen Anlässen stellte er sich in den Dienst der Sache und schrieb persönliche Zeilen an die „lieben Boten-Leser".

Ab September 1914 – inzwischen war der Erste Weltkrieg ausgebrochen – erschien der Volksbote auf drängenden Wunsch der Abonnenten als Wochenblatt. Es war eine beachtliche Leistung von Redaktion und Technik, sich in nur wenigen Wochen auf den neuen Erscheinungsrhythmus einzustellen. Der Inhalt wurde auf Kriegsberichterstattung umgestellt – ebenfalls eine Meisterleistung.

Keine Zeitung berichtete besser und ausführlicher vom Kriegsgeschehen und den einzelnen Schauplätzen. Das bisherige inhaltliche Konzept wurde erweitert um „Soldatenbriefe von der Front", Berichte von Kriegsauszeichnungen, Gefallenenlisten (bereits ab 18. September, also sechs Wochen nach Kriegsbeginn!), Listen über Verwundete und in welchem Lazarett sie lagen; auch wurde ein „Suchdienst für Vermisste" eingerichtet.

Es herrschte Militärrecht, deshalb musste jede Ausgabe vor Erscheinen der Zensur vorgelegt werden. Allzu genaue militärische Angaben wurden genauso beanstandet und gestrichen wie unerwünschte Wertungen. Die Leser erkannten die Arbeit der Zensur an den größeren und kleineren weißen Flecken in der Zeitung.

Wenn Reimmichl ein Thema besonders am Herzen lag, schrieb er seit 1897 an die „lieben Boten-Leser". Diese Spalte erschien meistens auf Seite eins. Sie wurde bald so beliebt, dass Leser sofort nachfragten, wenn er einmal längere Zeit nicht seinen „lieben Lesern" geschrieben hatte. Als Grinner die Leitung des Volksboten übernahm, behielt er diese Art des „Gespräches" mit den Lesern bei und unterzeichnete mit „Euer Botenmann Nr. 2". Die Leser akzeptierten diese Änderung, erstens weil Grinner gut schreiben konnte und auch den richtigen Ton traf, und zweitens, weil Geschichten und religiöse Belehrungen vom Reimmichl nach wie vor in jeder Ausgabe enthalten waren.

Ab Kriegsbeginn erschienen die Briefe des Boten-Mannes an die „lieben Boten-Leser" häufiger. Es ging jetzt in erster Linie darum, den Lesern Mut zuzusprechen. Die Leser-Blatt-Bindung war beim Volksboten ungewöhnlich hoch und so wollten die Leser in diesen Zeiten großer Not von berufener Seite Trost erfahren, also von Reimmichl und Grinner. Deshalb kamen jetzt die Zeilen an die „lieben Boten-Leser" bis zum Kriegsende von „Euren zwei Boten-Männern", dabei schrieb einmal der eine, einmal der andere. Wer nun jeweils der Autor war, lässt sich heute nicht immer leicht feststellen, spielt aber auch keine große Rolle, da beide am selben Strick zogen.

Auch wenn der Kriegsausbruch wie ein Schock wirkte, kam der Krieg keineswegs aus heiterem Himmel. Der große Konflikt zwischen den europäischen Mächten hat sich schon lange angebahnt und die Ermordung des österreichischen Thronfolgers am 28. Juni 1914 war nur der Anlass und nicht die Ursache des Ersten Weltkrieges.

Der Krieg begann am 28. Juli 1914 mit der Kriegserklärung Österreich-Ungarns an Serbien. Bald darauf befanden sich die Mittelmächte Österreich-Ungarn und Deutschland im Krieg gegen die verbündeten Entente-Staaten Frankreich, Großbritannien und Russland, viele weitere Staaten traten im Laufe des Konfliktes in den Krieg ein. Gleich nach der Kriegserklärung schrieben die beiden Boten-Männer im Volksboten:

> „Liebe Boten-Leser! Schweren, aber glühenden Herzens schreibe
> ich heute diese Zeilen an Euch. Eine schwere, große Zeit ist an-
> gebrochen und ich möchte Euch alle aufmuntern, derselben ein
> großes Herz entgegenzubringen. Wenn jetzt die langen Militär-

züge in fast ununterbrochener Reihenfolge über meiner Klause [die Bahntrasse in Gries am Brenner führt oberhalb des Dorfes am Hang entlang, Anm. d. Verf.] dahinrollen und Jauchzen und Singen aus ihnen erklingt, erinnert es mich lebhaft an die große Jahrhundertfeier vor fünf Jahren [100 Jahre Tiroler Freiheitskämpfe, Anm. d. Verf.]. Es ist wie damals und doch so ganz anders. Auch heute flammt die Begeisterung auf; alle Bahnhöfe sind gestoßen voll Menschen, die mit Winken und lauten Zurufen von den Kriegern Abschied nehmen; immer wieder erhebt sich brausender Jubel, aber er klingt nicht so stürmisch, wie damals, er ist gedämpfter, umso feuriger jedoch glühen die Augen und eine ernste Entschlossenheit liegt auf aller Mienen. Daneben macht sich aber auch schwere Trauer bemerkbar, wie es ja natürlich ist. Selten oder nie hat das Land so viele Tränen gesehen wie in diesen Tagen. Es ist doch ganz anders als vor fünf Jahren. Damals haben wir die großen Taten unserer Väter und Ahnen jubelnd gefeiert, heute müssen wir selbst große Taten vollbringen. Alle müssen große Taten vollbringen, Männer und Frauen, in der Ferne und zu Hause."

Der patriotische Ton und die Kriegsbegeisterung, die viele damals erfassten, waren nicht von langer Dauer, abgesehen davon, dass es auch am Land Nachdenkliche gab und solche, die den Krieg ablehnten.

Als bereits wenige Wochen nach Kriegsbeginn die ersten Toten in die Heimat gemeldet wurden, kühlte die Begeisterung rasch ab. Man wusste es damals noch nicht und wollte es auch offiziell nicht bekanntgeben, aber innerhalb von nur drei Wochen war in Galizien die damals unvorstellbare Zahl von einer halben Million Toter und Verwundeter zu beklagen gewesen, davon 300.000 auf österreichischer Seite und nicht wenige aus den Tiroler Elitetruppen.

Der Erste Weltkrieg änderte das bisherige Bild vom Krieg. Die Tiroler Veteranen, die noch 1859/66 gekämpft hatten und von ihren Erlebnissen erzählten, ließen den Krieg als Abenteuer erscheinen. Aber die Wirklichkeit jetzt an der Front hatte mit den Vorstellungen eines heroischen Kampfes kaum mehr etwas zu tun, auch wenn der Heldenmythos aus Gründen der Propaganda noch immer reichlich bemüht wurde.

Aber die Einführung immer neuer Kriegstechnik und der ungeheure Materialeinsatz im Ersten Weltkrieg steigerten die Gewalt und führten zum industrialisierten Massentod (10 Millionen Tote und 20 Millionen Verwundete unter den Soldaten, sieben Millionen zivile Opfer). Das erste Mal gab es einen Luftkrieg, einen U-Boot-Krieg und einen Gaskrieg.

Die beiden Boten-Männer waren überzeugt, dass „der Krieg, in welchem wir verwickelt sind, ein gerechter, heiliger Krieg ist. Es handelt sich um den Weiterbestand unseres Vaterlandes, um unsere Freiheit, um unsere Sprache, um unsere Religion. …" – eine überraschende Erklärung.

Sie erläutern in der Folge, dass das „nimmersatte" Russland der eigentliche Gegner Österreichs wäre und nicht Serbien (zwischen Serbien und Russland bestand ein Beistandspakt, Anm.). Russland, das sich „hinter Serbien versteckt", wolle „in unersättlicher Gier immerfort neue, fremde Länder an sich reißen", sie unterjochen und ihnen ihre Eigenart nehmen. Und die zwei Botenmänner weiter:

„Die russische Orthodoxie ist fürchterlich unduldsam. Die beiden Schismatiker Russland und Serbien hegen einen geradezu tödlichen Hass gegen den Katholizismus (als Beispiel wird die Verfolgung der Katholiken durch Orthodoxe in Polen verwiesen, Anm.); es läuft darauf hinaus, Europa nicht nur dem Russentum, sondern auch der schismatischen Religion zu unterwerfen. Wenn Russland siegt, was Gott verhüte, dann kommen wieder asiatische und mongolische Zustände über Europa. Deshalb ist dieser Krieg ein gerechter, ein heiliger, ein hoher. Wir kämpfen um unsere Freiheit, um Religion, um Sein oder Nichtsein."

Diese Fokussierung auf Russland ist nur verständlich, wenn man bedenkt, dass zu dem Zeitpunkt, als die Boten-Männer diese Zeilen verfassten, Österreich erst mit Serbien und Russland im Krieg stand.

Die Boten-Männer erinnerten daran, dass Tirol als das tapferste und kaisertreueste Land der Monarchie gilt: „Wir haben das oft bei Feiern und Festlichkeiten bekannt. Jetzt aber müssen den Worten Taten folgen, große Taten für unser schönes Tirolerland". Und nun wenden sich Reimmichl und Grinner an die Daheimgebliebenen:

„Große Taten müssen nicht nur unsere Landsleute auf dem Felde der Ehre, auch wir zu Hause müssen solche vollbringen. Eine patriotische Tat ist es, wenn wir die großen Opfer, welche der Krieg von uns allen fordert, ohne Klagen und mit Begeisterung auf uns nehmen, wenn wir zu Hause mit allen Mitteln beitragen, das große gemeinsame Werk zu fördern, wenn wir jetzt, da beinahe alle Arbeitskräfte fort sind, mit doppelter und dreifacher Anstrengung unser Hauswesen betreuen, die Ernte einbringen und den Männern für die Heimkehr den Unterhalt sichern. – Es ist eine große schwere Zeit, da gilt es nicht bloß groß zu sein in Taten, sondern auch groß im Leiden. Nicht bloß die Männer im Felde haben große Strapazen und Leiden zu ertragen, sondern auch die Zurückgebliebenen und namentlich die Frauen, die Mütter, die Töchter und Bräute. Seit hundert Jahren ist nicht mehr so eine Trauer durchs Land gegangen, haben nicht mehr so große, allgemeine Leiden in unseren Tälern gelastet wie derzeit. Ich kann's wohl ahnen ..."

Diese Sätze klingen in unseren Ohren eigenartig und lösen vielleicht Kopfschütteln aus. Man sollte aber bedenken: Viele Menschen damals dachten wirklich so. Sie waren Kinder ihrer Zeit und – ganz wesentlich – es fehlten ihnen die schrecklichen Erfahrungen zweier Weltkriege mit all ihren furchtbaren Folgen. Patriotismus war keine leere Worthülse. Man fühlte sich als große Gemeinschaft mit gegenseitiger Verantwortung und nicht als eine Ansammlung von ichbezogenen Individualisten.

Zur folgenden Argumentation der beiden Boten-Männer, warum der Tod auf dem Schlachtfeld schön ist, haben wir heute keinen Zugang mehr. Aber die Gedankengänge zeigen, wie tief Religion und Leben verknüpft waren:

„In alle Teile des Reiches hinaus flattern Trauernachrichten. Es wird sicher nicht ausbleiben, dass in gar manche Häuser von Volksboten-Lesern solch schwarze Botschaften kommen. Meine lieben Leute (eine typische Grinner-Formulierung. Anm.), wenn das Unabänderliche eintritt, lasst Euch nicht ganz von der Trauer niederdrücken. Es gibt kaum ein schöneres Sterben als den Tod auf dem Felde der Ehre. Die Schlacht bringt unsere Soldaten näher zu Gott. Unsere Soldaten kämpfen für das Heiligste, was es geben kann, für Recht und Gerechtigkeit, für Familie und Vaterland, für Gott und den Glauben. Österreich ist das Land des Katholizismus, von jeher war es eine Mauer gegen die Feinde der katholischen Religion. Wenn Österreich jetzt unterliegen würde, würde dies einen ungeheuren Schaden für den katholischen Glauben bedeuten. Darum kann man wohl sagen, dass alle, welche in diesem heiligen Kampfe fallen, den Tod eines Märtyrers sterben und auch den Lohn eines Märtyrers empfangen werden. Damit tröstet Euch, meine lieben Leute!"

Auch wenn man immer wieder die Soldaten als Helden feierte und sie als Freiheitskämpfer in der Nachfolge Andreas Hofers darstellte, war man sich doch auch der Brutalität des Krieges bewusst und nannte beim Namen, was Soldaten auf dem sogenannten „Feld der Ehre" auszuhalten hatten:

„Wir müssen geduldig, starkmütig aushalten und uns unserer treuen, heldenmütigen Krieger würdig erweisen. Es kommen jetzt dem Volksboten zahlreiche Soldatenbriefe zu. Wenn man da erfährt, welch furchtbare Strapazen, wie viel Hunger, Durst, Kälte, Wundschmerzen, Schlaflosigkeit, Verlassenheit, Heimweh und dergleichen unsere lieben, treuen, heldenmütigen Angehörigen im Felde ertragen, blutet einem förmlich das Herz. Ich kann Euch

40 Jahre hindurch Reimmichls Heimat: die Kirche von Heiligkreuz und das „Reimmichl-Häuschen", das er sich 1916 erbauen ließ, vor dem Hintergrund des mächtigen Bettelwurf und des Hohen Fürleg. (Foto: Herzog)

die Einzelheiten nicht ausführlich schildern, weil ich selbst dabei meine Tränen nicht zurückhalten vermöchte."

Reimmichl sah in den Kriegsjahren seine vornehmste Aufgabe darin, Grinner in seinem Bemühen zu unterstützen, den Lesern Mut zuzusprechen, die Verzagtheit zu nehmen und sie zu trösten.

Wenn er sich mit Grinner direkt an die „lieben Landsleute im Felde" wandte, dann erkennt man an den behandelten Themen, dass viele Soldaten unter Heimweh litten, dass sie die Sorge um die Angehörigen und den heimatlichen Besitz belastete. Nicht wenige trieb die Angst um, daheim vergessen zu werden. All diese Sorgen und Ängste wurden von den Boten-Männern aufgegriffen und sie versicherten den Soldaten, dass sie keineswegs vergessen wären, sondern in der Heimat in höchsten Ehren stünden für ihren Einsatz.

Gleich nach Kriegsbeginn, am 1. November 1914, übersiedelte Reimmichl nach Heiligkreuz bei Hall. Damit ging ein langgehegter Wunsch in Erfüllung. Bereits 1901 erwähnte Landeshauptmann Kathrein in einem Brief an einen Freund, dass er sich für Reimmichl verwenden wolle, sollte im Raum Hall eine entsprechende Seelsorgestelle frei werden.

Zuerst wohnte er mit seiner Haushälterin als Gast in einem Privathaus, da Heiligkreuz kein eigenes Widum hatte. Dann aber baute er sich im Jahre 1916 mit dem Geld, das er von seinen Eltern geerbt hatte – die Mutter war fünf Monate vor seiner Übersiedlung nach Heiligkreuz gestorben –, ein eigenes Häuschen neben der Kirche in sonniger Lage, mit prächtigem Ausblick ins Inntal. Mehr als die Hälfte seines Lebens verbrachte er in diesem heute unter Denkmalschutz stehenden „Reimmichl-Häuschen". Hier pflegte er nun den erwünschten gesellschaftlichen Umgang und führte ein gastliches Haus.

Der Erste Weltkrieg, dessen tragisches Ende Reimmichl voraussah, ließ zusehends seinen Humor schwinden. Das erkannten auch die Leser und bedauerten es in Briefen. Er antwortete ihnen:

„Eine Beschwerde höre ich öfters, nämlich dass das Blatt seine munteren Geschichten zur Seite gestellt und sein lachendes Wesen eingebüßt habe. Du lieber Gott, wer kann denn lachen, wenn andere weinen, wer kann denn jauchzen, wenn andere jammern, wer kann denn ein lustiges Gesicht machen, wenn ihm selbst die helllichten Tränen über die Wangen rollen? – Das Lustige geht mir derzeit nicht herauf."

Am 3. November 1918 ging der verlorene Krieg zu Ende. Am 11. November legte Kaiser Karl I. die Regierungsgeschäfte nieder und machte damit den Weg frei zur Ausrufung der Republik Deutsch-Österreich. Das Habsburgerreich war Geschichte und die Monarchie zerfiel in zahlreiche Nachfolgestaaten.

Für Reimmichl und viele Menschen brach eine Welt zusammen. Der Volksbote schrieb am 13. November 1918:

„Nur mit tiefer Wehmut nehmen wir von diesem Schritte Kenntnis, nur mit tiefer Wehmut sehen wir unseren jugendlichen Kaiser dem Thron entsagen und mit noch größerer Wehmut sehen wir mit ihm das Kaisertum von Österreichs Völkern sich verabschieden. Viel verdankt Österreich den Habsburgern. Hier nur zwei Punkte: Dass wir vor zwei- bis dreihundert Jahren keine Beute der türkischen Horden geworden sind, verdanken wir dem Hause Habsburg. Das zweite Verdienst ist die Erhaltung des katholischen Glaubens in Österreich. Ohne das tatkräftige Eingreifen der Kaiser aus dem Hause Habsburg wären wir zur Zeit Luthers sicher um den katholischen Glauben gekommen."

Kaiser Karl hatte zwar am 11. November auf die Regierungsgeschäfte verzichtet, weigerte sich aber, die Thronverzichtserklärung zu unterschreiben. Deshalb wurden er und seine Familie vier Monate später enteignet und des Landes verwiesen. Diesen Schritt verziehen die Kaisertreuen der jungen Republik nie.

Reimmichl akzeptierte erst nach einiger Zeit die politischen Veränderungen, stand aber zeitlebens der Republik und der Demokratie reserviert gegenüber. Eine konstitutionelle Monarchie schien ihm das menschengemäße. In logischer Konsequenz betrachtete er den Sohn Karls, Otto von Habsburg, als legitimen Kaisernachfolger, für ihn blieb er die „kaiserliche Hoheit".

Als dann am 10. September 1919 im Friedensdiktat von Saint-Germain auch noch Südtirol als Kriegsbeute Italien zugesprochen wurde, war der Tiefpunkt seiner Gefühlswelt erreicht. Diese Abtrennung schlug eine Wunde in sein Herz, die nie mehr heilte, wie er noch im Alter erklärte.

Der Erste Weltkrieg hatte Entwicklungen ausgelöst, die bis in die jüngste Vergangenheit nachwirkten. Nicht umsonst gilt der Erste Weltkrieg als die „Urkatastrophe des 20. Jahrhunderts". Die Not nach dem Krieg war groß, die wirtschaftliche Lage hoffnungslos. Hohe Inflation, Arbeitslosigkeit und Hunger zermürbten die Menschen. Reparationszahlungen schränkten die Möglichkeiten des Staates ein und führten zu Steuererhöhungen. Vier Jahre Krieg führten zu gesellschaftlichen Auflösungserscheinungen und brachten geistigen und sittlichen Verfall mit sich.

Hilfe tat dringend not. Da bekam Reimmichl aus Amerika eine größere Dollarspende, die ihm erlaubte, großzügig zu verteilen. Ähnlich war es übrigens auch nach dem Zweiten Weltkrieg, als er Hunderte Lebensmittelpakete aus Amerika bekam, die er alle an örtliche Hilfsorganisationen weitergab. Für sich wollte er kein einziges Paket behalten. Nur mit List konnte seine Wirtschafterin zwei oder drei Pakete „ohne Wissen des Herrn Kaplan" der eigenen mageren Küche zuführen.

Der Kalendermann

Langsam überwand der inzwischen 53-jährige Reimmichl Trauer und Niedergeschlagenheit und wandte sich bald einem neuen Projekt zu: „Schon seit vielen Jahren hab ich den Plan gehabt, einen Kalender zu schreiben, und zwar einen richtigen Tiroler Kalender. Ich hab mir gedacht, wir sollten einen Kalender haben, der ganz zum Tiroler Land und zu den Tiroler Leuten passt, ein Kalender, der – wie das Zirbenbäumel droben auf der Alm – aus dem Tiroler Boden herauswächst und breit ins Volk hineinwächst." Aber dann kam der Krieg dazwischen. Bereits 1916 hatte Reimmichl ein fertiges Konzept für einen Tiroler Kalender. Doch Geld- und Papiermangel und die zunehmende Not zwangen ihn, von dem Vorhaben Abstand zu nehmen.

Nach dem Krieg wollte Reimmichl dann nicht mehr auf bessere Zeiten warten: „Lieber ein kleines Bäumchen pflanzen, so kann es wachsen und bis zum nächsten Jahr ein Baum werden!" Im Mai 1919 fand er schließlich Unterstützung für seine Idee.

Viele fragten sich, warum gerade jetzt ein neuer Kalender in dieser schweren Nachkriegszeit, wo die Menschen doch genug andere Sorgen haben. Reimmichl trieb aber die Sorge um das Land Tirol um. „Man hat in Paris und London unserem Tirolerland das Todesurteil gesprochen und manche hoffen vielleicht, dass in etlichen Jahren der Name Tirol überhaupt verschwunden ist. So weit soll es nie kommen! Damit dies aber nicht geschieht, müssen auch die Tiroler selbst ihren Teil beitragen. Den Tiroler Geist im Tiroler Volk hegen und pflegen, das soll die Hauptaufgabe des neuen ‚Tiroler Kalenders' sein."

Und wie wollte Reimmichl das bewerkstelligen? „Wir wollen den Leuten immerfort zeigen, wie schön das Tirolerland ist von oben bis unten, heraußen und drinnen, wir wollen ihnen vorführen all das Herrliche, das die Ahnen uns hinterlassen haben, wir wollen uns neu besinnen auf die Sitten und schönen alten Bräuche, das religiöse und wirtschaftliche Leben erneuern, wir wollen pflegen den Heimgarten (Hoangascht = gemütliches, zwangloses Zusammensitzen. Anm.), die Sagen und Geschichten, die Sprüche und Reime, die lustigen und sinnigen Spiele des Volkes!"

Das alles bildete für Reimmichl die Seele des Tiroler Volkes. Und er wollte mit dem Kalender einen Beitrag leisten, diese Seele frisch und lebendig zu erhalten. Damit hatte er auch gleichzeitig Programm und Inhalt des neuen Kalenders umrissen.

1920 erschien der erste Reimmichl-Kalender, damals noch unter dem Namen „Tiroler Kalender". Das Titelblatt zierte das bekannte Motiv der Nikolauskirche von Obernberg vor dem Hintergrund des mächtigen Tribulaun. Reimmichl bat die Leser, nicht allzu streng zu sein mit dieser ersten Ausgabe: „der Kalender wird bestimmt von Jahr zu Jahr besser". Gleichzeitig machte er Werbung fürs Kalendarium, das ihm besonders am Herzen lag: „Der Tiroler Kalender legt das Hauptgewicht auf das, was in jedem Kalender tatsächlich das Wichtigste ist, nämlich auf das Kalendarium, das ist der Fest- und Heiligenkalender. In früheren Zeiten war das Volk mit dem Kirchenjahr noch viel vertrauter als heutzutage und hat die Festzeiten viel inniger mitgefeiert und vielen Tagen volkstümliche Namen gegeben." Diese alten Namen und Bezeichnungen wollte Reimmichl wiederbeleben, sie sollten dazu beitragen, dass der Kalender den gemütvollen, vertrauten Zug der guten alten Zeit bekam.

Damit versuchte Reimmichl allerdings gegen den Strom der Zeit zu schwimmen. Es gab aber kein Zurück. Das 19. Jahrhundert war mit dem Ersten Weltkrieg abrupt zu Ende gegangen. Ein neues Zeitalter hatte begonnen. Geblieben war die Erinnerung an eine gemütlichere, in vielen Dingen aber nicht bessere Zeit.

Der Kalenderumschlag machte Reimmichl noch Kopfzerbrechen; er wollte etwas Originelles, typisch Tirolisches. Da half ihm die Freundschaft mit dem Maler und Bildhauer Josef Bachlechner (1871–1923), der in Hall seine Werkstatt hatte. Bachlechner machte mehrere Entwürfe. Der Umschlag der Ausgabe 1922 zeigte dann jenes bekannte weihnachtliche Tiroler Sternsingermotiv, das auch heute noch den Reimmichlkalender unverwechselbar macht.

Josef Bachlechner starb bereits ein Jahr später im 52. Lebensjahr. Reimmichl schrieb in einem Nachruf über seinen Freund: „Er war ein kindlich-frommer Mann; davon zeugen all seine religiösen Bildwerke, aus denen nicht nur lebendiger Glaube, sondern auch tiefe, innige Betrachtung spricht. Er war ein biederer Alttiroler, kernig in seinem Wesen, überaus leutselig und hatte ein Herz wie ein Kind." Bachlechner gilt heute als Meister der Tiroler Krippe und hat allein in Tirol rund zwei Dutzend Kirchenaltäre entworfen und in seiner Werkstatt ausgeführt.

Immer wieder kam Reimmichl in den folgenden Ausgaben auf das Kalendarium zu sprechen, das er im Übrigen nicht selber erstellte. Hier ging ihm Pater Justin Knoflach, ein Franziskaner aus dem Haller Kloster, zur Hand. „Alles, was nach dem Kalendarium kommt, ist nur ein Beiwagen, in dem jeder etwas finden soll." Das Kalendarium aber „ist die Hauptsache" und war für Reimmichl ein „Führer durchs Jahr [...], ein geistlicher Blumengarten [...], eine Reise durch die Welt für Herz und Seele ...".

Das Kalendarium ist heute noch ein unverwechselbarer Bestandteil des Reimmichlkalenders, erhält viel Beachtung und ist auch durchaus nützlich. Das Gemüt aber wurde seit jeher vom jeweiligen Reimmichlroman und den Reimmichl-Kurzgeschichten angesprochen.

Reimmichls Karriere begann 1893 mit den ersten Kurzgeschichten, die er mit R (für Rieger) oder S. R. (für Sebastian Rieger) zeichnete. 1894 begann er dann seine unregelmäßig erscheinenden Kurzgeschichten mit dem Satz „Was der Michl erzählt" und in weiterer Folge „Was der Reimmichl erzählt". Ab 1896 hieß es dann „... von Reimmichl" und bald verschwand der Gebrauch seines bürgerlichen Namens aus dem Alltag.

Bereits fünf Jahre später, 1898, erschienen die bis dahin veröffentlichten Kurzgeschichten, die er für den Volksboten geschrieben hatte, in Buchform unter dem Titel: „Aus den Tiroler Bergen". Dieses Büchlein erlebte in der Folge zahlreiche Auflagen.

Die Gestaltung des Kalenderumschlages zwischen 1920 bis 1925. Das Stern-singermotiv von Josef Bachlechner taucht 1922 auf, der Reimmichlkalender mit seinem noch heute gültigen Umschlag 1925. (Foto: P. Muigg)

Fast alle Reimmichlromane und -geschichten, die bis zum Ersten Weltkrieg auf den Buchmarkt kamen, verfasste der Autor zuerst für den Volksboten, wo sie als Fortsetzungsromane erschienen. Erst der große Erfolg veranlasste dann den Tyrolia-Verlag, mit dem Reimmichl zeit-lebens engstens verbunden war, daraus nicht weniger erfolgreiche Bü-cher zu machen.

Nach dem Ersten Weltkrieg verfasste Reimmichl dann fast alle Ro-mane zuerst für seinen Kalender, ehe sie in Buchform nochmals oft be-achtliche Auflagen erreichten. Insgesamt schrieb Reimmichl an die 60 Romane und über 200 Kurzgeschichten, von denen der größere Teil im „Tiroler Volksboten" zwischen 1893 und 1919 erschienen ist.

Sein bekanntestes Werk ist „Weihnacht in Tirol" eine Sammlung von Kurzgeschichten und Gedichten, die in vielen Auflagen aufgelegt wurde.

Drei beste Freunde (v. l. n. r.): Josef Bachlechner (1871–1923), Bildhauer und Maler, Schöpfer des Umschlages des Reimmichlkalenders, Pfarrer Johannes Schileo (1867–1925), Pfarrer und Ehrenbürger von Navis, mächtig im Wort, ein hervorragender Sänger, und Reimmichl. (Foto: Reimmichlmuseum, Hall)

„Der Fahnlbua", einer der ersten Romane, der zur Zeit der Tiroler Freiheitskämpfe spielt, enthält ein Gedicht, das innerhalb kürzester Zeit zu einem vielgesungenen Volkslied wurde, nachdem der Brixner Komponist und Kirchenmusiker Vinzenz Goller (1873–1953) den Text vertont hatte. Heute ist es Tirols ‚heimliche' Hymne „Tirol isch lei oans".

Reimmichlromane fanden immer begeisterte Leser, das beweisen die eindrucksvollen Verkaufszahlen seiner Bücher und Kalender. Er stieß aber bei Literaturbeobachtern auch auf Widerspruch, wobei Reimmichl selbst es immer ablehnte, wenn Anhänger seine Geschichten als Literatur bezeichneten. Natürlich freute er sich über hohe Auflagen, aber nicht, weil sie seinem Ego schmeichelten oder aus finanziellen Gründen, sondern weil er hoffte, dass er den Menschen Unterhaltung, Freude, Trost und Zuversicht bringen konnte. Reimmichl war in jeder Zeile, die er schrieb Priester und Seelsorger. Darin lag sein Genie, dass

Tirol isch lei oans

1. Ti - rol ist lei oans, ist a Lan - dl

kloans, ist a schians, ist a feins, und dös Lan-dl ist meins.

TIROL ISCH LEI OANS,
ISCH A LANDL, A KLOANS,
ISCH A SCHIANS, ISCH A FEINS
UND DÖS LANDL ISCH MEINS.

MEI LIAB ISCH TIROL,
ISCH MEI WEH UND MEI WOHL,
ISCH MEI GUAT UND MEI HAB,
ISCH MEI WIEG UND MEI GRAB.

TIROL ISCH LEI OANS,
WIE DÖS LANDL ISCH KOANS,
IN DER NÄH, IN DER FERN
ISCH KOANS AUF DER ERD'N.

Worte: Sebastian Rieger
Weise: Vinzenz Goller

„Tirol isch lei oans" ist ein Gedicht aus dem Reimmichlroman „Der Fahnlbua" und wurde später von Vinzenz Goller (1873–1953) vertont; es wurde sehr schnell zu einem der beliebtesten Volkslieder und gilt heute als heimliche Hymne Tirols. (Foto: Reimmichlmuseum, Hall)

er seine Predigten immer in Geschichten verpackte, weil er wusste, dass die Menschen dann auch bittere Pillen leichter schluckten. Dazu kam seine lebendige Sprache. Reimmichl schreibt nicht Hochdeutsch, aber auch keinen Dialekt. Es ist eine Kunstsprache, aber eben so gestaltet, dass sie bis heute verstanden wird. Immerhin ist es bemerkenswert, dass Geschichten, die er bereits vor über 120 Jahren verfasste, nach wie vor sprachlich fast unverändert erscheinen können.

Reimmichl schrieb oft anlassbezogen. Bei einigen Geschichten lässt sich das gut verfolgen. Wenn etwa der Herz-Jesu-Sonntag bevorstand, konnte man annehmen, dass er die Intentionen dieses Festes in eine patriotische Geschichte verpackte. Oder wenn er von einem größeren Streit hörte, hielt er den Streithanseln eine Predigt, aber nicht in der Form von Ge- oder Verboten, nein, er erzählte ihnen eine Geschichte, in der sie sich wiedererkennen konnten. Und oft gab ihm der Erfolg recht.

Reimmichl im Kreise einer Tauffeier in Heiligkreuz im Jahre 1951 zu Ehren
des neuen Erdenbürgers Josef Posch, des älteren Bruders von Franz Posch
(„Mei liabste Weis"). Der Pate, der den Täufling im Arm hält, ist der spätere
Rechtsanwalt und langjährige Haller Bürgermeister Dr. Josef Posch (1930–1997).
Im Bild rechts außen neben Reimmichl Vater Posch. Und die Mutter? Sie lag
noch im Nebenzimmer im Wochenbett. (Foto: Posch)

Dass seine Geschichten von unterschiedlicher Qualität sind, hängt
auch damit zusammen, dass er vieles auf Termin schreiben musste. Vor
allem der wöchentliche Redaktionsschluss machte ihm manchmal zu
schaffen. So klagte er einmal, dass er einen Besucher ausladen musste,
„weil morgen Redaktionsschluss ist und mir noch immer keine Geschichte eingefallen ist".

Ein Vorwurf, der ihm öfters gemacht wird, bezieht sich auf sein Fest-
halten am gesellschaftlichen und sozialen System seiner Zeit. Die Kritik
lautet, dass er keine bzw. zu wenig Sozialkritik übte.

Dazu ist zu sagen: Reimmichlgeschichten spielen fast ausnahmslos
im bäuerlichen Milieu. Reimmichl sah eine kränkelnde Gesellschaft,

Ungezählte Menschen besuchten Reimmichl. Sie wollten ihm ihre Aufwartung machen, ein paar Worte mit ihm wechseln, ihm die Hand geben, sich segnen lassen, ein Autogramm erbitten, um Rat fragen usw. Zum Leidwesen seiner Wirtschafterin verging kein Tag ohne Besucher, sodass der „Herr Kaplan" kaum zum Arbeiten kam und deshalb oft bis weit in die Nacht hinein am Schreibtisch sitzen musste. (Foto: Archiv)

die ein gesunder Bauernstand, der sich der alten Tugenden besinnt, kurieren könnte. Ja, er beschreibt eine heile Welt; in seinen Romanen sind Bauernfamilien streng patriarchalisch geordnet; Dienstboten sind Teil der Familie, deshalb gilt auch für sie das vierte Gebot (Du sollst Vater und Mutter ehren …). Die ideale Frau ist sanft, demütig, gehorsam, leidenschaftslos und fromm; Leid ist gottgewollt und adelt, der Lohn winkt in der Ewigkeit. In Reimmichlgeschichten kann auch ein Knecht, eine Magd die Standesschranken überwinden und aufsteigen, wenn sie sich nur genug anstrengen und sich mit dem herrschenden Wertesystem identifizieren; der Fremde, auch der Feriengast, kann eine Bedrohung für Sitten und Traditionen sein, deshalb heißt es vorsichtig zu sein; menschliches Fehlverhalten zieht die Strafe Gottes nach sich. Diese Sicht beherrschte das 19. Jahrhundert und wandelte sich erst langsam im Laufe des 20. Jahrhunderts.

Seite 116 zeigt Reimmichl mit seinem Freund Richard Schmitz (1885–1954), eingesetzter Bürgermeister von Wien 1934–1938, anschließend bis 1945 im KZ. (Foto: Archiv)

Links: Reimmichl schreibt Besuchern, die ihm zu seinem 82. Geburtstag gratulierten, eine Widmung in eines seiner Bücher. (Foto: Archiv)

Dieser Kritik kann man aber entgegenhalten: Reimmichl war ein Kind seiner Zeit und deshalb darf die Frage heute nicht lauten: Hat er die Normen und Vorstellungen unserer heutigen Zeit erfüllt, die Frage muss vielmehr sein: War er mit seinen Ansichten zur jeweiligen Zeit ein Außenseiter? Oder entsprach nicht diese Haltung der Ansicht der damaligen breiten Mehrheit? Reimmichl sah sich als Priester und Seelsorger und nicht als Sozialreformer. Es ging ihm nicht um die Gesellschaft, sondern um den Einzelnen und sein persönliches Verhalten. Gerade diese Ausrichtung auf den Einzelnen lässt noch heute Leser zu seinen Geschichten greifen.

Reimmichl brachte bis zu seinem Tod 33 Kalenderjahrgänge heraus, wobei die Zeit des Zweiten Weltkrieges Unterbrechungen brachte. Die Tyrolia als Herausgeberin wurde 1938 von den Nationalsozialisten

Einem „Karter" in geselliger Runde war Reimmichl nie abgeneigt (v. l. n. r.):
Alois Aßmayr (1906–1980), Pfarrer in Biberwier; DDr. Brugger (1912–1989),
Reimmichls Neffe, Priester, wirkte in der Heimat, in Rom und in Uganda/Af-
rika; Kalendermann ab 1954; begraben im Priestergrab seiner Heimat St. Veit;
und Reimmichl. (Foto: Reimmichlmuseum, Hall)

enteignet. Der Jahrgang 1940 war der letzte „normale", die Jahrgänge
1941 und 1942 durften in München in beschränkter Auflage gedruckt
werden, für 1943 konnte der Kalender noch in Bozen erscheinen, dann
kam das vorläufige Ende. Dass er überhaupt so lange erscheinen konnte, war laut Reimmichl nur möglich, weil der zuständige Zensurbeamte
im Propagandaministerium in Berlin den Reimmichlkalender als religiöses Buch ohne politischen Wert einstufte. Erst als sich Reimmichl
weigerte, inhaltlichen Wünschen der Tiroler Gauleitung nachzukom-
men, wurde das weitere Erscheinen untersagt. 1944 und 1945 waren ka-

lenderlos. Kaum war aber der Krieg zu Ende, arbeitete der inzwischen 78-jährige Reimmichl schon wieder am neuen Jahrgang. Im Spätherbst brachte er den neuen Kalender heraus, wegen der Papiernot zwar etwas dünn, aber bereits ungeduldig erwartet. Es kam zu Menschenansammlungen vor der Tyrolia-Buchhandlung in der Maria-Theresien-Straße, weil man fürchtete, keinen Kalender mehr zu bekommen. Die Polizei musste für die Aufrechterhaltung der Ordnung sorgen. Weil der Kalender auch beliebtes Tauschmittel war und gehortet wurde, bekam jeder Käufer nur ein einziges Exemplar.

In seinem letzten „Grüß Gott", das er – bereits schwer erkrankt – wenige Monate vor seinem Tod gleichsam als Testament schrieb, blickte Reimmichl auf sein Leben zurück und zieht eine eindrucksvolle Bilanz:

„Ich habe im Land Tirol vier Generationen, das heißt vier Menschengeschlechter erlebt, nämlich die Jetztlebenden, ihre Eltern, ihre Großeltern und ihre Urgroßeltern. Ja, wirklich und wahrhaftig, ich habe Eure Urgroßväter noch gekannt, das heißt, viele Menschen aus der damaligen Zeit, habe mit ihnen verkehrt und gearbeitet und war mit ihnen in Freundschaft verbunden. Für diese Generation Eurer Urgroßeltern habe ich meine ersten Geschichten geschrieben, die allererste mit dem Titel ‚Der Rotkropf'. Das war im Jahre 1894. Mit den nachfolgenden Generationen war ich noch enger verknüpft. Die Zahl meiner Geschichten und Geschichtchen wuchs von Jahr zu Jahr und schließlich wurden es mehr als 200. Alle Geschichten sind einer dieser vier Geschlechterfolgen eingebaut, auf sie gemessen und zugerichtet."

Reimmichl kannte den Vorwurf, dass er gerne eine heile Welt beschreibe. Doch das störte ihn nicht:

„Alle Geschichten sind aus dem Tiroler Boden gewachsen, die handelnden Figuren und Gestalten sind Tiroler und Tirolerinnen, es ist wahr, ein wenig vergoldet und veredelt; aber das schadet

Tausende aus dem ganzen Land kamen zum Reimmichl-Begräbnis. (Foto: Archiv)

nichts. Alles, was veredelt ist, das glänzt. Und was glänzt, an dem hängen die Augen, Herz und Gemüt, und danach richtet sich das Tun und Lassen."

Früher schon einmal hatte er gesagt, dass er bewusst das Gute und Edle in den Vordergrund stellen würde: „Ich möchte die Menschen zum Guten ermuntern."

Seinen Nachfolger hat Reimmichl noch selbst vorgestellt:

„Es ist der hochwürdige Herr Dr. Hans Brugger, Priester des St.-Josefs-Missionshauses in Absam. Er hat schon mehrere Jahre viele und sehr gute Beiträge für unseren Kalender geschrieben. Nebenher bemerkt ist er ein naher Verwandter von mir, denn meine Mutter und sein Großvater waren Geschwister. Er wohnt nur fünf Minuten von mir entfernt, sodass wir fast alle Tage zusam-

Das Grab Reimmichls an der Kirchmauer von Heiligkreuz. (Foto: Herzog)

menkommen. Ihm überlasse ich, wenn ich nicht mehr lebe, die Weiterführung des Kalenders und hoffe zuversichtlich, dass seine Oberen damit einverstanden sind (Dr. Hans Brugger redigierte den Kalender ab dem Jahrgang 1955. Anm.). Es ist natürlich mein Wunsch und meine Hoffnung, dass der Kalender noch viele Jahre erscheint, womöglich über den Jahrtausender hinaus." Auch dieser Wunsch Reimmichls ist in Erfüllung gegangen.

Am 2. Dezember 1953 am Nachmittag um ¾4 starb Sebastian Rieger im 86. Lebensjahr, berühmt und geliebt als Reimmichl, Wie ein Lauffeuer verbreitete sich damals diese Nachricht im ganzen Land und löste in weiten Bevölkerungskreisen Trauer aus. Sein Tod wurde diesseits und jenseits des Brenners als großer Verlust empfunden. Zu seinem Begräbnis kamen Tausende Menschen aus dem ganzen Land ins beschauliche Heiligkreuz, um Abschied zu nehmen von einer jener großen Persönlichkeiten des alten Tirol, die das Land geprägt haben.

Ausklang

Eines Tages hielt ich einen Brief in Händen. Die Anschrift lautete „Reimmichls Volkskalender, 6020 Innsbruck, 20 Exlgasse". Der Briefschreiber saß in Australien und war ein Enkel ehemaliger Auswanderer, der sich für den Reimmichlkalender bedanken wollte:

> „Sie wundern sich vielleicht, dass der Reimmichlkalender es sogar bis Australien schafft. Unsere Großeltern stammten aus Tirol und sind nach dem Zweiten Weltkrieg hierher ausgewandert. Seit damals gibt es bei uns den Reimmichlkalender. Er war für die Großeltern eine wichtige Verbindung zur alten Heimat. Obwohl unsere Großeltern bereits gestorben sind, haben unsere Eltern diese Tradition weiter beibehalten. Großvater hat mit meinem Vater den Kalender mit den Bildern öfters durchgeblättert und dabei erklärt, dass wir von dort herkommen, wo dieser Kalender gemacht wird. Mein Vater hat es mit mir ebenso gehalten und auch ich werde einmal mit meinen Kindern den Reimmichlkalender durchblättern und ihnen erklären, dass wir aus diesem Land Tirol herstammen, aus dem der Kalender kommt. Wir sind Australier mit Leib und Seele, aber es tut gut, die eigenen Wurzeln zu kennen. Es ist nur schade, dass niemand mehr in der Familie Deutsch spricht, so können wir im Kalender leider nicht lesen und müssen uns mit der originellen Aufmachung und dem Betrachten der Fotos begnügen. Besonders freuen wir uns immer über Tiroler Landschaftsaufnahmen."

Ein anderer Brief erreichte mich einmal von einem „hohen Tier" der bayerischen Justiz:

> „Ich lasse mir jedes Jahr Ihren Reimmichlkalender schicken. Diese Tradition pflege ich, seit meine Großmutter vor vielen Jahren

Gedenkfeier anlässlich des 25. Todestages von Reimmichl im Jahre 1978. Im Bild v. l. n. r.: Dr. Josef Posch († 1997), Bürgermeister von Hall, Bischof Paulus Rusch († 1986), LH Eduard Wallnöfer († 1989) vor einem Reimmichlbild. (Foto: Reimmichlmuseum, Hall)

gestorben ist. Denn der Reimmichlkalender ist untrennbar mit meiner Großmutter verbunden, die ich abgötttisch geliebt habe. Und das kam so: Im Zweiten Weltkrieg war u. a. auch München immer wieder vom Luftkrieg bedroht. Als Sechsjähriger wurde ich daher aufs Land zu den Großeltern verschickt, die dort ein altes Landhaus bewohnten.

Meine Großmutter setzte sich regelmäßig nach dem Mittagessen in ihren alten Schaukelstuhl in der großen Stube und las noch ein wenig. Ihre bevorzugte Lektüre war der Reimmichlkalender. Sie hatte alle Jahrgänge gesammelt und nahm von Zeit zu Zeit eine dieser alten Ausgaben zur Hand, um darin zu lesen. Es dauerte aber nie lange, bis sie ebenso regelmäßig einnickte und der Reimmichlkalender langsam auf ihren Schoß sank. Dann herrschte im Raum große Ruhe, nur von draußen drang aus dem Obstgarten gelegentlich ein Laut herein. Es war ein Bild des Friedens, das in mir jedes Mal ein Gefühl von Geborgenheit auslöste. Und noch heute taucht manchmal dieses Bild vor mir auf und löst immer noch – nach mehr als 60 Jahren – Wohlbefinden aus. Halte ich daher den Reimmichlkalender in Händen, denke ich automatisch an meine Großmutter und fühle mich wohl."

Eines Tages, es war gegen Ende der Neunzigerjahre, stand eine Familie aus Deutschland – das Elternpaar und zwei halbwüchsige Kinder – bei mir im Büro und sie fragten nach dem Grab von Reimmichl. Sie wollten es nämlich besuchen. Und sie begannen zu erzählen:

Sie kamen aus der ehemaligen DDR, aus einem kleinen Flecken bei Leipzig. „Es war eine schöne Gemeinschaft." Vor dem Mauerfall (1989) schmuggelte ein Bekannter jedes Jahr im Rahmen der Verwandtenbesuche einen Reimmichlkalender aus Westdeutschland ins „Arbeiterparadies". Dieser eine Kalender ging dann während des Jahres von Haus zu Haus:

„Er war in allen Familien beliebt. So ab der Jahresmitte begann er sich langsam aufzulösen von dem vielen Gebrauch. Er wurde aber immer wieder notdürftig zusammengeflickt und -geklebt, damit auch die letzten Familien noch einen vollständigen Kalender bekamen. Schon damals träumten wir von einer Reise nach Tirol, und sollte es jemals dazu kommen, wollten wir als Erstes das Reimmichlgrab besuchen. Nach dem Mauerfall mussten wir aber bis heute warten, es ging sich finanziell einfach nicht früher aus. Jetzt aber haben wir es geschafft."

GESCHICHTEN VOM REIMMICHL

BIOGRAFISCHES – REISELUST – ORIGINALE – HEITER UND BESINNLICH

BIOGRAFISCHES

Der Kugel-Klaus

In dieser Geschichte verarbeitete Reimmichl in typischer Übertreibung seine eigene Kindheit und die folgende Schulzeit.

Er war in Oberaußerhinterhollenstein geboren und hieß von Rechts wegen nicht Kugel-Klaus. Auf den Namen Nikolaus war er an zweiter Stelle, nicht an erster, getauft worden, doch nannte man ihn schon, als er noch in der Wiege schaukelte, immer nur den Klaus, weil dieser zweite Name viel leichter auszusprechen und kürzer war als der erste, richtige, lange Taufname. Mit einem Jahr konnte der Bub schon gehen, und in diesem seinem jüngsten Zeitalter aß er wie ein Knecht eine Pfanne nach der anderen voll grobes Türkenmus (Maismus) mit einer großen Schmalzgrube in der Mitte. Davon wurde er dick und rund wie eine Kugel. Auch sonst nahm er fortwährend die Eigenschaften einer Kegelkugel an, die immer auf dem Wege ist, und ohne Rast, auf und ab, hin und wider kugelt. Er war die lebendige Unruhe, ein wahres Quecksilberknöllchen, überall und nirgends. Am liebsten stieg er auf Bänke, Tische, Kästen, Zäune, auch auf Bäumchen, kugelte regelrecht herunter, erlitt aber nie einen Schaden, gab auch keinen Wehlaut von sich, sondern rieb nur den Leibesteil, an dem er aufgefallen war. Er hatte schon mehrere Hosen zerrissen. Endlich bekam er eine rechte Hose, wie die großen Männer sie tragen, nicht mehr eine kleine, die rückwärts hinauf zugeknöpfelt ist.

Nun durfte er mit der Mutter zur Kirche gehen, und da ging ihm ein neues Leben auf. Als er das erste Mal den großen weiten, geschlossenen Kirchenraum überblickte, lachte ihm das Herz, und sofort benützte er die Gelegenheit, um einen schnellen Rundlauf durch das ganze Gotteshaus zu unternehmen. Mit Not fing ihn der Mesner ein und stellte ihn der verzweifelten Mutter zurück. Seitdem hegte der Klaus eine Feindschaft gegen den Mesner. Diesem war er schon deshalb abhold, weil der Mesner, wenn er dem Pfarrer das Velum (Schultertuch) oder den Rauchmantel umlegte, stets die schöne rote Seite nach innen kehrte, sodass man sie nicht sehen konnte, und die wüste gelbe Seite nach außen.

In der Kirche gab es so viel Neues und Merkwürdiges zu sehen, zu hören, dass die Fragen des Klaus an die Mutter kein Ende nahmen. Warum denn die Engelein auf dem Altar und an den Wänden so stockstill blieben, fragte er, und nicht in der großen Kirche herumfliegen. Warum die Orgel einen solchen Jammer schlage – ob ihr jemand in den Bauch steche, dass sie so grässlich schreien müsse? Warum der Pfarrer auf der Kanzel mit den Händen so herumfuchtle, als ob er Fliegen erwischen wolle? Alle Mahnungen der Mutter, in der Kirche müsse man beten und dürfe nicht schwätzen, nützten nichts. Der Klaus gab mit Fragen keinen Augenblick nach, sodass jegliche Andacht der armen Frau dahinschwand wie Sonnenschein im Regenprasseln. Sie musste schließlich nur froh sein, wenn sie immer ein Zipfelchen vom Hosenträger des Buben in der Hand behielt und er ihr nicht entwischen konnte.

Einmal versank sie aber doch so tief in Andacht, dass sie einschlief. Als sie die Augen wieder aufschlug, war der Bub verschwunden – Laub und Staub nichts mehr zu sehen von einem Klaus. Um Gottes willen, wo ist er denn? Ängstlich forschend schaute sie nach allen Seiten. Da bemerkte sie, dass viele Leute lachten und ihre Augen zur Kanzel hinauf richteten. Der kleine Unruheteufel war richtig droben auf der Kanzel. Sein Köpfchen guckte nur ein klein wenig über den Kanzelrand, dafür reckte er aber die Händchen weiter empor und fuhr mit den Händen durch die Luft, offenbar in der guten Meinung, den Pfarrer nachzuahmen. Die Mutter wusste sich keine Hilfe und wagte nicht mehr hinaufzublicken. Da tat es einen Rumpler, und der Klaus kugelte rumpeldipumpel wie ein Kegel über die Kanzelstiege herunter. Doch schon war der Mesner da, der ihn etwas rau aufhob. Ihm biss der Klaus in einen Finger, dann eilte er zur Mutter hin und schmiegte sich fest an sie. Durch seine runde Körperfigur und das fortwährende Kugeln erhielt er allgemein den vollen Namen Kugel-Klaus. Die Leute in der Gemeinde mochten den Bub gut leiden, er die Leute auch.

Es dauerte nicht mehr lange, und der Klaus musste in die Schule. Er wurde Abc-Schütz und kam in die erste Bank. Da begannen auch die ersten Leiden, Sorgen und Heimsuchungen des Lebens. Die Buchstaben wollten gar nicht in den Krauskopf des kugligen Klaus hinein. Tag und Nacht hatte er vor diesen „buckeligen Männlein", wie er die Buchstaben nannte, keine Ruhe. Selbst im Traum erschienen sie ihm in riesengroßer Gestalt und drohten, ihn zu überfallen, sodass er laut aufschrie. Einzelne Buchstaben konnte er sich absolut nicht merken, und er wünschte, man soll ihnen eine Glocke anhängen wie den Ziegen, damit man sie leichter erkenne. Beim Klaus bedurfte es einer eigenen Lehrweise. Wenn er aufsagen musste, stellte sich der Lehrer eng neben ihn und zog an seinem rechten Ohr, als ob er einen Wecker aufziehen wollte, und sogleich intonierte der Klaus mit kräftiger Stimme: „Ji … kaa … ell … emm … enn … ooho!" Solang es flott weiterging, ließ der Schulmeister am Ohrgriff etwas locker, hielt aber das Ohr des Schülers in seiner Hand. Wenn dieser anfing zu zetern, zu stocken, zu schweigen, zog der Lehrer stärker am Ohr, und mit heldenmütiger Stimme fiel der Klaus wieder ein: „Paaa … kuuuh … err … eeß … tee usw." Dabei nickte er zu jedem Buchstaben mit dem Kopf wie der Kuckuck an der Uhr.

Als Klaus die Buchstaben von Angesicht zu Angesicht so gut kennengelernt hatte, dass er sie nicht mehr verwechseln konnte, ging es mit dem Lesen rasch voran, und das Schreiben machte ihm auch keine Schwierigkeit. Hatte er doch nicht nur einen Wirbel, sondern auch einiges Talent im Kopf. Dem Pfarrer gefiel der muntere Kerl, und nach dem dritten Schuljahr erwählte er ihn zum Ministranten. Die Gebetlein lernte der Klaus mit einiger Mühe, doch kannte er sie schließlich recht gut. Schlimmer stand es mit den Tätigkeiten. Er machte unzählige Bücklinge und Verneigungen, wo sie nicht gehörten, er verwarf auf der linken Seite das Buch, auf der rechten Seite Teller und Kännchen samt Wein und Wasser. Auch vergaß er nicht, das Birett des Pfarrers sich selber aufzusetzen, und behielt es während der halben Messe auf. Einmal stieß er beim eiligen Herübertragen des Buches von der rechten

Seite auf die linke mit dem Fuß an das Stufeneck und kugelte über alle drei Stufen hinunter auf den Boden. Dort blieb er, das Buch aufgeschlagen vor sich haltend, auf dem Rücken liegen und schaute lachend zum Pfarrer hinauf. Als dieser ihm mit dem Finger drohte, suchte er aufzustehen, verfing sich aber mit den Schuhen im Ministrantenröcklein und kugelte lange Zeit am Boden hin und her, das Buch nicht auslassend. Erst mit Hilfe des Mesners vermochte er sich zu erheben. In der Sakristei drinnen nahm ihn der Mesner scharf ins Gebet.

„Du bist der leibhaftige Schadenteufel", rief er, „Buch, Röcklein, das weiße, schöne Hemd, alles ist hin, zerrissen, verdreckt! ... Du solltest einmal richtig auf den Kopf fallen, vielleicht würdest du dann gescheiter. Aber du fallst immer auf den Kumpf."

„Wohin falle ich?", erkundigte sich der Klaus.

„Auf den Kumpf – das wirst du wohl verstehen."

„Ich nicht."

„Dann will ich dir's sagen. Den Kopf mit dem Gesicht hat man vorn, den Kumpf hinten. Mit dem Kopf tut man denken, mit dem Kumpf tut man stillsitzen. Verstehst du's jetzt?"

„Ja, ja, ja", lachte der Bub. Die Aufklärung gefiel ihm.

Zu Hause beschäftigte er sich mit verschiedenen Leibesübungen, doch in etwas anderer Art als die übrigen Kinder. Einmal machte er einen Spaziergang auf dem Haussöller droben, aber nicht innerhalb des Geländers, sondern außen herum, am Söllerbaum sich hinturnend.

„Klaus! Klaus!", rief die Mutter vom Garten heraus, „was machst du wieder? Du wirst doch wie andere Leut innen am Söller gehen können und nicht außen auf dem Tragbaum, du fallst noch herunter."

Und gesagt, war es schon geschehen. Der Bub kugelte vier Meter tief hinab auf den weichen Erdboden des Gartens. Durch eine kühne Wendung brachte er es zustande, dass er nicht auf den Kopf fiel, sondern auf den Kumpf, den er ein wenig streichelte, rasch in die Höhe springend.

„Es ist schrecklich, was ich für eine Angst haben muss um dich", klagte die Mutter, „du hättest dir Hals und Bein brechen können."

„Mutter", entschuldigte er sich, „ich kann nichts dafür, dass ich kein Hals, kein Bein gebrochen hab."

„Du, du Schafskalb du!", jammerte sie, „man weiß nicht, ob du zu dumm oder zu gescheit bist."

Die gute Frau hatte viel Mühe und Arbeit. Neben der umfangreichen Hauswirtschaft, der sie opferwillig und tadellos genügte, oblag ihr noch die Erziehung der Kinder, großteils wenigstens. Der Vater betrieb ein gutgehendes Handelsgeschäft im Lande und war sehr wenig zu Hause. Merkwürdigerweise hatte die Mutter von all ihren Kindern den Klaus am liebsten, obwohl ihr dieser mehr Kummer und Sorgen bereitete als die anderen mitsammen, vielleicht gerade deshalb.

Nicht fern vom Haus war ein mit dichtem, sehr glattem Bürstengras überwachsener, sechzig Meter weit steil abfallender Rain, der eine schöne Gelegenheit bot, Rutschpartien zu machen. Diese ließ sich der Klaus umso weniger entgehen, als er an Werktagen immer eine weißgraue, dicke Lodenhose trug, auf der die schussartig raschen Abfahrten trefflich vonstattengingen. Nachbarsleute machten die Mutter aufmerksam, dass der Bub mit seinem Schussrutschen sich höchster Lebensgefahr aussetze. Wie leicht konnte er das Gleichgewicht verlieren, sich überschlagen, Kopf unter, Kumpf über hinabkugeln, Rücken und Hals brechen. Die Frau nahm den Klaus scharf ins Gebet, mahnte und warnte ihn, stellte ihm auch in Aussicht, dass sie ihn streng bestrafen werde, wenn er das Rainreiten nicht unterlasse. Er dürfe ja nicht glauben, dass es ihr verborgen bleibe, wenn er ihrem Befehl zuwiderhandle. Sobald sie am Hinterteil seiner Hose die grasgrüne Farbe erblicke, sei es ihr klar, was er gemacht.

Der Klaus wurde ein Jahr älter und ein Quäntchen gescheiter, und es entstand die Frage, was aus dem Buben werden solle.

„Er hat einen runden, großen Kopf und wenn nicht lauter Stroh drinnen ist, könnte sich vielleicht etwas machen lassen mit ihm", äußerte sich der Pfarrer.

Man fragte nun den Buben, wie er sich zur Sache stelle. Der Klaus war überglücklich. Der Pfarrer bereitete ihn dann gründlich zur Aufnahmeprüfung vor, die er glänzend bestand! Und nun kam er im Herbst auf das Gymnasium in X.

Eine Zeitlang ging das Studieren recht gut. Es war ja alles neu und interessant. Nach zwei Monaten aber wollte es das Unglück, dass der junge Student vom Lande neben einem Stadtler namens Fridolin zu sitzen kam und mit diesem dicke Freundschaft schloss. Der Fridolin verdiente am allerwenigsten seinen schönen Namen. Frieden hielt er nur mit den Schulgegenständen, die er vollkommen in Ruhe ließ. Ganz schlimm war er zwar nicht, aber mit allen Salben des Stadträubertums geschmiert, voll von Kniffen, Spitzbübereien und immer tolle Streiche ausbrütend. Seinem Freunde Klaus redete er ein, das viele Lernen und Studieren sei ein Unsinn. Man komme mit viel weniger glatt durch, und für das spätere Leben brauche man vieles gar nicht. Der Mathematikprofessor namentlich sei ein Schulfuchser, ein Zifferntreffer und -schopper, ein Studentenschinder, wie er im Buch stehe. Bei ihm müsse man nur schauen, wie man ihn belügen und hinters Licht führen könne. Professor Rauch von der Mathematik war eine Persönlichkeit, an der sich bereits die jungen Studenten, allerdings beeinflusst von den älteren, gern rieben. Schon durch seine äußere Erscheinung fiel er auf. Er war ein kurzbeiniges Männlein, aber sehr beleibt, hatte einen eigenen Gang, beim Unterricht seine eigenartigen Gesten und Gebärden, die zum Lachen reizten. Winter und Sommer trug er über dem Rock ein dickwolliges, schwarzes Halbmäntelchen und auf dem Kopf einen niedern, aber großen, schwarzen Hut mit zweimal handbreitem Rand. Von den Studenten wurden seine Art und seine Bewegungen viel nachgeäfft. Und der Klaus lernte das sehr bald. Er horchte jetzt leider viel aufmerksamer auf den Unterricht, den ihm sein Kamerad Fridolin erteilte, als auf den der Professoren. Das Studium hängte er mehr und mehr an den Nagel, und schließlich fiel er in die bekannte Studentenkrankheit, die man „Faulenzia" nennt. Die Schulstunden wurden ihm lang, lang, furchtbar lang. Einmal hing er halb sitzend, halb liegend in der Bank drinnen, den Kopf schwer auf den rechten Arm stützend. Da rief der Lateinprofessor vom Katheder herab: „Nikolaus! Bring dir morgen einen Polster mit zum Schlafen." – Der Angerufene fuhr jäh in die Höhe, schnappte dann aber, von Freund Fridolin inspiriert, die Antwort heraus: „Ich könnte ja das ganze Bett mitbringen!" – Der Professor wurde rot, zog ein dünnes Büchlein aus der Tasche, kritzelte etwas hinein und sagte: „Unverschämter Fratz du! Du wirst mich noch kennenlernen." – Einige Wochen später war es, beim Deutschunterricht, die dritte Schulstunde vormittags. Unausstehbar langsam ging die Zeit voran, und noch keine Erlösung zu erwarten durch den Klang der Schulglocke. Der Klaus hob seine Hand empor als Bitte, dass er eines Bedürfnisses wegen hinausgehen dürfe, was der Professor bewilligte. Und schon war der Schlingel draußen. Er bog um die Ecke und sah nach der großen Ganguhr, neben der die Schulglocke hing. Himmel Laudon, erst halb elf Uhr! Noch eine Ewigkeit von dreißig Minuten bis zum Stundenschluss. Ein blitzartiger Gedanke. Flink kraxelte der Ausreißer, der gut turnen konnte, am Uhrgehäuse empor, rückte den Zeiger der Uhr auf Punkt elf voraus. Dann rasch herunter, mit beiden Händen den Strick der Schulglocke erfassend, läutete er kräftig die Stunde aus. Und zurück in die Klasse. Hinter der Tür stand schon der Professor, seine Taschenuhr in der Hand drehend und rufend:

„Es stimmt nicht, es ist ein Irrtum, es dauert noch eine halbe Stunde."

Den hereintretenden Klaus fragte er:

„Wer hat geläutet?"

„Die Uhr hat geläutet", erwiderte der Gefragte.

„Nein. Es muss eine unbefugte Hand eingegriffen haben. Wer war draußen?"

„Ich hab keinen Menschen gesehen."

Die Studenten packten ihre Bücher und Hefte, der Klaus am schleunigsten. Draußen am Gang war auch schon Lärm und großes Durcheinander, Studenten und Professoren, die alle zur Uhr hinaufschauten … Ja, es ist elf Uhr – stimmt genau … Nein, es stimmt nicht. Nur ein Student oder ein von außen bestellter Eindringling dürfte den Streich ausgeführt haben … Der Unterricht konnte in keiner Klasse mehr fortgesetzt werden, die Störung war zu groß, man musste den Stundenschluss gelten lassen. Wohl wurden noch ein paar Verhöre und Untersuchungen angestellt, doch hatten sie keinen Erfolg. Der Täter wäre unentdeckt geblieben, wenn er sich nicht selbst verraten hätte. Aus

Sucht nach Ruhm, als Held zu erscheinen, offenbarte er nicht nur dem Freund Fridolin, sondern auch anderen Mitschülern den Sachverhalt. Er wurde ausgeplaudert und drang schließlich bis zum Ohr des Herrn Direktors. Und nun stak der Klaus im Sack. Leugnen konnte und wollte er nicht, denn das Lügen war ihm von Jugend an verhasst. Als Strafe für die Missetat erhielt er drei Stunden „Kleinen Karzer" (Einsperren) unter Ausschluss des Mittagessens. Auch das ging vorüber. Der Klaus studierte jetzt wieder ein bisschen, aber viel zu wenig. Die Faulenzia war schon zur akuten Krankheit ausgewachsen. Alle Mahnungen und Warnungen der Professoren, in Güte und Strenge, halfen nichts. Nach Hause schrieb der Klaus nicht sehr oft, und seine Briefe hatten immer, wenn auch in verschiedener Fassung, den gleichen Inhalt, der beiläufig so lautete: „Mir geht es recht gut. Das Studieren ist zwar äußerst schwer und streng, doch mit Fleiß und Talent kommt man schon weiter." Das Weiterkommen bestand aber darin, dass der Range am Schluss des ersten Semesters drei „Kaumgenügend" auf dem Buckel hatte. Da schrieb nun der Klassenprofessor einen Brief an Klausens Vater, worin er diesem mitteilte, dass der Sohn keinerlei Forderungen entspreche, ungemein nachlässig und nur auf kleinere und größere Spitzbübereien bedacht sei. Am besten und sehr zu raten wäre es, den Buben nach Hause zu nehmen, weil sein längeres Bleiben in der Klasse gar keinen Zweck habe. Der Vater erschien nicht und gab auch keine Antwort auf das Schreiben. Leider und ganz unerklärlicherweise war der Brief des Professors verlorengegangen und niemals in die Hand des Vaters gekommen. So blieb der Klaus nichtstudierend beim Studium, ließ es sich wohl sein und war glücklich, wenn ihm ab und zu ein loser Streich gelang. Das hatte keine Not. Eines Morgens kam er früher als sonst in die Klasse, wo erst die Hälfte der Schüler anwesend war. Noch einmal hinaus in den Gang tretend, sah er, wie der Mathematikprofessor daherpendelte, seinen Halbmantel und den Hut an eine Fensterklinke hängte und mit einigen anderen Professoren in das Konferenzzimmer trat. Ah, die Herren haben noch eine Konferenz. Da kann sich der Klaus schon noch etwas erlauben. Er setzte sich den weiten, breiten Hut des Mathematikers auf das Haupt, legte sich den wollenen Halbmantel, der ihm bis auf die Schuhe hinabreichte, um die Schulter, knöpfelte ihn vorn zu, und schritt langsam, gewichtig in die Klasse hinein, wo er das Katheder bestieg. Die Schüler waren anfangs paff. Was ist denn das für einer? Er sieht aus wie ein ganz verzwergter Geistlicher. Als der Spitzbub aber seinen Mund öffnete und sie mit dem vom Professor gern gebrauchten Ausdruck: „Meine werten Schüler?" begrüßte, ging ein tosendes Gelächter los und ein nicht endendes Beifallklatschen. Eine Zeitlang äffte der Leichtfuß in Worten, Gesten, Gebärden den Mathematiker nach, dann hielt er es aber für geraten, unsichtbar zu werden. Er schritt rasch zur Tür. Dort stieß er aber mit dem eintretenden Professor zusammen. Einen Augenblick starrten beide einander an, da schrie der Professor: „Ah, da ist mein Hut! Was hast du angefangen damit?"

„Nichts, nichts", erwiderte der Lausbub, „ich wollte nur sehen, ob ich auch einen so großen, gescheiten Kopf habe wie der Herr Professor."

„Und mein Mantel?"

„Den hab ich probiert, ob er warm ist."

„So, so. Das ist sonnenklar. Du hast mich personifiziert, mich lächerlich gemacht. – Eine solche Impertinenz, ja Fratzerei! – Das soll dir teuer zu stehen kommen … Jetzt die Sachen an ihren Platz und dann marsch in die Klasse! Das andere wird sich finden."

Und es fand sich alsbald. Der Missetäter empfing in beide Hände spanische Überschläge – je zwei Stück, gut gewogen –, die den ruhmreichen Namen „Patzen" trugen. Auch das ging vorüber.

Gegen Ende des Schuljahres beschäftigten sich die zwei edlen Freunde Klaus und Fridolin eifrigst mit Literatur, das heißt, sie verwendeten das Studium darauf, spaßhafte Knittelreime zu fabrizieren, wobei sie sich Mühe gaben, einer den anderen zu übertreffen. Und da war es abermals eines Vormittags, diesmal in der ersten Schulstunde, die der Mathematikprofessor Rauch zu halten hatte. Der Klaus blätterte in seinem deutschen Sprachbuch und kicherte vergnügt. Dann schob er das Buch, halb geöffnet, seinem links von ihm sitzenden Freund Fridolin zu und wies mit dem Finger auf das freie Blatt vor der Titelseite, wo ein vierzeiliger Reim geschrieben stand. Der Fridolin überblickte die Zeilen, brach unwillkürlich in ein halblautes Lachen aus und flüsterte etwas seinem lachenden Freunde zu. Da stand aber schon der Professor vor ihnen. Man hätte es den kurzen Beinen des Mathematikers gar nicht zutrauen mögen, dass sie so rasche Sprünge machen könnten. Der Fridolin fand gerade noch Zeit, das Buch in der Zwischenbank zu verstecken.

„Warum lacht ihr da?", fragte scharf der Professor.

„Wegen nichts, Herr Professor", stotterte der Fridolin.

„Wegen nichts lachen die Narren. Ich habe das Intermezzo zwischen euch beiden schon gesehen. Es handelt sich um ein schlechtes Buch, wo Schändlichkeiten darinnen stehen, wahrscheinlich."

„Nein, nein. Bloß die Glocke von Schiller steht drinnen."

„Die Glocke von Schiller enthält nichts Lachhaftes. Heraus mit dem Buch!"

„Herr Professor, das Buch ist beschmutzt. Deswegen haben wir gelacht."

„Das ist erlogen. Heraus mit dem Buch, augenblicklich!"

Da der Student immer noch zögerte, griff der Professor selbst in die Zwischenbank, zog das Buch hervor, öffnete es, sah den Namen des Klaus als des Bucheigentümers, und dann die vier Zeilen eines Gedichtes. – Er las die Reimerei, runzelte die Stirn, wurde zornrot und warf einen vernichtenden Blick auf den Klaus. Das Gedicht lautete:

„Ich will euch etwas sagen,
Der Herr Professor Rauch,
Der hat recht viel zu tragen
An seinem großen Bauch."

Der Professor riss das Blatt mit dem vierzeiligen Reim aus dem Buch, steckte es zu sich und erklärte gekränkt:

„Dieses Blatt werde ich mir aufbehalten als Andenken an einen meiner nichtswürdigsten Schüler, von dem ich hoffentlich erlöst werde."

Der Klaus hat später noch viel gedichtet, und dieses sein erstes Gedicht war literarisch nicht einmal das schlechteste; aber für ihn wurde es verhängnisvoll. Vorläufig kam es ihm zum Bewusstsein, dass es höchste

Zeit sei, ordentlich zu studieren, und er warf sich jetzt mit ganzer Gewalt über die Schulbücher. Doch konnte er unmöglich das, was er durch Monate verfaulenzt hatte, in den zwei Wochen, die es bis zum Jahresschluss noch dauerte, hereinbringen. Er kugelte Kumpf über Kopf aus dem Gymnasium hinaus oder, wie die Studenten sagten, er flog glänzend mit zwei und einem halben „Sechser". Sein Abgangszeugnis umfasste sämtliche damals gebrauchten Fortschrittsnoten und lautete: Sittliches Betragen minder entsprechend, Fleiß nachlässig, Religion lobenswert, Naturgeschichte befriedigend, Geografie genügend, Deutsch kaum genügend, Latein nicht genügend, Mathematik nicht genügend, Turnen vorzüglich. Am Schluss stand noch folgender Satz: „Der Schüler kann nicht aufsteigen, sondern muss die erste Klasse wiederholen, wird aber in unserer Anstalt nicht mehr aufgenommen." – – – Der Fridolin war auch geflogen, und zwar auf den Flügeln von zwei „Siebenern" = ganz ungenügend, welche Note auch damals äußerst selten Gebrauch fand. In Studentenkreisen wurde viel über die Zeugnisse der zwei Freunde gelacht, und die beiden Helden lachten mit. Dem Klaus verging aber sehr bald das Lachen, und mit schwerem Herzen trat er die Heimreise an. Konnte er sich doch den feierlichen Empfang dort wohl ausmalen. Wenn nur der Vater nicht daheim, sondern hoffentlich auswärts auf Geschäftsreisen war! Mit der Mutter ließ sich leichter ein Einvernehmen treffen, und sie würde in ihrer Güte schon die Möglichkeit finden, zwischen ihm und dem Vater zu vermitteln. Er richtete seine Heimkehr so ein, dass er erst zur Nachtzeit beim Vaterhaus anlangte. Vier Stunden hatte er letztlich zu Fuß wandern müssen, und er war so furchtbar müde, dass er keinen anderen Wunsch hatte, als nur einmal rasten und schlafen zu können. Dem Vaterhaus näherkommend, sah er kein einziges beleuchtetes Fenster. Alles stockdunkel. Die Haupt- und auch die Hintertür fand er versperrt. Wenn er nur auf den Söller hinaufgelangen könnte! Die Söllertür oben war immer offen, das wusste er, und durch diese kam er hinein in die Knechtekammer, wo es die Möglichkeit gab, sich unangemeldet, ohne Störung der Nachtruhe des Hauses in ein Bett zu legen und gleich einzuschlafen. An den Söller angelehnt stand ein großer Scheitermeiler, frisch gespaltenes, zum Trocknen aufgeschichtetes Holz. Wenn er da hinaufgelangte, war alles gewonnen. Als guter Turner kletterte er an einer kräftigen Stange, die den Meiler abschloss, empor, erreichte die Höhe und tappte sich mit äußerster Vorsicht über die Scheiterzeile hin. Noch war er nicht in der Mitte, da knarrte und knatterte das Holz, die Schichtung gab nach, und der ganze Krempel brach mit ungeheurem Gepolter zusammen. Der Klaus kugelte, über den Scheitern liegend, Kopf und Kumpf, hinab auf den Vorplatz des Hauses, ohne eine Beschädigung davonzutragen. Im Hause drinnen wurde es licht und lebendig. Und alsbald traten, mit Wasser in der Hand, ein Knecht und der Vater aus dem Haus. Der Vater fragte:

„Wo sind sie etwa, die Spitzbuben, die Einbrecher?"

„Guten Abend!", rief der Klaus, vom Holz aufstehend.

„Was? Was? Du bist es?", schrie der Vater, „wie kommst du daher? Hast du den Scheiterstock umgeworfen?"

„Nein, er ist selber umgefallen, weil ich auf den Söller hinaufsteigen wollte", sagte der Bub.

„Bist du immer noch der gleiche, verrückte Tollkopf? Was hattest du auf dem Söller droben zu tun?"

„Die beiden Türen sind versperrt gewesen, und ich konnte nur durch die Söllertür ins Haus kommen."

„Du hättest doch klopfen können."

„Ich wollte euch nicht wecken und niemanden in der Nachtruhe stören."

Man führte den Ankömmling in die Stube, wo auch schon die Mutter herbeieilte.

„Klaus! Klaus! Mein lieber Bub!", rief sie, „warum kommst du so spät?"

„Weil es in Germstadt draußen so früh Nacht geworden ist", antwortete er.

„Du hast jedenfalls noch nichts gegessen und wirst sehr hungrig sein."

„Nein, gar nicht. Ich hab in Germstadt drei Brotwecken gekauft und sie auf dem Herweg verspeist. Nur müde bin ich und furchtbar schläfrig."

„Wie ist es mit dem Studium gegangen?", fragte der Vater.

„Nicht ganz schlecht", erwiderte der pensionierte Student.

„Lass einmal dein Zeugnis sehen."

„Das hab ich nicht bei mir, sondern im Koffer. Er kommt morgen früh."

„Ein Schulzeugnis trägt man doch in der Tasche und packt es nicht in den Koffer."

„Ich hab es nur im Koffer sicher gehabt."

„Ist es so wertvoll?"

„Das weiß ich nicht. Aber ich möchte schlafen, schlafen, schlafen."

Da blieb nichts übrig. Die Mutter richtete schnell ein Bett her, der Klaus kugelte wie ein Prügel auf das Lager und schlief. – Ein ruhiges Gewissen ist das sanfteste Polsterkissen. – Am Morgen brachte der Postbote den Koffer. Der Student im Ruhestand packte sehr langsam aus, fand mit Mühe das Schulzeugnis und reichte es dem Vater. Dieser überschaute aufmerksam die Urkunde, sein Gesicht wurde lang und länger, seine Augen größer, seine Stirn runzeliger. Plötzlich warf er dem Sohn das Zeugnis an den Kopf und schrie grimmig:

„Du Strick! Du Nichtsnutz! Du Faultier! Ein solches Schandzeugnis heimzubringen ist unerhört. Wir alle müssen uns schämen, das ganze Haus, die Familie. Und du machst dir nichts daraus."

„Vater, ich kann nicht helfen", stotterte der Gescholtene, „es ist einmal so gegangen."

„So, so! Wenn du nicht helfen kannst, will ich dir helfen."

Mit diesen Worten nahm der Vater das Birkenstäbchen hinter dem Spiegel hervor, legte den Schädling auf die Bank und maß ihm eine so reichliche Tracht Prügel über den Kumpf, dass schließlich die Mutter sich ins Mittel legen und dem erzürnten Mann Einhalt gebieten musste. Der Klaus hatte während des Empfangs der Strafe keinen Laut von sich gegeben und ruhig die Belohnung hingenommen, weil er überzeugt war, sie redlich verdient zu haben. Nun fuhr ihn aber der Vater wiederum an:

„Jetzt will ich dir noch etwas sagen. Statt zu studieren, kannst du nun schustern. Morgen geb ich dich zum Schuster Dores."

„Nein, nein", wimmerte der Sohn, „nicht zum Schuster! Lieber geh ich zu einem Kaminfeger."

„Was dir lieber ist, das spielt keine Rolle."

Der erstickte Student kam jedoch weder zum Kaminfeger noch zum Schuster. Vorläufig musste er die Kühe hüten. Da schrien ihm die anderen Knaben hin und hin nach: „Kuhpriester! Kuhpriester! Kuhpriester!" Das ärgerte ihn schwer und er hätte sich leicht rächen können. Aber ein Student, als den er sich immer noch fühlte, kann doch nicht mit Volksschülern raufen. So blieb er immer allein und hatte nun Zeit genug, an das verflossene, verlorene Jahr zu denken. Da überkam ihn eine aufrichtige, tiefe, bittere Reue über all sein Tun und Treiben, Lassen und Spaßen. Er besuchte fleißig die Kirche und betete mehr als jemals vorher. Oft ging er zum Pfarrer. Noch öfter als er ging die Mutter zum Seelsorger. Es wurde hin und her verhandelt, der Pfarrer schrieb viele Briefe, und schließlich gelang es ihm, den Klaus in einem anderen Gymnasium unterzubringen. Der Mutter gelang es, allerdings mit Mühe, den Vater zu bewegen, dass er den Sohn noch einmal das Studium aufnehmen ließ. Und nun rumpelte der Klaus recht und schlecht, das heißt vielmehr recht als schlecht, durch alle acht Klassen des Gymnasiums, ohne jemals zu fliegen. Nach der Reifeprüfung, die er mit Auszeichnung bestand, kugelte er glatt in den „Schwarzen Rock" hinein. Die Mutter war überglücklich, der Vater nicht unglücklich. Dem Theologen gefiel es im schwarzen Rock so gut, dass er ihn lebenslang nicht mehr auszog. Mit seinem ehemaligen Mathematikprofessor Rauch schloss er später nicht nur Frieden, sondern Freundschaft.

Der Nant

Auszug aus einem der frühen äuserst erfolgreichen Reimmichl-Romane, in dem er Ferdinand Plattner, genannt Nant, seinem engen Freund seit Gymnasialtagen, ein Denkmal setzte.

Der Nant vergaß seine guten Vorsätze nicht mehr, er studierte wacker drauflos, ein gutes Köpfchen hatte er, und so dauerte es nicht lange, dass er öffentlich vor der ganzen Klasse gelobt wurde. Der Pater Klassenlehrer meinte, wenn das so fortgehe, so werde der Nant bis zum Ende des Schuljahres weitaus der Erste sein. Seine Quartiergeber, namentlich die Schmiedmeisterin, waren überaus freundlich, und außer einem kostenlosen Frühstück bekam er noch manchen Leckerbissen zugesteckt. Dafür musste er allerdings den harten Sklavendienst des Kinderwiegens versehen. Das war gegenwärtig sein einziges Kreuz. Sein Schützling, oder vielmehr sein Wiegling, der halbjährige Matz, war aber auch ein Greiner, wie er noch keinen getroffen. Wenn der Nant beim Auswendiglernen der lateinischen Wörter war, so fing der Matz an zu schreien wie ein Jochgeier, und nun musste der Nant seine Sprachlehre auf die Seite legen, nach Leibeskräften wiegen und singen: „Hutscha, hutscha, haia." Zugleich wiegen und im Buch lesen, das ging nicht, denn der kleine Bub war jedenfalls ein Feind aller fremden Sprachen. Wenn der Nant anfing aufzusagen: „Moneo – ich mahne, sileo – ich schweige, fleo – ich weine, doceo – ich lehre", so fing der Kleine in der Wiege in einer ganz anderen Sprache zu singen und zu jodeln an, dass dem Nant Hören und Sehen verging. So kam der Nant um seine schönste Studienzeit. Um das Kind zu beruhigen, suchte er ein Spielzeug. Da er nichts anderes fand, reichte er ihm einen alten Schuh. Nun war der Kleine sofort still, er klaubte mit seinen patzigen Fingerchen am großen Schuh herum, und der Nant vertiefte sich in sein Buch. Plötzlich fing der Plagegeist in ganz gewohnten Tönen an zu heulen und zu winseln.

Der Nant rief:

„Was hast denn schon wieder, du Plärrer?"

Wie er aber das Kind ansah, bemerkte er zu seinem Schrecken, dass es ein Gesicht hatte wie ein Kohlenbrenner. Da wurde ihm klar, dass das Kind an der Schuhwichse geleckt hatte und ein jäher Schreck fuhr ihm durch alle Glieder.

„Frau Meisterin", schrie er, „der Matz ist vergiftet, ich habe den Matz vergiftet!"

Die Frau Meisterin musste alles aufbieten, um den Nant zu überzeugen, dass die Schuhwichse nicht giftig sei. Wie von einem Albtraum befreit, versprach er, in Zukunft gewiss besser auf das Kind zu schauen. Aber der Nant sollte noch andere Wiegenfreuden erleben. Einmal brauchte er die Zeit sehr notwendig zum Studieren. Allein gerade an diesem Tag hatte der Matz seinen Schlechten. Das Kind schrie und lärmte in einem fort, und kaum war das eine G'satzl gar, fing wieder ein anderes an. Den Nant packte der Zorn, und er fing an zu wiegen aus Leibeskräften. Immer höher stieg die Wiege auf der einen Seite empor, immer tiefer senkte sie sich auf der anderen Seite dem Boden zu. Das Kind rutschte in der Wiege hin und her wie ein Stein im Sack. Aber je lustiger der Nant die Wiege schaukelte, desto greller schrie das Kind. Der Nant ließ sich aber nicht beirren, noch stärker trat er den Wiegenrand, jetzt noch einmal hutsch, hutsch: die Wiege überschlug sich, der kleine Matz küsste zum ersten Mal die Erde, und die Wiege lag oben darauf. Der Nant erschrak, das Kind röchelte. In dem Augenblick kam die Mutter herein. Sie stieß den Nant zur Seite und erlöste das Kind aus der unerquicklichen Lage, der Nant aber stürzte beschämt zur Tür hinaus.

Nun verfiel der Nant auf ein anderes Mittel, den kleinen Schreihals zu stillen. Er kaufte um einige Kreuzer süße Feigen. Als er das nächste Mal wieder an die Wiege gebannt war und der kleine Plärrer das alte Lied wieder anstimmte, schob der Nant dem Wiegensänger eine Feige in den Mund. Der Kleine war augenblicklich ruhig. Der Nant konnte nun ungestört seine lateinischen Gedanken ausbrüten. Aber auf einmal begann das Kind unheimlich zu schnarcheln und zu schnaufen. Der Nant blickte auf, und nun sah er zu seinem Entsetzen das Gesicht des Kindes ganz blau und rot angelaufen, die Augen standen weit heraus, und das kleine Ding schnaufte, als ob ihm jemand den Hals zuhalten würde. Jetzt wurde dem Nant die Sache erst klar. Er schrie und lärmte:

„Meister! Meister! Schnell, schnell, der Matz stirbt, er stirbt schon!"
Der Meister stürzte herein, riss das Kind auf, griff ihm mit einem Finger in den Mund und hatte bald die Gefahr beseitigt. Nun aber griff er dem Nant mit kräftiger Faust hinter die Ohren und beutelte so lange die lateinischen Wörter im Kopf hin und her, bis der Nant nicht mehr wusste, ob aus den lateinischen Wörtern wohl nicht griechische oder spanische geworden seien.

Der Nant hatte nun vor dem Kinderwiegen Ruhe. Allein diese glückliche Zeit dauerte bloß vierzehn Tage lang, dann ging die alte Pein wieder los. Ein eigenes Kindermädchen anstellen konnte die Frau Meisterin doch nicht, selber das Kind zu betreuen hatte sie nicht Zeit, und so musste halt wieder der arme Nant herhalten. Der kleine Matz vermochte augenscheinlich die üblen Erfahrungen, die er mit dem Nant gemacht, nicht zu vergessen. Eines schönen Nachmittags brach die liebliche Musik wieder los. Der Nant wusste kein Mittel, das Kind zu beruhigen. Da tauchte ihm noch einmal ein rettender Gedanke auf. Er nahm das Kind aus der Wiege heraus, setzte es auf seine Knie und hoppelte es. Dem Matz schien das zu gefallen. Er lachte mit seinem ganzen kleinen Gesicht, dann streckte er wieder seine kleinen Fingerchen aus und wollte damit dem Nant in die Augen stechen. Plötzlich wurde das Kind ganz still, und nun fühlte der Nant etwas auf seinen Hosen.

„Du Fratz! Das auch noch!" Schnell legte er das Kind wieder in die Wiege und nahm sich vor, dieses Experiment nicht mehr zu wiederholen.

In der Schule ging es dem Nant immer besser. Im Lateinischen war er schon längst allen voraus, und er musste nun auch jüngere Schüler unterrichten. Dadurch verdiente er sich einen schönen Kreuzer Geld. Um Ostern konnte er sogar dem Vater 5 Gulden heimschicken. Das leuchtete dem Alten nun freilich ein. Er meinte, das Studieren sei halt doch ein schönes Gewerbe, aber da drinnen in Brixen haben sie nicht das beste „Ang'richt", das sehe man schon beim Nant. Er habe sich wohl schon früher gedacht, sein Bub sei gescheiter als alle die glatzeten Herren. Die Mutter war ganz entzückt über die glänzenden Fortschritte des Nant. Sie wollte ihrem Liebling nun auch eine Belohnung zukommen lassen. Um Pfingsten machte der Knecht vom Nachbar, der alte Jos, eine Wallfahrt. Da er auf seiner Reise am Studierstädtlein vorbei musste, wo der Nant sich aufhielt, so bat ihn die Mutter, er möchte ihr ein Packl mitnehmen für den Buben. Der Jos ließ sich gern herbei, denn er hatte den Nant immer gern gesehen, und nun hatte er einen Grund, den Nant zu besuchen. Die Mutter vertraute ihm auch an, dass in dem Packl Speck und Würste drinnen seien.

Wie nun der Jos in das Studierstädtlein kam, fragte er an allen Straßenecken, wo denn etwa der Berger-Nant zu treffen sei. Als den Leuten endlich klarwurde, dass der Jos einen Studenten meine, zeigten sie ihm das Gymnasium. Wie der Jos aber das große Haus erblickte, da sank ihm aller Mut.

Er gab alle Hoffnung auf, dass er den Nant in diesem großen Haus finden könne. Lange blickte er hinauf zu den vielen Fenstern, hinter denen er laut reden hörte. Er wusste sich nicht zu helfen. Endlich fiel ihm ein, laut zu rufen. Wenn der Nant droben ist, wird er sich wohl melden, dachte sich der Jos. Er tat nun seinen Mund auf und schrie mit einer wahren Bärenstimme:

„Nant o! Naant o! Naant! Berger-Nant!"

Der Nant wurde rot bis hinter die Ohren. Er hatte gleich die Stimme erkannt. Der Professor schaute zum Fenster hinaus und fragte, was denn los sei.

„Ah so!", schrie der Jos wieder, „seid's ös woll der Provisor vom Nant, gelt woll?"

„Von was für einem Nant?"

„O halt vom Berger-Nant?"

„Ah so – was wollt's vom Nant?"

„Wöll'n tu i nichts, aber er will vielleicht eppas. Do hatt' i an Speck, es ist schon recht a fleischiger, und Würst' sein a dabei. Die Muetter hat mir's aufgeb'n, weil der Bue gar so fleißig und brav ist. Wisst's es, Herr Provisor, i mein, der Nant wird no amol a Bischof."

Die ganze Klasse brach in lautes Gelächter aus. Der Nant musste hinuntergehen und dem Jos die gute Last abnehmen. Heimlich war der Nant auf die Mutter etwas bös, weil sie dem Jos einen solchen Auftrag gegeben. Der Jos war allgemein bekannt als ein solcher, der ein Scheit zu wenig hatte, das heißt, er war nicht recht ausgebacken.

Die Ferienzeit rückte immer näher. Der Nant zählte schon die Tage bis zur Heimreise, und endlich war der Freudentag da.

*

Zu Hause wurde der Nant förmlich auf Händen getragen. Selbst der Vater setzte die allerfreundlichste Miene auf. Wenn ihm der Nant erklärte, was er alles gelernt habe von der Sternguckerei und Feldmesserei, von Lateinisch und Griechisch, Geometrie, Botanik, Mathematik, und wie die Prattik und Mattik alle heißen, dann erhellten sich die Züge des Vaters zu einem wohlgefälligen Lächeln. Seinem Nachbarn, dem Plunzen-Much, erzählte er dann nachher: „Weißt, Much, ein Köpfl hat er schon, mein Bub, der Nant. Was da all's drinnen Platz hat! All's weiß er dir zu erzählen, wie die Viecher alle heißen auf der ganzen Welt. Und die Stern' haben auch Namen, das ist mir gar nie bewusst gewesen. Ganze Litaneien solcher Sternnamen zählt er dir her, die Mothonatik, die Batonatrie, und wie sie alle heißen."

Der Plunzen-Much horchte mit gespitzten Ohren, dann sagte er: „Weißt, Hias, wenn lei keine Hexerei dabei ist!"

Die Mutter wusste gar nicht, was sie dem Nant alles antun sollte, damit er sich recht ausraste und ihm die Ferien recht gut anschlagen. Die Geschwister des Nant sagten oft, jetzt, da der Student da sei, sei immer Festtag, die Mutter tu alle Tage aufkochen. Übrigens ließ das besorgte Mutterherz ihrem Liebling zusätzlich manches zukommen. Bald steckte sie ihm einen Fleischschenkel zu, bald plünderte sie seinetwegen das Hennennest, und überdies bekam der Nant auch die Erlaubnis, rahmige Milch zu trinken, so oft er Lust habe. Auf einem solch heimlichen Gang in die Milchkammer ertappte den Nant einmal sein jüngstes Brüderchen, das Hansele. Wie das Brüderchen das Tun und Treiben des Nant erblickte, schrie er ganz laut:

„Nit, nit! Mueta g'sagt, giftig! Bauchele durchbrenn'." Der Nant lachte, und nach langem Zureden ließ sich das Hansele sogar herbei, von dem süßen Gift ein wenig zu kosten. Das Ding schmeckte, und nun fand das kleine Pumperle öfters und auch ganz von selbst den Weg in die Milchkammer, und als das Hansele einmal mit einem mächtigen Rahmbart im Gesicht vor der Mutter erschien, ließ diese den Birkenen tanzen. Der kleine Knirps schrie und heulte und wunderte sich, warum etwa der Nant mit dem Spanischen keine Kriegshändel bekam.

Bei den Leuten war der Nant in der Achtung auch sehr gestiegen, seit er mit einem so schönen Zeugnis und einem so noblen Gewand nach Hause gekommen. Am Sonntag war der Nant beim Pfarrer zu Mittag geladen. Das steigerte natürlich sein Ansehen. Wenn er mit dem Pfarrer zum nachmittäglichen Gottesdienst aus dem Widum herauskam, da schauten die Leute alle mit einer gewissen Ehrfurcht auf den Nant hin. Dieser fühlte sich entsprechend, und mit einer Würde wie ein Dechant schritt er neben dem Pfarrer her. Viele wussten nicht, sollten sie vor dem Nant jetzt den Hut abnehmen und ihn mit „Ihr" anreden. Das wollte ihnen nicht recht heraufgehen. Wenn sie aber mit dem Nant sprachen, so wagten sie doch nicht, den Hut ganz sitzen zu lassen, sie rückten ihn wenigstens herunter bis aufs rechte Ohr.

Mit der Anrede wussten sie sich schon leichter zu helfen, da sagten sie bald Sie, bald Du.

Der pfiffige Nant hatte trotz seiner Weisheit die Kinderschuhe noch nie ganz ausgezogen. Eine besondere Freude machte es ihm, wenn er seine kleinen Geschwister tücken und tratzen konnte. Wenn sie ihre kleinen Häuser bauten und ihre Wasserleitungen anlegten, war gewiss der Nant da, der ihnen alles zerstörte. Das gab dann ein Weinen und Schreien, dass einem die Ohren gellten. Bei einer solchen Gelegenheit vergaß der erzürnte Vater einmal alle Achtung vor seinem hoffnungsvollen Studenten, erwischte den Nant bei den Ohren und beutelte ihn ordentlich durch.

„Wenn du sonst nichts gelernt hast, als Kinder winseln machen, kannst deine Studiererei auch aufgeben."

Dem Nant stieg das Blut in den Kopf vor Scham und auch der Zorn über eine so respektwidrige Ausübung der väterlichen Rechte.

Die Ferien mit ihrer Lust und Freiheit gingen leider allzu schnell vorüber. Es dauerte nur mehr wenige Tage und der Nant sollte wieder in das Studentenstädtlein wandern. Aber etwas lag dem Nant schwer am Herzen: die Ferienaufgaben.

Der Nant hatte sich vorgenommen, jeden Tag daheim wenigstens eine halbe Stunde an diesen Aufgaben zu arbeiten. Aber was sind alle guten Vorsätze, wenn es draußen im Freien so schön und so angenehm ist, wenn keine Prüfung und kein Professor mehr droht! Er schob und schob seine Aufgaben hinaus von Tag zu Tag. Endlich war die letzte Woche da.

Nun nützte alles nichts mehr, mit einer gewissen Wut warf er sich über seine Bücher. Die Rechenaufgaben und die lateinischen waren bald fertig. Wie viel nudelfette Böcke darin herumhüpften, das kümmerte den Nant wenig, er musste gerade einmal schauen, fertig zu werden. Nun kam das Griechische. Das machte ihn fürchterlich schwitzen. Vier Tage kaute er an seiner Feder und reihte Wort an Wort. Das war mehr als knechtliche Arbeit. Endlich ging auch da ein Ende her. Es war aber höchste Zeit, denn am nächsten Tag sollte der Nant schon abreisen. Kaum hatte er den letzten Federstrich gemacht, sprang er auf, stürzte mit einem hellen Jauchzer zur Tür hinaus und tummelte sich lustig im Freien. Unterdessen ließ er die Arbeit auf dem Tisch liegen zum Trocknen. Nach einiger Zeit kam er wieder herein und wollte seine Schriften zusammenpacken. Der Vater ruhte auf der Ofenbank und rauchte sein Pfeifchen. Der Nant trat zum Tisch, die Schriften waren verschwunden.

„Ja wo sind denn meine Aufgaben?"

„Sind's die Papierfetzen gewesen dort auf dem Tisch?"

‚Ja, ja!'

„Die hab ich grad zum Pfeifenputzen hergenommen. Hab nicht gewusst, dass das Gekratzel Buchstaben sein sollen. Ich hab' gemeint, der Hansele hab Mandeln gezeichnet."

„Es ist griechisch gewesen."

Am Tage nach dem Malheur mit den Ferienaufgaben musste der Nant zu den Studien einrücken. Schweren Herzens verließ er die Heimat. Die nicht gemachten Aufgaben lagen ihm bitter im Magen. Als er ganz allein in der Eisenbahn saß, wurde ihm noch banger. Jedoch bald tauchten andere Studenten auf. Auch Kameraden und Mitschüler vom Nant stiegen ein. Die erste Frage eines jeden war: „Hast du die Aufgaben gemacht?" – „Keine Idee! Bin nie dazugekommen!", lautete die Antwort. Als schließlich im Studentenstädtlein alle beisammen waren, stellte sich heraus, dass der Nant noch der Fleißigste gewesen und dass keiner so viele Aufgaben bei sich hatte wie er. Die Professoren hatten auch ein Einsehen und forderten die Aufgaben nicht einmal ab.

✶

Mehr oder weniger waren die nächsten Studienjahre den früher beschriebenen gleich. Unter Freud und Leid, unter Glück und Unglück gingen sie vorüber. Die Wohltäter blieben dem Nant gewogen. Der Nant bekam viele jüngere Studenten in Unterricht, auch solche aus noblen Häusern. Da verdiente er sich einen hübschen Kreuzer Geld. Wenn aber ein Student zu viel Geld in die Hände bekommt, so ist das selten von Nutzen. Auch dem Nant bekam es nicht wohl. Er wurde immer flotter und lustiger. Der Bauer außerhalb der Stadt erlebte immer größere Freude an ihm, denn der Nant ging öfters mit ihm ins Wirtshaus, und wenn er tapfer dem Wein zusprach, so sagte der Bauer stolz:

„So g'fallst mir!"

Der Nant hatte sich schon seit einigen Jahren mit der edlen Musik beschäftigt und war ein gar nicht übler Violinspieler geworden. Die Bücher bekamen jetzt längere Rasttage, die Geigensaiten hatten aber tageweise keine Ruhe. Die Folge davon war, dass die Schulnoten langsam zu sinken begannen. Manchmal hatte der Nant gar nicht Zeit, die Schule zu besuchen. Er musste zu Hause bei seiner Geige bleiben. Er wickelte sich dann einen dicken Wollschal um den Hals und ließ den Professoren melden, er habe so viel Halskatarrh oder Kopfweh. Zu Hause aber klang den ganzen Tag die Geige.

Also war der Nant tief drinnen in den Flegeljahren. Er hatte förmlich eine Wut, tolle Stückchen aufzuführen, und wenn seine Mitschüler lachten und ihm ihr Lob spendeten, so war der Nant für alles zu haben.

Einmal hatte der Nant zur Nachtzeit einen Polizeimann geneckt. Es gelang dem Wächter der Ordnung, den Namen des Nant herauszubringen. Am nächsten Tag begab sich der Mann mit dem Säbel ins Quartier des Nant. Dieser war nicht zu Hause. Auf der Straße traf er aber mit dem Nant zusammen, ohne ihn zu erkennen. Er näherte sich freundlich dem Studenten und fragte: „Kennen Sie nicht einen gewissen Ferdinand Berger?"

„O gewiss, recht gut."

„Wissen Sie nicht, wo er zu treffen wäre?"

„Ich mein, draußen beim Löwenwirt. Seine Klasse hat dort eine Kneipe. Wenn's Ihnen recht ist, geh ich mit und ruf Ihnen den Berger heraus."

„Ich bitte vielmals!"

Als der Sicherheitswachmann mit dem Nant im Gastlokal, das voll von Studenten war, erschien, rissen alle die Augen weit auf. Da schrie der Nant in die Versammlung hinein:

„Ist der Berger nicht hier? Der Herr da möcht ein Wörtl mit ihm reden."

Die Studenten brachen in schallendes Gelächter aus. Dem Polizisten wurde die Geschichte verdächtig. Da ihm der Nant nun noch erklärte, der Ferdinand Berger sei leider nicht hier, so hielt er es für das Beste, sich zurückzuziehen. Später musste sich der Nant freilich vor der Polizei stellen und erhielt einen strengen Verweis mit einer noch strengeren Androhung für die Zukunft.

Ein andermal führte er folgenden Streich aus: Im Haus, in dem er sich nun eingemietet hatte, wohnte unter ihm im ersten Stock die verwitwete Bezirksadjunktensgattin Frau Meisl. Diese hatte sich nach dem Tod ihres Mannes von den Menschen abgekehrt und ihr Herz einem schwarzen zottelhaarigen Pudel zugewendet. Der schwarze Schorl war ihr Ein und Alles. Der Nant versuchte einmal, die Frau Hunde-Meisl um ein Monatsgeld anzupumpen, wurde aber schmählich abgewiesen, denn die verwitwete Bezirksadjunktensgattin hatte nur für ihren holden Schorl etwas übrig. Dieser war ein altes, hässliches Biest, und seine zottigen Haare streiften fast am Boden. Er wäre viel hübscher gewesen, wenn man ihn regelrecht geschoren, und in der glühenden Sommerhitze hätte ihm dies nur wohl bekommen. Frau Meisl aber ließ ihren Pudel um die ganze Welt nicht scheren, denn erstens liebte sie ihn, so wie er war, zweitens sollte keine fremde Hand ihn berühren, und drittens fürchtete sie, der Schorl möchte sich im glattgeschorenen Fell verkühlen und sich eine Lungenentzündung zuziehen.

Eines Tages sonnte sich der Schorl drunten vor dem Haustor auf dem Steinpflaster, streckte alle viere von sich und träumte von einem saftigen Abendbraten. Neben ihm auf der Hausbank saß der Studiosus Nant und blätterte in seinem Lateinheft. Da kam der Bartscherer Hauck die Straße herunter. Meister Hauck war erst seit vier Wochen zugereist und kannte darum noch nicht das Städtchen und seine Bewohner. Als er den sitzenden Nant und den neben ihm liegenden Pudel erblickte, glaubte er, die zwei gehörten zusammen. Er öffnete auch sogleich den Mund und sagte:

„Ein schöner Pudelhund ist das, junger Herr!"

„Ja, ein schöner Pudelhund."

„Aber so ein Hund gehört geschoren."

„Freilich gehört er geschoren."

„Ich will ihn mitnehmen und scheren."

„Ja, ich habe nichts dagegen. Meinetwegen können Sie ihn scheren."

Der Bartscherer fasste den Schorl und trug ihn weg. Der Schorl knurrte ein wenig, war aber zu faul, anderweitige Kräfte zu entfachen. Zudem ließ er sich überhaupt gern tragen. Im Fortgehen rief der Bartscherer noch zurück:

„In einer Stund bring ich den Hund wieder."

„Ja – mir pressiert's gar nicht."

Meister Hauck nahm daheim den Schorl tüchtig unter die Schere, bekam jetzt auch einige Bisse in die Finger, aber er war ein gewandter Mann, und in dreiviertel Stunden stand der Schorl da wie ein Salonstutzer, gebügelt und gestriegelt nach der neuesten Mode, glatt am ganzen Fell, nur die Pulswärmer über den Pfoten und die Simpelfransen um den Kopf und der Wedel am Schwanz waren vom üppigen Wuchs noch übrig geblieben. Nach vollendeter Arbeit kam der Bartscherer wieder zum Nant zurück mit dem Pudel unter dem Arm. Der Nant blickte auf und konnte ein Lachen nicht verbeißen.

„Der Pudel ist schön geschoren, gelt, junger Herr?"

„Ja, der Hund ist schön geschoren."

„Achtzig Kreuzer wird nicht zu viel dafür sein."

„Nein, achtzig Kreuzer ist nicht zu viel dafür."

Nun entstand eine Pause. Der Rasierer guckte den Nant an, als ob er auf etwas warten täte, und der Nant guckte den Rasierer an, als ob er nicht verstehe, was dieser wolle. Endlich sagte der Scherer, indem er seine Hand hinhielt:

„Also, achtzig Kreuzer krieg ich, junger Herr."

„Jaja, ich hab's gehört. Achtzig Kreuzer kriegen Sie. Lassen Sie die achtzig Kreuzer nur von dem geben, dem der Pudel gehört."

„Aber der gehört doch Ihnen!"

„Gott bewahre! Ich habe mein Lebtag keinen Pudel gehabt, möcht auch keinen. Der Hund gehört der Frau Meisl da droben im ersten Stock."

Der Meister ließ nun den Schorl zu Boden gleiten und begann fürchterlich zu räsonieren. Der Schorl aber, dem es in seinem neuen Kostüm durchaus nicht zu behagen schien, rannte winselnd ins Haus und spornstreichs die Stiege hinauf zu seiner Herrin. Es dauerte keine Minute, so ging droben im ersten Stock ein Heidenspektakel an, Frau Meisl schrie in den höchsten Fisteltönen:

„Immer sind diese fremden Hunde da und fressen meinem Schorl die feinsten Bissen weg. Willst gehen, du Köter, du abscheulicher, du verschandelter! Marsch! Pack dich! Schau, das Biest wird noch zudringlich! Wart, ich komm dir! Schorl! Schorl! Wo bist du? Du fremdes Rindvieh, ich will dir die Flausen austreiben! So, da hast du! Pitsch, patsch!"

Frau Meisl, die ihren vielgeliebten Schorl in der neuen Frisur nicht erkannte, von diesem aber in hilfesuchender Zudringlichkeit umtanzt und angesprungen wurde, feuerte dem armen Schorl ein paar Hiebe auf das Fell. Den Schorl jedoch, den die Schur durch fremde Hand und jetzt die Prügel von der eigenen Herrin vollständig in seiner Weltanschauung irre machten, packte ein gewaltiger Hundezorn, er fletschte die Zähne, und im nächsten Augenblick schoss er wütend nach den Füßen der Frau Meisl, erwischte richtig das Kleid, verbiss sich darin und zerrte die Dame hin und her. Frau Meisl kreischte laut auf, dann ergriff sie einen Stock und schlug unbarmherzig auf den Schorl ein. Der Schorl musste endlich erkennen, dass er der Schwächere sei, und lief heulend die Stiege hinunter, Frau Meisl, den Stock in der Hand wutschäumend hinter ihm her. Drunten auf der Straße lagen sich noch der Bartscherer und der Nant in den Haaren.

„Also, junger Herr, wollen Sie die achtzig Kreuzer zahlen?"

„Fällt mir im Traum nicht ein. Ich wüsste nicht für was."

„Sie haben mir aufgetragen, den Hund zu scheren."

„Ist nicht wahr. Ich habe Ihnen bloß den freien Willen gelassen, zu tun, was Sie wollten."

„Sie haben mich schändlich betrogen."

„Ich habe niemanden betrogen."

„Ich muss mein Geld haben."

„Freilich müssen Sie Ihr Geld haben. Wenden Sie sich nur an die Frau Meisl. Mir scheint, sie kommt gerade."

In diesem Augenblick fuhren der Schorl und hinter ihm Frau Meisl beim Haustor heraus. Der Schorl rettete sich hinter den Gartenzaun, und Frau Meisl warf ihm noch den Stecken nach. Da trat der Bartscherer vor sie hin und fragte:

„Entschuldigen, gnädige Frau, gehört der Hund Ihnen?"

„Mein? Gott bewahre! Ich tät mich schön bedanken für so ein abscheuliches, gerupftes Rabenvieh. Mein Schorl hat Haarlocken."

„Es ist aber doch Ihr Schorl", warf der Nant ein, „der Mann da hat ihn so hübsch geschoren."

„Und ich krieg dafür achtzig Kreuzer!"

Frau Meisl stand einen Augenblick wie versteinert, dann kreischte sie wie wahnsinnig:

„Was, mein Schorl? Es ist nicht möglich!"

„Aber bitte, schauen Sie doch näher zu", mahnte der Nant. „Sie sehen doch den Auswuchs an der linken Vorderpfote. Den hat nur Ihr Schorl und das eingeschrumpfte Ohrwaschl ebenfalls."

Nun fiel Frau Meisl beinahe in Ohnmacht.

„Mein armer Schorl! So unmenschlich hat man dich misshandelt und so erbärmlich verschandelt. Und ich selbst hab dich geschlagen! O die arge, verkehrte Welt! Verzeih mir, Schorl, komm her da!"

Der Schorl hinter dem Zaun bleckte die Zähne und glotzte so gehässig, als ob er sagen wollte:

Da gibt's in Ewigkeit keine Verzeihung mehr, ich bin zu schwer beleidigt.

Nun geriet Frau Meisl vollends außer sich. Sie stürzte sich auf den Bartscherer los und geiferte:

„Sie Lump – Sie Falott, Sie dahergelaufener! Sie haben meinen lieben Schorl so miserabel zugerichtet, dass ich ihn nicht mehr kenne."

„Der Hund ist nunmehr viel schöner als früher. So ein Hund muss im Sommer geschoren werden, und ich kriege dafür achtzig Kreuzer."

„Und ich bringe Sie ins Loch. Ich klag Sie auf persönliche Misshandlung, auf Körperverletzung, auf Gewalttat, auf versuchten Mord. Wer hat Ihnen denn übrigens aufgetragen, den Hund zu scheren?"

„Der junge Herr da hat mir's befohlen."

Nun warf sich die Dame dem Nant entgegen.

„Was, Sie haben es gewagt? Sie Gauner, Sie Schelm, Sie Frechling! So ein Windbeutel, ein verdrehter! So ein Bettelstudent! So ein Suppenbummler! Aber warten Sie, ich will Ihnen schon Füße machen hier in unserem friedlichen Ort."

„Frau Meisl, hüten Sie Ihre Zunge! Ich habe dem Bartscherer nicht befohlen, Ihren Hund zu scheren, ich habe nur gesagt, dass ich nichts dagegen habe, wenn er ihn schert. Ich konnte auch nichts dagegen haben, denn der Hund gehört nicht mir."

„Ich hab aber geglaubt, er gehört Ihnen", wandte der Scherer ein.

„Was Sie geglaubt haben, kümmert mich nicht, ich halt mich an meine Worte, und die sind doch klar und deutlich gewesen."

„Und ich verlang achtzig Kreuzer!"

„Und ich bring euch alle zwei ins Loch, ihr Falotten! Es ist ein himmelschreiendes Verbrechen begangen worden an meinem armen Schorl, und ich verlange die schwerste Strafe ohne die Milderungsgründe."

Unterdessen hatte sich viel Volk auf der Straße angesammelt, das spähte und lachte und schwatzte, und es gab auf beiden Seiten lärmenden Beifall. Der Nant kehrte sich zum Rasierer und sagte:

„Meister Bartscherer, was glauben Sie? Die Frau Meisl hat uns beiden grobe, ehrenschänderische Schimpfworte an den Kopf geworfen. Wir klagen Sie auf Ehrenbeleidigung, dann kommen wir beide zu unserer Ehre und Sie auch zu Ihrem Geld."

„Ich bin ganz einverstanden, junger Herr. Das ganze Publikum da ist Zeuge."

„Klagen tu schon ich", geiferte Frau Meisl, „wir werden schauen, wer früher sitzt."

Damit rannte sie spornstreichs fort. Am selben Tag noch wurde sie beim Direktor des Gymnasiums vorstellig und führte Beschwerde gegen den Nant. Sie erhielt aber beim Direktor keine Unterstützung, denn der alte Herr kannte die tolle Hundenärrin, die in der ganzen Stadt verlacht wurde, zudem gewann er aus der Verteidigungsrede des Nant die Überzeugung von dessen Unschuld. Bei Gericht vermochte sie auch keine Klage anhängig zu machen, denn der Richter war ein vernünftiger Mann und kannte seine Pappenheimer. Unterdessen war die Ehrenbeleidigungsklage des Nant und des Bartschneiders eingelangt. Frau Meisl wandte sich an einen Rechtsfreund. Dieser riet ihr, sich mit den beiden Klageführern in Frieden auszugleichen, denn vor Gericht verliere sie die Sache immer, sie komme auf große Unkosten und nebenbei in Schande und Spott vor dem ganzen Städtchen. Nach langem Sträuben ging Frau Meisl auf diesen vernünftigen Rat ein, weil sie einsah, dass dies noch der beste Ausweg sei. Der Nant und der Bartscherer ließen sich gern zu einem Ausgleich herbei. Frau Meisl musste ihnen insgeheim Abbitte leisten und jedem der beiden fünf Gulden zahlen, damit sie die Klage zurückzogen. So kam der Nant zu einem Monatsgeld und der Bartscherer zu einer glänzenden Arbeitsentlohnung. Der Schorl ging ein halbes Jahr später ein, ob an einer Lungenentzündung oder an Altersschwäche, ist von den Ärzten nicht festgestellt worden.

*

Weil der Nant wieder einmal seine Geigenkrankheit hatte und längere Zeit schon die Schule schwänzte, beschloss er, um sich die langweiligen Abende zu vertreiben, ein Telefon zu bauen.

Er stellte in der Ecke seines Zimmers eine elektrische Batterie auf, zog über die Dächer hin einen Draht in das Quartier eines ziemlich entfernt wohnenden Mitschülers, der Ruep hieß und sein bester Freund war, schloss auf beiden Seiten eine Hörmuschel und einen Sprechtrichter an, schaltete die Leitung an die Batterie, und das Telefon stand fertig da. Vortrefflich war es gelungen. Man verstand jedes Wort durch das Telefon, nur konnte man den Klang der Stimme nicht unterscheiden und daher nicht wissen, wer hineinsprach.

Der Nant war bereits zehn Tage nicht mehr in der Schule gewesen. Je fauler der Studio war, desto größere Arbeit hatte das Telefon. Da erschien eines Nachmittags Herr Petz, der Physikprofessor, in der Wohnung des Ruep, um diesem einen Auftrag zu geben. Als er das Telefon erblickte, war er anfänglich erfreut über die Geschicklichkeit seiner Schüler und über den Eifer in seinem Fach. Er fragte:

„Wohin führt das Telefon hin?"

„Zum Ferdinand Berger."

Der Professor hielt die Muschel an das Ohr und horchte. Er hörte ganz deutlich einen flotten Geigenwalzer herunterfiedeln. Da schoss ihm ein Gedanke durch den Kopf. Er führte den Trichter an den Mund und sprach hinein: „Guten Nachmittag!"

„Guten Nachmittag auch!", klang es bald lustig herüber. Der Nant hatte keine Ahnung, wer auf der anderen Seite am Telefon stand, und nun entspann sich folgendes Gespräch zwischen dem Professor und dem Nant durch das Telefon:

„Wie geht's?"

„Prächtig geht's."

„Hast du noch Kopfweh?"

„Hab gar nie eins gehabt."

„Halsweh auch nicht?"

„Bewahre, weiß gar nicht, was das ist."

„Fehlt dir gar nichts?"

„Eine Maß Bier fehlt mir. Sei so gut und hol mir eine. Ich darf nicht ausgehen und hab einen schauderhaften Durst.“

„Was tust du denn alleweil?“

„Den ganzen lieben Tag Geigenspielen, ich kann jetzt alle Stücke schon auswendig.“

„Gehst du morgen in die Schule?“

„Weiß nicht. Was haben wir morgen?“

„Physik.“

„Ah, dann schon auf keinen Fall. Der Physikprofessor ist eh der langweiligste Patron, den ich gesehen habe.“

„Was tust du morgen?“

„Schlafen und Geigenspielen.“

„So! Ich wünsche gute Verrichtung! Adje!“

„Adje! Grüß mir die Propheten.“

Ein bittersüßes Lächeln glitt über die Züge des Professors, als er vom Telefon zurücktrat. Der Freund des Nant war kreideweiß, er hätte in den Boden versinken mögen.

Kaum hatte der Professor die Stube verlassen, zog der Ruep gleich seine Stiefel an, um zum Nant zu eilen und ihm das Schreckliche mitzuteilen. Es fiel ihm gar nicht ein, dass es viel vernünftiger wäre, dem Nant gleich durch das Telefon die ganze Sache mitzuteilen. Auf dem Weg begegnete er einem anderen Mitschüler, dem er das „Malär“ erzählte. Dadurch verhielt er sich einige Minuten. Als er im Quartier des Nant ankam, meldete ihm die Quartierfrau, dass gerade der Physikprofessor beim Nant eingetreten sei. Nun schlug sich der Ruep mit der Faust vor den Kopf und sagte: „Jetzt geht’s g’fehlt! Wenn der Nant leugnet, dann ist alles aus. Was habe ich für einen Plutzer gemacht!“

„Was leugnen, was Plutzer?“, fragte die Hauswirtin.

„Nichts, nichts“, antwortete der Ruep und schlich zur Zimmertür des Nant, um zu horchen, was da drinnen verhandelt wurde.

Der Ruep legte sein Ohr an die Tür und vernahm folgendes Gespräch:

Professor: „Wie geht’s?“

Nant (hustend und kaum vernehmlich): „O gar nicht gut geht’s, Herr Professor, ich fürcht alleweil, ich werd ernstlich krank.“

Professor: „Haben Sie Kopfweh?"

Nant: „Freilich Kopfweh, es plumpert da drin im Schädel, als ob ein Heuwagen herumfahren tät."

Professor: „Haben Sie Halsweh auch?"

Nant (keuchend): „Halsweh auch, es brennt und beißt über den Schlund herauf und hinab, wie wenn mir eins mit der Bodenbürste durchfahren würde."

Professor: „Haben Sie Durst?"

Nant: „Schrecklich Durst, schrecklich! Der Doktor sagt, das kommt vom Fieber."

Professor: „Möchten Sie Bier?"

Nant: „Ich dank schön, Herr Professor, mir tut ganz grausen davor."

Professor: „Wird Ihnen wohl recht langweilig sein hier allein den ganzen Tag?"

Nant: „Langweilig ist's freilich. Aber da wollt ich gar nicht klagen, wenn nur diese Schmerzen nicht wären."

Professor: „Tun Sie nicht Geigenspielen?"

Nant: „Wär mir nicht möglich, Herr Professor, tät mir der Kopf zerspringen. Da drüben beim Apotheker ist so ein bleichsüchtiges Fräulein, das seufzt den ganzen Tag auf seiner Geige, und ich muss darum alleweil die Fenster geschlossen haben, weil mir die Töne so viel in die Nerven fahren."

Der Ruep draußen vor der Tür zitterte an allen Gliedern. Jeden Augenblick erwartete er ein fürchterliches Donnerwetter. Aber gleich brach es noch nicht los. Der Professor ließ eine kleine Pause eintreten, dann fragte er mit einer eigenartigen Betonung:

„Ist das auch alles wahr, was Sie mir da gesagt haben?"

„Meinen Herr Professor, ich würde Sie anlügen? Das tut mir weh, ich habe Ihnen doch nie einen Anlass zu einem solchen Verdacht gegeben."

Nun brach aber das Donnerwetter los:

„Sie impertinenter Lügner und Heuchler! Vor kaum einer Viertelstunde haben Sie ganz anders geredet. Die Wände haben Ohren. Ihr eigenes Werk hat Sie verraten. Warten Sie nur, Sie werden noch lange an mich denken! Dass wir solche Windbeutel an unserem Gymnasium hätten, wär mir gar nie eingefallen. Morgen stellen Sie sich beim Direktor, dann werden Sie das Nähere erfahren."

Mit diesen Worten verließ der Professor das Zimmer. Der Ruep hatte eben noch Zeit gehabt, sich aus dem Staub zu machen.

Am nächsten Tag saß der Nant schon hinter Schloss und Riegel im Gymnasialkarzer. Achtundvierzig Stunden hatte er bekommen. Hier grollte er nun im wilden Zorn über sich, über den Professor, am meisten aber über die abgrundtiefe Eselei seines Freundes Ruep. Als er endlich wieder seine Freiheit erlangt hatte, wurde ihm vom Direktor angekündigt, er möge sich wohl in Acht nehmen. Wenn nur im mindesten eine Klage wieder gegen ihn auftauche, so sei er am Gymnasium zu Hall gewesen. Der Nant versprach vieles, aber zu einer ernsten Bekehrung fehlten noch alle Ansätze.

Eines Tages saß der Nant wieder unerlaubterweise in einem Gasthaus und machte lange Züge aus einem großmächtigen Bierhumpen. Er hatte dem Wirt aufgetragen, ja aufzupassen, dass kein Professor in die Nähe komme. Da plötzlich ging die Tür der Wirtshausstube auf, und herein guckte der kurzsichtige Lateinprofessor. Der Nant hielt gleich den Hut vor das Gesicht und stürzte hinaus in die Küche, die mit der Stube durch eine Tür verbunden war. Der Professor glaubte den Nant erkannt zu haben, gewiss jedoch konnte er es nicht sagen. Er rief den Wirt, dieser jedoch versicherte ihm, es sei nur ein Handwerksbursch gewesen, der sich vor den Gendarmen fürchte. Der Professor ging wieder fort. Nun lief der Nant heraus. Er wusste, der Professor werde gleich die Schritte in sein Quartier hinlenken. Er bat den Wirt, ihm seinen Jagdrock und den großen Kalabreserhut zu leihen. Er zog den Jagdrock des Wirtes, der hinten einen handbreiten Dragoner hatte, schnell an, stülpte den mächtigen Hut auf den Kopf und lief gleich hinter dem Professor her. Er musste denselben Weg einschlagen wie der Professor, wenn er noch vor diesem sein Quartier erreichen wollte.

Im strammen Schritt, den Hut tief ins Gesicht gedrückt, marschierte der Nant hinter dem Professor her, jetzt an ihm vorbei. Natürlich ließ er den Hut fest auf dem Kopf sitzen. Nur einen kurzen Augenblick war es dem Professor gelungen, das Antlitz des Vorbeieilenden von der

Seite anzuschauen, und wieder glaubte er den Nant gesehen zu haben. Aber diese Kleidung! Er beschleunigte seine Schritte. Der Nant jedoch war kaum um die Ecke gebogen, als er vom Marschtempo in schnellen Laufschritt fiel. Keuchend erreichte er sein Ziel. Dort zog er rasch seine Schuhe aus und bat das Küchenmädchen, sie gleich zum Schuster zu tragen und flicken zu lassen. Dann eilte er in sein Zimmer, warf den Jagdrock und den Kalabreserhut in eine Kiste und setzte sich hinter ein Buch. Es dauerte nicht lange, so klopfte es an die Tür. Der Nant schrie: „Herein!", und da erschien richtig der arme Lateinprofessor auf der Schwelle. Als der Nant ihn erblickte, stotterte er gleich eine Entschuldigung, zog seinen Werktagrock an, blieb jedoch in den Strumpfsocken vor dem Professor stehen.

„Warum ziehen Sie keine Schuhe an?"

„Ich hab nur ein Paar, und die sind beim Schuster zum Flicken."

„Sind Sie nicht ausgegangen?"

„Wär leicht ausgehen, wenn man Schuhe hätte. In Socken herumspazieren oder gar barfuß, hab ich auch keine Lust."

Da erschien das Küchenmädchen. Der Nant erschrak, jedoch fasste er sich gleich wieder. Indem er dem Mädchen zublinzelte, sagte er: „Sind die Schuhe noch nicht fertig? Jetzt wart ich schon den ganzen Tag. Das wird mir zu viel!" Das Mädchen lachte ein wenig und bemerkte, dass die Schuhe so arg zerrissen seien, dass sie vor der Nacht kaum fertiggestellt würden. Nun war der Professor völlig überzeugt, dass ihm seine kurzsichtigen Augen wieder einen Possen gespielt …

Auf der hohen Alm

Reimmichl plagte im Jahre 1898 ein Lungenleiden. Endgültige Heilung fand er nach eigenen Worten erst, als er mit dem berühmten Maler Franz von Defregger, mit dem ihn eine herzliche Freundschaft verband, eine Woche auf einer Alm verbrachte. Dieses Erlebnis verarbeitete Reimmichl in einer kleinen Erzählung:

Einstmals war ich körperlich ganz heruntergekommen und geistig halb welk. Mir ekelte vor dem Essen, und jeder Bissen lag mir bleiklumpenschwer im Magen. Ich war hinfällig und schwach wie ein Halm, die Beine wackelten mir, die Hände zitterten beim Schreiben, der Kopf summte und brummte wie ein Hummelnest. In der Nacht hatte ich schwere Träume und schreckte oft jäh aus dem Schlafe, weil ich glaubte, es sei ein Böller neben meinem Kopf abgeschossen worden. Heute ging der Puls langsam wie eine Schwarzwälderuhr, morgen wieder schnell wie eine Tippmaschine, als hätte er's auf dem Akkord und müsste das Versäumte doppelt nachholen. Ich hatte einen Humor wie ein Uhu im Käfig, jede Kleinigkeit brachte mich in Harnisch, selbst die Fliege, die übers Papier kroch, ärgerte mich. Weh tat mir nichts und alles, am meisten bissen mich die Haare auf dem Kopf. Ich konnte wenig oder nichts arbeiten, jeder Gedanke vertrocknete mir im Gehirn, und wenn ich eine halbe Stunde schrieb, rann mir der kalte Schweiß über die Stirn. Und ich wurde immer armseliger, sodass mir schließlich fast das Leben verleidete. Alle Doktoren, die ich befragte, sagten mir haargenau, was die Ursache meiner Krankheit sei. Das wusste ich aber selbst am besten. Mir war von dem vielen Stubenhocken, Tintenschmecken, Pfeifenheizen, Nachtwächtern, Fleischessen und dergleichen löblichen Gewohnheiten der Lebenssaft abgestanden. Die Kuren, die mir die Ärzte verschrieben, mochte ich nicht anwenden, weil sie mir viel zu unbequem erschienen, dafür schluckte ich gut um einen Hunderter Pillen, Pulver und Mixturen, wie sie in den Zeitungen angepriesen wurden, und mein Zustand wurde von Tag zu Tag miserabler. Da sagte mir ein

Doktor, der zugleich mein lieber Freund war, er wisse ein leichtes Mittel, das mir unfehlbar helfen werde. Ich soll auf die Alm gehen, vierzehn Tage droben bleiben, nichts lesen, nichts schreiben, mit den Almerern essen und trinken und wie ein Almerer leben. Das kam mir aber äußerst langweilig vor, vor allem, dass ich nichts lesen sollte. Mein ärztlicher Freund erklärte, ihm sei es gleich, aber wenn ich grad extra und absolut krank bleiben und arbeitsunfähig werden und frühzeitig ins Gras beißen wolle, dann soll ich nur so weitermachen und meinem Querschädel folgen. Nun wurde mir doch etwas schwulig über dem Nasengipfel, und drei Tage später befand ich mich richtig auf dem Weg in die Alm. Das war aber ein richtiger Kreuzweg. Dreiviertel Jahr lang hatte ich keinen größeren Spaziergang mehr gemacht, weil ich das Fußtrappen überhaupt nicht liebte, und jetzt brachte ich meine Hölzer fast nicht weiter. Ich schwitzte wie eine Kartoffel in der Pfanne, nein, wie ein Kamel, nein, wie ein Elefant – das ist alles noch viel zu wenig gesagt – ich schwitzte das letzte Tröpflein Schmalz, ja fast die Seele heraus. Erst nach vier Stunden war ich über dem Wald. Ich trabte weiter und kam nach anderthalb Stunden matt, halb verschmachtet in die Glader Alm, wo ich sehr freundlich aufgenommen wurde. Ich aß eine Schüssel voll Milchfrigelsuppe, dazu ein Stück kieselhartes, kohlschwarzes Brot, dann legte ich mich ins frische Almheu und brachte keinen halben Vaterunser mehr zuwege, so rasch schlief ich ein.

Als ich erwachte, schien die Sonne hell zu den Klunsen (Spalten) herein; es war sieben Uhr in der Früh. Ich hatte elf Stunden geschlafen, ohne ein einziges Mal aufzuwachen, und fühlte mich frisch und kräftig wie schon lange nicht mehr. Nur die Beine taten mir weh und zogen, als ob sie in einem Schraubstock drinnen wären. Draußen war ein sonnengoldener, glasklarer, himmelblauer Tag, die Luft flaumenweich und morgenkühl. Im weiten Kreise rundum strahlten die silbernen Schneeberge, prangten die sammetgrünen Kämme und Kuppen, scharf und tief ging es hinunter in die enge, dunkle Talkluft, und ich stand da heroben, himmelhoch, auf freier, weiter Alm. Grad aufjauchzen hätt ich mögen – aber ich war ja krank.

Das könnten wir gleich erproben, ob ich krank oder gesund wär, meinte der Senner Bartl: Wenn ich das Wasser vom Rantenbrünnl vertrag, fehlt mir nichts, wenn ich's aber nicht vertrag, bin ich ein kranker Mensch. Das Brünnl war zwei Büchsenschuss außerhalb der Kaser (Sennhütte), und ich ging sofort hin, ließ mir ein Weinglas vollrinnen und trank. Brr, Himmel Laudon! Das war kälter als Eis und schneidig wie ein Messer, es gribbelte mir bis in die Zehen und Fingerspitzen hinaus. Doch ließ ich mich von der eisigen Schärfe nicht abhalten und trank schnell vier Gläser hintereinander. Vom Vertragen natürlich keine Spur. Es hat mich förmlich zerrissen. Mein Gott, hat mich dieses Wasser ausgebürstet. Schon wollte ich davon abstehen, aber der Bartl ließ es nicht zu.

„Ihr seid ein junger Mensch", sagte er, „und hebt (verträgt) es schon. Einen Alten tät's aufräumen, aber einen Jungen kuriert das Rantenbrünnl."

Also blieb ich dabei und trank jeden Vormittag fünf Gläser, jeden Nachmittag sechs Gläser von dem kalten Tropfen und war den halben Tag – nun, ihr könnt euch denken, wo. Nach zwei Tagen hörte die schnelle Post auf, dafür begannen jetzt die Nieren mehr als auf Akkord zu arbeiten. Und immerfort trank ich von dem kalten Brünnl. Das kurierte mich so von allen Krankheitskeimen und verbockten Stoffen und frischte mich so durch und durch auf, dass mir vorkam, ich habe gar nicht mehr meinen alten Körper, sondern einen neuen, frischen. Nebenher gesagt, rate ich aber diese Kur nicht jedermann. Es ist eine Rosskur und setzt starke Organe voraus. Wer solche nicht hat, lasse das Experiment lieber bleiben.

Ich darf auch nicht vergessen zu erzählen, dass ich schon am zweiten Tag einen Riesenappetit, ja einen förmlichen Wolfshunger bekommen und mehr gegessen hab als der Senn und der Hirt mitsammen. Milchmus und Polenta haben mir besser geschmeckt als die feinsten Torten drunten im Tal, und die Habernocken (Hafer) waren köstlicher als das duftigste Bratl und die delikatesten Nürnberger Würstel. Nach einer Woche verspeiste ich schon eine Pfanne voll Schmalznudeln, und zwar so feiste, dass das Schmalz aus allen Poren herausdrängte wie das Wasser aus einem Schwamm.

In den paar Tagen war ich ganz ein anderer Mensch geworden. Bloß die Nervosität wollte nicht ganz weichen. Immer noch hatte ich das Zucken in den Armen und das Pumpern in der Herzkammer. So etwas kann man nicht abstreifen wie einen Handschuh, es braucht seine Zeit.

Abends ging ich mit der Sonne, das heißt spätestens um acht Uhr ins Bett oder richtiger ins Heu, und in der Früh war ich bereits beim ersten Sonnenstrahl auf.

Den ganzen Tag war ich auf den Beinen über alle Höhen und Jöcher aus. Bei jedem frischen Brünnl, wo ein Bergkress wuchs – und der wächst nur an den kältesten Wassern –, kehrte ich zu, trank ein oder zwei Glas „Almspezial" und aß eine Handvoll Kress. Weil ich keine Bücher und keine Gesellschaft hatte, fing ich an, mich mit den Bergbrünnlein und den Almblümchen zu unterhalten. Und die hatten mir viel Schönes und Interessantes zu erzählen …

Jetzt ist meine Geschichte fertig. Muss nur noch erzählen, dass meine Freunde, als ich nach zwölf Tagen von der Alm hinunterkam, mich wie ein Wundertier angestaunt haben. Sie sagten, ich wär um zehn Jahre jünger geworden und sehe so naturbraun aus wie ein Gamsjäger. Als ich wieder zu arbeiten angefangen hab, ist es mir flott von der Hand gegangen wie das Garn von der Spulmaschine. Auch sind mir die Gedanken nicht mehr ins Hirn gefroren, sondern flink herausgesprudelt wie der Brunnen droben unter dem Spitzhörndl.

Und ein Rezept gegen allerhand Gebresten hab ich von der Alm heruntergebracht. Es ist kurz und lautet: „Frei, froh, fromm." – Wenn ihr einmal recht zerschlagen am Geist und recht zerlattert am Körper seid und euch die Nerven über das Dach steigen, so wendet es an. Macht euch für eine Zeit lang frei von dem Schwall und Wust des Alltages, geht hinaus in Gottes herrliche Natur, am besten in die Berge. Und denkt auch ein bisschen mehr als sonst an Unsern Herrn. Ihr werdet es erfahren, dass euch diese Kur bald alle Grallen und Grillen und Bazillen vertreibt. Wenn ihr noch etwas extra tun wollt, so macht es euch zur Regel, jeden Tag mit den Hühnern aufzustehen und mit ihnen ins Bett zu gehen. Leider habe ich dieses Letzte in meinem bisherigen Leben selber viel zu wenig praktiziert, sonst wär ich heute gesund wie ein Fisch im Zirmsee und stark wie David und tät mich getrauen, hundert Jahre alt zu werden.

Wenn die Berge erwachen

Mit 17 Jahren stand Reimmichl mit einigen Freunden am Gipfel des Großglockners und erlebte einen überwältigenden Sonnenaufgang. Hier sein Erlebnisbericht aus dem Jahre 1925, der jenen denkwürdigen Augustmorgen schildert:

Mehr als vierzig Jahre ist es her, da bestieg ich mit einigen Freunden an einem glasklaren Augustmorgen den Großglockner. Geführt wurden wir von den trefflichen, umsichtigen Kalser Führern, dem Hauser, dem Kehrer Peter und dem alten Schmied. Wir hatten in der Stüdlhütte übernachtet, doch wenig schlafen können. Das Knallen, Krachen und Knattern des Gletschers, der unmittelbar neben der Hütte über ein Felsenriff herunterschiebt, störte unseren Schlummer; auch mussten wir uns bald nach Mitternacht wieder auf die Beine machen, wenn wir vor Sonnenaufgang den Gipfel erreichen wollten.

Im Mondschein stapften wir, durch das Seil miteinander verbunden, über den eisflimmernden gewaltigen Ködnitz-Gletscher – Ködnitz-Kees genannt – und erstiegen um drei Uhr früh die Adlersruhe, wo uns die enge, damals unbewirtschaftete Erzherzog-Johann-Hütte eine willkommene Raststätte bot. Da uns fröstelte, wickelten wir uns in die vorrätigen Wollendecken ein und warteten das Tageslicht ab; denn von hier aus wird der Anstieg nicht nur sehr beschwerlich, sondern auch einigermaßen gefährlich. Der Mond war untergegangen, im Norden und Osten sah man die verschwommenen Umrisse unzähliger Berge, im Westen und Süden lag ein mattes Dunkel, aus dem die schwarzen Schatten einiger Dolomitengipfel gespensterhaft hervorstachen. Nach längerer Zeit wurden die Gebirgskämme im Osten hellgrau, dann gelb, dann fahlweiß – der Tag rückte an. Und schon war es auch auf dem Gletscher so licht, dass wir den Aufstieg wagen konnten.

Langsam ging es den furchtbar steilen Glocknerkamm empor. Die Führer hackten mit ihren Pickeln Stufen in das harte Eis, rasend schossen die Blöcke und Eistrümmer an den Gletscherwanten hinab in die grausige Tiefe, wo sie an den Felsriffen donnernd zerschellten. Dann war es wieder unheimlich still, kein Wort wurde gesprochen, nur unsere Fußeisen und die Spitzen der Bergstöcke knirschten im Eis.

Auf dem Gipfel des Kleinglockner rasteten wir kurze Zeit und ließen unsere Bergstöcke, die wir weiterhin nicht mehr gebrauchen konnten, zurück. Der Himmel war eigenartig dunkelblau, die Rundsicht überwältigend, doch schenkten wir ihr keine große Aufmerksamkeit, da uns die Vorkehrungen zum letzten, schwierigen Anstieg vollauf beschäftigten.

Von den Führern immer fest am Seil gehalten, rutschten wir an der Kleinglocknerkante hinab auf die berüchtigte Glocknerscharte zu. Da geht es nun über den schwindeligen Eisgrat, der drei Klafter lang, aber nicht viel mehr als zwei Hand breit ist, während links und rechts schauerliche Abgründe an fast senkrechten Felsen heraufgähnen. Achtsam, immer durch die Führer gesichert, überquerten wir die Scharte. Dann kletterten wir an einer vier Klafter hohen, steilen Wand hinauf, uns mit Händen und Füßen in die spärlichen Vertiefungen einhakend und von einem Führer, der vorausgestiegen war, am Seil emporgezogen; dann noch hundert Schritte über ein verschneites Felsbrett, und wir standen auf dem Großglockner, dem königlichen Gipfel der Ostalpen, dem Fürsten der Hohen Tauern, nahezu 3800 Meter über dem Meere.

Hier stockt nun meine Feder. Das ungeheure, gigantische Bild zu beschreiben, das sich da vor den Augen entrollt, ist menschenunmöglich. Die Sinne werden schier erdrückt, das Herz schlägt heftig im Gefühl des Staunens, der Spannung, im Sturm noch nie gehabter Empfindungen. Hier ist Gottes Werk, gegen das alle Menschenwerke nur mückenhaft winziges Kinderspielzeug sind.

Das Erste, was den Blick überwältigt, sind die kolossalen, wuchtigen, weit auslangenden, himmelstarrenden Bergrücken, die den Glockner auf allen Seiten umlagern. Ich hatte den Eindruck, als ob die Riesenwogen eines sturmgepeitschten Meeres in ihrem wildesten Aufruhr plötzlich zu Eis erstarrt wären. Doch alsbald schweifte das Auge von den gewaltigen Eisriegeln hinaus in einen unbegrenzt weiten, schier unendlichen Gesichtskreis, in dem tausend, zehntausend, unzählige Berge, Gipfel, Spitzen, Hörner, Kuppen, Zinnen in mannigfaltigsten Gestaltungen und Formen emporstanden.

Fast betäubend wirkte die ungeheure Vielheit, Mannigfaltigkeit, Größe. Weder vorher noch später in meinem ganzen Leben habe ich so etwas Großes gesehen. Wie gebannt, wortlos, schier atemlos standen wir da und tranken das gewaltige Bild in uns hinein. Eine ewigkeitsschwere Stille lag um uns, über uns. Nur ab und zu drang ein gespenstiges, donnerähnliches Husten an unser Ohr, das von einzelnen Windstößen herrührte, die in den Felsklüften drunten sich verfingen. – Plötzlich trat etwas Neues, ganz Überraschendes, Entzückendes ein.

Das mächtige eiserne Kreuz auf der Glocknerspitze, unsere Gesichter, unsere Kleider fingen an, rot zu leuchten. Die Röte kam weither vom Nordosten, wo hinter dem klobigen Schareck die Sonne aufging. Langsam, majestätisch, feierlich stieg sie empor, eine ungeheure, feuerrote Scheibe, mehr als ein Klafter im Durchmesser, anfangs noch ohne Glanz und Strahlung, sodass man ruhig in sie hineinschauen konnte. Eine Minute lang haftete der rote Schein an der Spitze des Glockners, während alles andere noch im blauen Schatten lag; dann schlug das Rot hinüber auf die Glocknerwand, auf den Venediger, auf den Hochgall.

Die Sonnenscheibe wurde nun etwas kleiner – rubinrot – und begann zu funkeln. Und mit einem Male erblühten glühende Röslein auf dem Hochschober, auf dem Petzeck, in der Laserz, auf der Dreiherrenspitze, auf dem Hochfeiler und auf hundert anderen Gipfeln. Ein wahrer Rosenzauber lag auf dem Bergrund weitum. Es dauerte aber nur etliche Minuten, dann kam wieder etwas Neues … Vom Großglockner aus gesehen, war die Sonne schon merklich über den Horizont gestiegen, sie wurde klein, silberhell, strahlend und blendete die Augen. Die höchsten Bergspitzen und -kämme glänzten schon silbern, über den tieferen Regionen lag immer noch der schleierhafte blaue Schatten. Da flammten aus dem blauen Grund Lichtlein auf – hier eins – dort eins – immer mehr – eines schien sich an dem anderen zu entzünden, und nach und nach wurden es Hunderte, Tausende. Auf den Zinnen und Zacken der Dolomiten flimmerten sie, auf den Hörnern der Zillertaler Alpen, auf den Graten des Wilden Kaisers, auf den Leoganger und Loferer Steinbergen, mit jeder Sekunde wuchs ihre Zahl. Schließlich war es ein unübersehbares Meer von Lichtern; in der näheren Umgebung brannten sie heller und größer, Kerzenflammen ähnelnd auf hohen Leuchtern, sie wurden kleiner und kleiner, je weiter der Gesichtskreis hinausrückte, und weit, weit draußen am äußersten Rand des Horizontes waren es nur noch Lichtfünkchen – Johanniskäferchen, die im grauen Dunkel hin und her flirrten.

Ergriffen, ganz hingerissen von dem feenhaften Lichterspiel, standen wir da. Einer unserer Führer, der alte Schmied, zog den Hut vom Kopfe und betete halblaut:

„Vater unser, der du bist im Himmel …“

Als wir ihn verwundert anschauten, sagte er:

„Die Berge sind erwacht und halten ihre Morgenandacht. Da soll der Mensch auch beten.“

„Die Berge haben Unsern Herrn gern“, rief eine andere Stimme aus unserem Kreis, „sie glühen vor Liebe zu ihrem Schöpfer.“ Plötzlich stimmte einer an: „Großer Gott, wir loben dich –“ Und wir fielen alle ein:

> „Herr, wir preisen deine Stärke,
> Vor dir neigt der Erdkreis sich
> Und bewundert deine Werke.
> Wie du warst vor aller Zeit,
> So bleibst du in Ewigkeit.“

Der Sang weckte kein Echo, denn auf der höchsten Spitze eines weltweiten Bergkreises gibt es keinen Widerhall. Die Töne verhallten, als ob sie vom Himmel aufgesaugt würden. In unseren Herzen aber klang die hohe, begeisterte, heilige Bergfreude lange Zeit nach.

Einige Stunden später saßen wir wieder in der Stüdlhütte drunten und ließen mit einem guten Glas Wein den Großglockner leben. Da sagte einer:

„Nächstes Jahr kommen wir wieder. Das Licht- und Farbenwunder müssen wir noch einmal sehen."

„Das sieht man nicht alle Tage, sondern höchstens zwei-, dreimal im Jahr", erklärte der Kehrer-Peter, unser gewiegtester Führer; „nur wenn der Südwind sanft und warm über die Hohen Tauern hinstreicht, ist die Luft so klar und durchsichtig, dass all die Sonnenscheinchen an den Berggipfeln weitum so hell aufleuchten wie heute."

REISELUST

Bilder aus Paris

1911 brach Reimmichl mit zwei Freunden zu einer mehrwöchigen Reise auf, die sie über Paris nach London führte. Am Rückweg besuchten sie Holland, fuhren auf dem Rhein und besuchten mehrere deutsche Städte, ehe sie wieder in Tirol eintrafen. Darüber schrieb Reimmichl in seinem Reisetagebuch. Hier ein gekürzter Ausschnitt, der zeigt wie sich Paris vor 100 Jahren, damals bereits eine Weltstadt, dem Besucher aus Tirol darstellte.

Pariser Quartiere

Paris ist ein Weltzentrum. Es übt mit seinen herrlichen Aussichten, seinen prachtvollen Gebäuden, seinen kostbaren Sammlungen, seinem Luxus und seiner feinen Lebensart auf alle Fremden eine mächtige Anziehungskraft aus. Als Vergnügungsstadt und als *Weltherberge* bewahrt es noch immer seinen alten Ruhm. Wer fürstlich wohnen und leben will, kann es nirgends so raffiniert tun als in Paris. Freilich braucht es dazu einen großen, unerschöpflichen Geldbeutel. Die millionenreichen Weltbummler logieren in Paris wie ein Kaiser oder König und zahlen dafür auch jeden Tag so viel, als bei uns ein hoher Beamter jährlich verdient. Nirgends findet man aber auch solch grelle Gegensätze wie in Paris. In den Wohnungsverhältnissen äußert sich dieser Gegensatz vielleicht am schroffsten. So viele Obdachlose gab es in keiner Stadt wie in Paris und anderwärts haben sie nicht so Unerhörtes zu dulden. Ein Teil dieser Unglücklichen trifft sich alle Abende in den *Chambrées à la nuit* (Nachtkammern), den Schlafstätten der Armen und Elenden. *Kammern* darf man diese Höhlen nicht nennen. Der Ausdruck ist zu verwegen. In den Chambrées logiert man nicht; man hockt zusammen wie das Vieh in dem Pferch, nur mit dem Unterschiede, dass die Tiere sich in besserer Gesellschaft befinden. Und es gibt in Paris viele solcher Chambrées. Ihre Zahl ist Legion. Im Quartier Moussetard gibt es ihrer mehr als ein Dutzend; das Faubourg du Temple und das Quartier Popincourt wimmeln davon und die Rue Sainte Marguerite im Faubourg Saint-Antoine ist in ihren oberen Stockwerken gewissermaßen eine einzige Chambrée. Das Publikum dieser Garnis setzt sich aus der Hefe der menschlichen Gesellschaft zusammen: die verrufensten Spitzbuben, die ekelhaftesten Trunkenbolde und Tagediebe, die Bettler von Gewerbe bilden die ungeheure Mehrheit und dazwischen findet sich eine kleine Minderzahl von Unglücklichen, die trotz aller Bemühungen, trotz ihres redlichen Fleißes, trotz ihrer Sparsamkeit von dem Ozean der Weltstadt auf den Strand geschleudert und hilflos verlassen wurden. Einzelne der Chambrée-Besucher logieren hier nur eine Nacht, andere mehrere Nächte, andere jahrelang und noch andere zeitlebens. Es gibt Chambrées, in denen nur entlassene Sträflinge übernachten, andere, die von Bettlern bevorzugt werden, noch andere wenige, in denen die redlichen Arbeiter den eigentlichen Kern bilden. Diese sind dann meistens Rekonvaleszenten (sich Erholende), eben aus den Spitälern entlassen, unfähig zu erwerben und ohne Barschaft. In ihrer Verzweiflung sprechen sie die Mildtätigkeit der Vorübergehenden an, um wenigstens so viel zusammenzubringen, als für das Nachtlager in der Chambrée nötig ist. Und wie hoch beläuft sich diese Gebühr? Auf 20 bis 30 Sous (das ist zirka 1 bis 1½ K) … Der Preis ist unerhört!

Fast um denselben Betrag kann man in einem Hotel meuble (möblierte Wohnung) sein eigenes Kabinett und ein reinliches Lager haben. Aber das eben ist der Fluch der Armut, dass sie ihre notwendigen Bedürfnisse verhältnismäßig teurer bezahlen muss als der Reichtum. Wer im Hotel meuble ein Zimmer bezieht, der muss die Miete auf 14 Tage im Voraus erlegen; aber die Elenden, die in den Chambrées vorsprechen, haben vielleicht seit Jahren eine so beträchtliche Summe nicht in der Tasche gehabt. Daher ist der Inhaber der Chambrée stets sicher, seine unerhörte Forderung bewilligt zu sehen.

20 bis 30 Sous lassen sich in Paris schon erbetteln. Der Unglückliche aber, der zu stolz ist, um die Mildtätigkeit auf der Straße in Anspruch zu

nehmen, hat nur die Wahl, sich entweder von den Stadtsergeanten verhaften und nach der Wache bringen zu lassen oder auf dem Pflaster der Weltstadt umzukommen. Und wie sind diese Chambrées eingerichtet? Die Chambrées sind Zimmer von gewöhnlicher Größe und enthalten 10, 15 und 20 Betten. Es gibt auch Chambrées von 6 Betten und von 4 Betten; hier logiert der Adel unter den Elenden, denn der Preis der Nacht ist hier um 2 Sous teurer. Die Chambrées enthalten nichts als die Betten, und zwar stehen diese so dicht aneinandergedrängt, dass derjenige, dem der Inhaber hinten einen Platz an der Wand anweist, genötigt ist, über vier, fünf, sechs Schläfer hinwegzusteigen. Im Übrigen gibt es weder Tische noch Stühle, noch Gefäße zum Waschen, noch irgend sonst was. Der ganze Raum ist mit Bettstellen vollgepfropft. Diese Bettstellen bestehen aus einem viereckigen Kasten, in dem sich ein Strohsack befindet. Auf diesem Strohsack liegt ein Betttuch, in der Regel aus Packleinwand oder wenn es aus feiner Leinwand ist, so verbraucht und abgenützt, dass es kaum mehr seinen Zweck erfüllt. Die Betttücher werden ungefähr alle sechs Wochen gewechselt. Während dieser Zeit dienen sie unter Umständen in jeder Nacht einem anderen Schläfer und in der Regel auch des Tages über, da es in Paris eine Reihe von Menschen gibt, die während der Nacht ihrem kärglichen Erwerb nachgehen. Man mag sich vorstellen, wie diese Tücher nach Ablauf von einigen Wochen aussehen mögen, welche Qualen des Ekels der Unglückliche empfinden mag, der sich, um seinem ermatteten Körper die nötige Ruhe zu gönnen, in diese schmutzstarrenden Laken wickelt. Es ist überflüssig, hinzuzufügen, dass die Chambrées von Ungeziefer aller Art wimmeln. Und jede Nacht kostet hier 20 bis 30 Sous? Nur die erste. Die folgenden Nächte bezahlt man nur die Hälfte; ja es gibt sogar ein Mittel, auch für die erste Nacht nur den halben Preis oder wenig mehr zu erlegen, wenn man nämlich einwilligt, sein Bett mit einem anderen Gaste zu teilen. – Und die Besitzer dieser Garnis, was sind das für Leute? Es gehört doch ein eigentlicher Geschmack dazu, einen solchen Stall herzurichten. – Oh, *die* werden in der Regel steinreich. Ein einziges Garni enthält oft 20 Zimmer und mehr, sodass sich die Zahl der Betten nicht selten auf 300 bis 400 beläuft und die Auslagen sind so gering! Und das Geschäft blüht das ganze Jahr hindurch, denn das Elend macht keine Ferien. Die großen Hotelbesitzer laufen Gefahr, durch irgendein widriges Zusammenwirken von Umständen bankrott zu werden. Die Inhaber der Chambrées sind gegen alle Wechselfälle gesichert; sie gehen mit mathematischer Gewissheit dem Reichtume entgegen. Sie sind die eigentlichen Wucherer und Blutsauger am Leibe der besitzlosen Klassen. In Paris schützt kein Stand und kein Gewerbe vor der tiefsten Stufe des Unglücks. In den Chambrées logieren Gelehrte, Künstler, Beamte, Kaufleute – allerdings in der Regel nur ganz vorübergehend, denn wer Kenntnisse und guten Willen besitzt, arbeitet sich meist wieder empor. Aber es ist schon furchtbar genug, auch nur eine Nacht in diesen Abgrund von Schmutz und Verworfenheit zu versinken.

So wohnen die Armen in Paris, wo daneben Millionen im wahnsinnigsten Luxus verschwendet werden.

Straßenleben

Was einen bei der Ankunft in Paris vor allem in Erstaunen setzt, ist der ungeheure Verkehr. Diesbezüglich wird Paris vielleicht sämtliche Städte der Welt mit Ausnahme von New York übertreffen. Als wir in den Straßburger Bahnhof (Ostbahnhof) einfuhren, bemerkten wir auf einem Seitengeleise einen Zug der städtischen Ring- und Gürtelbahn und bekamen gleich eine Ahnung von dem Riesenverkehr. Obwohl diese Stadt-Ringbahn fast keine Bedeutung mehr hat, waren doch alle Waggons zweistöckig und die Sitze dicht aneinandergereiht. Aber wir sollten gleich mitten in den Strudel hineingeworfen werden. Wie wir auf den Bahnhofsplatz hinaustraten, waren wir sofort von zahllosen Stellwagen, Kutschen, Automobilen, Lastfuhrwerken, Karren usw. umgeben, sodass es fast unmöglich schien, diesem Knäuel zu entrinnen. Alles drängte, rollte, schob und lärmte um uns herum; zum Überfluss ging noch ein klatschender Platzregen nieder, um den sich aber niemand zu bekümmern schien. Ich bin sonst nicht scheu vor dem Verkehr und es macht mir ein Vergnügen, ein paar Tage lang in einem richtigen Großstadttrubel herumgestoßen zu werden; allein hier befiel mich doch eine gewisse Angst. Wir rollten in einer lebensmüden Fiakerkutsche durch den Boulevard Sebastopol hinein und das Getriebe wurde immer stärker. Von hinten und vorn schossen rasende Automobile ununterbrochen an uns vorüber, links und rechts kreuzten leichte und schwere Fuhrwerke unsere Bahn. Jeden Augenblick meinte man, jetzt gibt es einen Zusammenkrach oder jetzt wird man von einem Wagenungetüm zerquetscht. Doch haarscharf strichen die Kanten aneinander vorbei, wir wurden unversehrt aus dem Gewirre hinausgeschleudert, um gleich darauf in einer neuen Verkehrswoge unterzutauchen.

Das Straßenbild von Innerparis ist ein ganz anderes wie *das* unserer Großstädte in Deutschland und Österreich. Hier begegnet man nicht den unförmigen, hässlichen Waggons der elektrischen Tramway, auch ist die Straße nicht mit dem Drahtnetz der elektrischen Leitungen übersponnen. Die Leitungen werden hier nicht in der Höhe, sondern unterirdisch geführt und es gibt überhaupt in Innerparis sehr wenige Tramways, weil sie in den überfüllten Straßen nicht Platz haben. Ihren Dienst übernehmen die reich verzweigten unterirdischen Bahnen (Metropolitain-Untergrundbahn) und die unzähligen Fuhrwerke. Einen derartigen Wagenpark wie in manchen Pariser Straßen und Plätzen trifft man sicher nirgends in der Welt. Hier gibt es alle möglichen Fahrzeuge, holprige, alte Pferdedroschken, schwere zweirädrige Mailänder Karren, leichte englische Cabs auf Gummirädern, goldschimmernde Karossen der Millionenkönige, ächzende, breite Landkutschen, blumenbehangene, geräuschlos dahinschwebende elektrische Motorwägelchen einer Theaterprinzessin, altmodische Stellwagen, sogenannte Archen Noahs, aus der Großvaterzeit, riesenhafte dröhnende Autoomnibusse, Hundefuhrwerke, mit Ziegen bespannte Kinderwägelchen usw. usw. Aber all diese hunderterlei Gefährte verschwinden beinahe unter der Riesenmenge der Automobile. Das Auto beherrscht den ganzen Verkehr. Da gibt es nicht Hunderte, nicht Tausende, sondern Zehntausende solcher Motorfahrzeuge – kleine und große, elegante und einfache, märchenhaft luxuriöse und ärmliche, in allen Farben, Formen und Fabrikaten. Frankreich ist das Land und Paris die Stadt des

Automobils. In London, das doch zweieinhalbmal so viele Einwohner besitzt wie die französische Hauptstadt, sieht man nicht die Hälfte der Automobile von Paris …

Meine zwei Reisekollegen und ich standen einmal nachmittags am Obelisk der Place de la Concorde (Eintrachtsplatz), dort, wo der unglückliche König Ludwig XVI. von den Revolutionsmännern hingerichtet wurde. Innerhalb einer Minute zählten oder vielmehr schätzten wir bei 160 Automobile, die an uns vorbeifuhren. Von der Rue Rivoli, vom Quai, von der Alexanderbrücke von den Elysäischen Feldern (Champs Élysées), von der Rue Royale und St. Florent, überall schossen sie daher, immer zwei, drei, vier nebeneinander. Wir wollten den Platz, der bedeutend weitläufiger ist als der Petersplatz in Rom, überqueren; allein wir mussten beinahe eine Viertelstunde lang messen, zielen, von einem Zufluchtstein (refuge) zum andern fliehen, bis wir endlich hinüberkamen.

Wer die Hochflut des Pariser Wagenverkehrs schauen will, der muss in den Promenadestunden (Zeit für Spazierfahrten: nachmittags vier bis sechs Uhr) die großen Boulevards besuchen. Unter den großen Boulevards versteht man den Straßenzug, welcher in einer Länge von 4½ Kilometern die inneren Bezirke von der St. Madeleine-Kirche bis zum Bastilleplatz halbkreisförmig umschlingt. Ähnlich der Ringstraße in Wien, sind aber die Boulevards lange nicht so schön wie diese. Eine so prächtige, noble, in Anlage und Baudenkmälern so großartige Straße wie den Ring in Wien gibt es überhaupt nicht auf der Welt. Aber die Pariser Boulevards sind hundertmal lebendiger. Hier spielt sich ein Gutteil des öffentlichen Pariser Lebens ab, hier sind die glänzendsten Geschäfte, die feinsten Hotels und Restaurants, hier schlägt der Verkehr bei Tag und Nacht seine höchsten Wellen. In den späteren Nachmittagsstunden erreicht das Gedränge seinen Höhepunkt. Die ganze, 30 bis 35 Meter breite Straße ist in dieser Zeit von einem Ende zum anderen gedrückt voll Wagen (größtenteils Automobile), sodass man über die Wagendächer wie über einen Boden dahinschreiten könnte. *Eine* Deichsel schiebt sich neben der andern vor, Achse steht an Achse, die Gefährte keilen sich ineinander, nicht ein dünnes Brett vermöchte man dazwischen durchzustecken. Eng geschlossen in vier Reihen ziehen die Fuhrwerke rechts straßenaufwärts, ebenso eng geschlossen links in vier Reihen die Straße hinunter. In einer Länge von zweihundert Metern erblickt man sicher ein halbes Tausend Automobile. *Das* geht aber nicht rasch voran, sondern schneckenlangsam, jeden Augenblick staut und stopft sich das Gewirre. Sehr zahlreich vertreten sind hier auch die alten Pferdestellwagen und Omnibusse. Nicht nur das Innere, sondern auch die Dächer dieser rumpeligen Archen sind mit Fahrgästen voll besetzt. Und gerade die Plätze auf den Dächern werden am meisten begehrt. Auf steilen Treppen klettert man empor und droben findet man 15 bis 20 feste Sitze, mit Eisengeländern nach außen versichert. Auch wir strebten immer, wo es nur möglich war, einen Dachplatz auf den Omnibussen zu erlangen. Da oben drängt sich ein sehr gemischtes Publikum. Der Arbeiter, der Geschäftsmann, die Modedame, der Stutzer, die Bürgersfrau, der Weltenbummler sitzen da oben freundnachbarlich nebeneinander. Diese Dachplätze gewähren aber auch die beste Aussicht auf den glänzenden Straßenzug und das unbeschreibliche Getriebe. Wo die breiten Avenuen (Straßen) vom Zentrum der Stadt her den Boulevard kreuzen und neue Wagen- und Menschenströme herbeiführen, da gibt es eine wahre Brandung des Verkehrs. Man muss dieses unnennbare Getümmel gesehen und gehört haben, dann versteht man die Äußerung eines berühmten amerikanischen Weltreisenden, der erklärte, Paris sei die unruhigste, die geräuschvollste Stadt der Erde.

Modernes Babylon

Trotz des ungeheuren Gedränges finden sich überall, selbst in den Boulevards, vor den Hotels, Restaurants und Cafés offene oder eingeglaste Veranden oder freie Trinkplätze, die sich oft weit in die Straßen herausdehnen und immer voll besetzt sind. Hier treffen die neugierigen, sorglosen Pariser Nichtstuer zusammen, welche kein angenehmeres Vergnügen kennen, als halbe Tage lang den immer wechselnden Verkehr zu beobachten und sich gründlich auszuklatschen. Gegen Abend hin flaut der Wagenverkehr ab und sobald die Straßenlampen angezündet werden, hört er beinahe ganz auf. Aber jetzt wird die Masse der Spaziergänger immer dichter. Aus allen Quergassen flutet es heran. Der Menschenstrom schwillt zu einem beängstigenden Gedrücke, ein Stehenbleiben oder Umkehren ist nicht möglich, man wird notgedrungen von der Woge mitgetrieben. Bei einbrechender Nacht erstrahlt der ganze Boulevard in einem Lichtermeer. Elektrische Riesensonnen, lärmende Inschriften und Reklamefiguren, aus Tausenden bunter Glühlichter gebildet, flammen an Giebeln, Fronten, Balkonen und Dächern auf, jede halbe Minute wechseln sie an Gestalt und Farbenmischung, der weite Straßenzug scheint in eine entzückende Festbeleuchtung getaucht, immer greller und bunter wird das Lichterspiel, man glaubt sich in ein Märchen von „Tausendundeine Nacht“ versetzt. Der versteinertste Luxus, der Glanz und Reichtum von Paris drängt sich auf dieser Prachtstraße zusammen.

Paris wird oft das moderne (neuzeitliche) Babylon genannt und man verbindet damit den Ruf der Leichtfertigkeit und Sittenverderbnis; aber nach außen hin macht dieses „Babylon“ einen ziemlich anständigen Eindruck. Seine öffentlichen Denkmäler und Bilder, die Häuser- und Straßendekorationen sind hundertmal ehrbarer als in den italienischen Städten, ja selbst als in dem „gottesfürchtigen“ Berlin, von ausgelassener Mode sieht man in den Straßen nichts, die Plakate, die Auslagen der Geschäfte, auch der Kunsthandlungen, sind nicht schlechter als in anderen Großstädten Europas, von der frechen Zudringlichkeit gewisser Straßenpersonen spürt man nichts. Ich hatte in Berlin viel stärker das Empfinden, in einer heidnischen Stadt zu weilen, als in Paris. Was sich hinter den Mauern abspielt, entzieht sich natürlich meinem Urteil. Aber merkwürdig ist, dass die Leute aus dem Mittelstand großenteils gesunde, blühende Gesichter zeigen.

Sehr wohltuend ist in Paris die Liebenswürdigkeit und Höflichkeit, welche allenthalben den Fremden entgegengebracht wird. Wenn man einen Menschen auf der Straße um etwas frägt, leuchtet sein Gesicht förmlich vor Vergnügen, dass er Auskunft erteilen darf. Oft geht er eine Strecke mit, um den richtigen Weg zu weisen. Dankt man dann etwas wärmer, so lehnt er mit der ausgesuchtesten Freundlichkeit jeden Dank ab. Während unseres mehrtägigen Aufenthaltes in Paris habe ich nicht ein einziges Mal ein schroffes Entgegenkommen erfahren. Ein Bedienter in Notre Dame, welcher uns eine Besichtigung nicht erlauben durfte, zeigte ein solches Leidwesen darüber, als ob er selbst der Abgewiesene wäre. Auch die Kellner in den Restaurants und Cafés haben einen ganz anderen Ton als bei uns in Deutschland. Das Schnarrende, Korporalmäßige trifft man hier nirgends. Wir besuchten eines Abends eines der vornehmsten Cafés in Inner-Paris. Um die feine Pariser Gesellschaft zu sehen, wollten wir trotz unseres Reiseanzuges in die luxuriösen inneren Räumlichkeiten vordringen. In diesen fürstlich ausgestatteten Sälen darf man aber nur in Gesellschaftskleidern erscheinen. Wir taten, als ob wir davon nichts wüssten, und marschierten keck auf unser Ziel los. Da stürzten von allen Seiten die Kellner herbei und schmeichelten uns förmlich mit Komplimenten und Liebenswürdigkeiten an ein Tischchen beim Eingang, wo wir gar nichts sahen, aber unsere Neugier mit einer Flasche des teuersten Weines bezahlen konnten. Und doch mussten wir lachen über die unübertreffliche Komplimentierkunst und die ausgesucht feine, höfliche Art der Zurückweisung. – Neben seiner Höflichkeit zeichnet den Pariser ein höchst elegantes, flinkes, feuriges Wesen aus. Den echten Franzosen kennt man schon am Gang. Er hat nicht den schleppenden, schwerfälligen Tritt des Nordländers, sondern greift viel höher und frischer aus. Er geht nicht, sondern fliegt fast. In all seinen Handlungen äußert sich etwas Stürmisches, Flatterndes, quecksilberig Lebhaftes. Darum gebraucht er auch statt unseres: „Wie geht's?" oder „Wie steht's?" gern die Frage: „Wie fliegt's?" – Doch ist sein ganzes Tun und Treiben augenscheinlich darauf eingerichtet, von andern gesehen zu werden. Ein bisschen Theaterspielen tut der Franzose, und namentlich der Pariser, immer – auf der Straße, im Laden, im Gasthaus und überall. Wenn ihm niemand zuschaut, spielt er sich selbst etwas vor. Die Eitelkeit und Ruhmsucht ist ein hervorstechender Zug des französischen Volkscharakters.

Wundern muss man sich, dass bei der Gefallsucht und der Eleganz des Pariser Volkes Paris doch immer eine schmutzige Stadt bleibt. Man braucht aber nur dem Treiben des Straßenpublikums eine Weile zuzuschauen, um die Sache leicht erklärlich zu finden. In Paris wirft jeder Spaziergänger alle jene Dinge, welche er nicht mehr braucht, kurzerhand auf der Straße fort. Die ganze Straßenbreite ist oft von hunderterlei Abfällen überdeckt, welche den halben oder ganzen Tag liegen bleiben. Die Erscheinung fällt umso stärker auf, wenn man die deutschen Großstädte mit ihrer peinlichen Ordnung und Sauberkeit, mit ihren spiegelblank gescheuerten Straßen kennt.

Am unangenehmsten, ja ekelerregend wirkt der Schmutz in den großen Markthallen, Halles centrales genannt. Diese liegen fast im Mittelpunkte der Stadt und haben eine riesenhafte Ausdehnung. Von hier aus wird die Dreimillionenstadt mit Nahrungsmitteln versehen, hier vollzieht sich jeden Tag der Lebensmittelverkauf im Großen und Kleinen (en gros und en detail). Alles, was der Mensch zum Leben braucht, ist hier zu haben – jede Gattung von Korn, Mehl, Gemüse, Pflanzen, Gewürze, Früchte, Kaffee, Honig, Milch, Butter, Käse, Fleisch, Wildbret, Geflügel, Fische, Weichtiere – alles in unendlicher Mannigfaltigkeit und Auswahl, in unglaublichen Massen. Das Leben und Treiben auf diesem Riesenmarkt ist unbeschreiblich. Den Verkauf besorgen 3000 bis 4000 Marktweiber (Dames de Halle), die ob ihrer Mundfertigkeit und Wehrhaftigkeit berühmt sind. Die Zufuhr zu den Markthallen beginnt um Mitternacht. Bis acht Uhr früh müssen die großen Einkäufe (Engroskäufe) beendet sein, dann fängt der Kleinverkauf an. Wenn man gegen Ende der Marktzeit, um die Mittagsstunde, die Hallen besucht, wird man nicht nur betäubt durch ein Gemisch der unaussprechlichsten, unergründlichsten Düfte und Gerüche, sondern die Abfälle und der Schmutz am Boden liegen so dicht, dass man oft bis über den Schuh im Kot waten muss. Es war uns unmöglich, all die verschiedenen Pavillons zu durchstreifen, weil uns der Ekel übermannte.

Die elegante Welt

Wer für Mode und Kleiderpracht ein Interesse hat, der muss in den späteren Nachmittagsstunden die Champs-Élysées und den Bois de Boulogne besuchen, wo die elegante Welt spazieren fährt, oder abends vor den Schauspielhäusern (namentlich vor der Großen Oper und der Komischen Oper) zur Stelle sein, wenn die Theater zu Ende gehen. Was da an Samt, Seide, Spitzen, Stickereien in allen Gewebearten, Farbenschattierungen, an Modeauswüchsen und Allerweltstrachten, japanischen, persischen, arabischen, altgriechischen, römischen, provenzalischen, spanischen usw., an Schmuck und Zier in Gold, Silber, Edelsteinen, Perlen zur Schau getragen wird, spottet einfach jeder Beschreibung und man würde es nicht für möglich halten, wenn man es nicht mit eigenen Augen schaute. Wie diese Modeheldinnen in die schimmernden Automobile steigen, glaubt man, lauter Königinnen vor sich zu haben. Eine sucht die andere an Pracht und Eleganz zu überstrahlen; gar manche hat eine Robe, die von oben bis unten mit Goldsternchen und Perlen dicht übersät ist und mindestens 40.000 Franken kostet, dazu eine Brillantenkrone im Haar und anderen Schmuck, der wohl auf 100.000 Franken zu stehen kommt. – Das quirlt durcheinander, rauscht, knistert, funkelt, blitzt und verbreitet ringsum eine Wolke der feinsten und betäubendsten Parfüms. – Hier kann man sich überzeugen, dass Paris immer noch der Brennpunkt des Weltluxus und der überspanntesten Verfeinerung ist. Von hier aus schwingt die Mode immer noch ihr Zepter über die ganze Erde, die Kleiderhoffart und die Putzsucht aller Länder nehmen von hier den Ausgang, hier werden mit unerschöpflicher Fantasie immer neue Kleiderformen und Schmuckarten erfunden. So ein Pariser Damenschneider genießt in der feinen Damenwelt höheres Ansehen und größeren Ruf als die berühmtesten Schriftsteller und Staatsmänner; er erzielt aber auch mit seinen Musterschöpfungen ein reicheres Jahreseinkommen als die Minister und Marschälle, ja vielleicht als der Präsident der Republik.

Alle möglichen Trachten und Kostüme sieht man in den Straßen von Paris, aber keine oder nahezu keine Militäruniformen – auch keine Offiziersröcke. Dies ist umso verwunderlicher, als Frankreich zu den Militärstaaten ersten Ranges gehört und einen viel größeren Prozentsatz der Bevölkerung zum Militär heranzieht als Österreich oder Deutschland. Entweder fanden zur Zeit unseres Pariser Aufenthaltes große auswärtige Manöver statt oder das Militär geht in Paris zivil. Anders konnte ich mir die Erscheinung nicht erklären. Ich erinnere mich, nur ein einziges Mal in der Riesenstadt militärische Uniformen gesehen zu haben. Dies war eines Nachmittags im Tuileriengarten, wo eine Militärmusik Konzert gab. Die grellroten, ausgebauschten Hosen und die vorn abdachenden Mützen fand ich nicht sehr geschmackvoll, aber die Haltung der Mannschaft war stramm und flott, die Zucht tadellos und die Musik ausgezeichnet. Ganz unwillkürlich drängte sich mir der Vergleich mit einer italienischen Militärmusik auf, die ich bei der Weltausstellung in Mailand gehört und gesehen hatte. Dort war alles nachlässig und fahrig in Haltung und Kommando, die Musik fade und meckernd, kein Abstand zwischen dem Hauptmann und den Soldaten, keine Ruhe in den Pausen, kurzum das Ganze ein schnatternder Jahrmarkt. – Bei den Franzosen merkte man, dass militärischer Geist, Ehre und kriegerisches Blut in den Leuten steckte.

Weltwunder

Die weltlichen Baudenkmäler sind in Paris einzigartig durch ihre Großartigkeit. Augenscheinlich hat es der französische Nationalstolz darauf angelegt, die anderen Völker in allen Werken menschlicher Schaffenskraft zu überbieten. Unter den vielen Weltwundern nennt Paris auch das höchste Bauwerk der Erde sein eigen. Es ist dies der *Eiffelturm*. Vom Boden bis zur Spitze misst er genau 300 Meter und sein Fuß bedeckt eine Fläche von 16.000 Quadratmetern. Um einen Begriff von der Höhe dieses Turmes zu erlangen, mag man sich vorstellen, dass er, in unsere Täler gesetzt, von der Talsohle bis zu den höchsten Berghöfen reichen würde. Man braucht eine volle Stunde, um auf den schwindeligen Treppen zum dritten Stockwerk, das ist die oberste Plattform, zu steigen. Der Riesenbau, ganz aus Eisen aufgeführt, ist ein Meisterwerk der Technik und seiner Berechnung. Jedes Jahr wird er in einer anderen Farbe angestrichen, das eine Mal rot, das andere Mal silbergrau, dann wieder blau oder goldbronzen, je nach der Pariser Mode und Laune. In seinen drei Stockwerken beherbergt er eine Menge von Läden, Gasthäusern, Wandelhallen usw., ja selbst ein Theater findet man da oben in luftiger Höhe. Einen ganzen Nachmittag mag man auf dem Turm herumbummeln und neben den Reisen einer Bergpartie die Vergnügungen der

Weltstadt genießen. Der Eiffelturm gilt ja als beliebte Station für die Nachmittagsausflüge der Pariser und Fremden. Mehr als 10.000 Personen können sich zu gleicher Zeit auf dem Turm aufhalten. Durch die Aufzüge, sämtlich mit Wasserkraft getrieben, werden alle Stunden 2350 Personen in das erste und zweite Stockwerk und 750 Personen auf die Plattform (drittes Stockwerk) befördert. Oft wimmelt es da oben wie in einem Ameisenhaufen und man glaubt sich in die belebtesten Straßen von Paris versetzt. Wir hielten uns in den unteren Stockwerken nur kurze Zeit auf und ließen uns bald zur obersten Plattform hinaufziehen. Anfangs schreckten wir zurück, als wir den Blick nach unten richteten. Ich bin auf dem Großglockner und anderen hohen Bergen gestanden, aber in eine solch schwindelnde, senkrechte Tiefe wie von der Krone des Eiffelturmes habe ich niemals geschaut. – Unbeschreiblich ist die Rundsicht. Wie auf einer riesigen Bergspitze mitten in der ungeheuren Weltstadt steht man da oben und blickt über die Hunderte von Kuppeln, Türmen und schimmernden Giebeln über das breite Band des Seineflusses mit seinem regen Schiffsleben, auf die schmalen Gassen mit ihrem Ameisengewimmel, über die Hügel hinaus auf die reizenden Landstädtchen und Dörfer (im Westen bis Versailles), auf die Hunderte von Eisenbahnzüglein, die nach allen Richtungen der Windrose ins Land hinausnebeln, über die schnurgeraden, meilenlangen Straßenzüge mit ihrem flimmernden Glanz und den blitzschnellen Puppenfuhrwerken, auf die dichtgedrängten, ineinandergeschobenen Häuserblocks, über Parke, Paläste und Plätze – kurz, da oben sieht man Paris. Alles scheint so nahe und ist doch weit fort, der Lärm und das Getöse der Dreimillionenstadt dringen nur wie ein dumpfes Rauschen und Brausen herauf. Nicht viele Bergpartien in den Hochalpen dürften solche Überraschungen und solchen Genuss bieten wie die Besteigung dieses neubabylonischen Turmes.

Ins Land der Mitternachtssonne

Reimmichl unternahm im Jahre 1909 mit seinem Freund Albuin Messner, Pfarrer in St. Jodok, eine Reise zum Nordkap. Sie fuhren mit dem Zug von Innsbruck nach Hamburg, bestiegen dort ein norwegisches Schiff, das die Küste entlang über Stavanger, Bergen und Trondheim Richtung Norden fuhr. Hier ein Auszug aus seinen Reisenotizen.

Leider behielt der Kapitän mit seiner Wetterprophezeiung Recht, denn wir hatten auf unserer Fahrt nach Norden mit Ausnahme weniger Stunden drei Tage lang Regen. Aber hin und wieder brach ein Sonnenstrahl durch, die Nebel teilten und formten sich zu schimmernden Fensterrahmen, durch deren Öffnungen wunderliebliche, märchenhaft zarte Landschaftsbildchen hereinguckten. Die Gegend nahm zusehends einen anderen Charakter an. Anstelle des Wildromantischen, das wir im Süden bewundert hatten, trat jetzt etwas Großartiges; der Gesichtskreis wurde weiter, die Felsgebilde wuchtiger und starrer, die Farben schwerer. Die ganze Natur schien in eine tiefe Betrachtung, in einen Traum versunken. – Die niedrigen Schären und Inseln hinter dem Trondheimfjord bleiben bald zurück, die Berge werden höher und nehmen abenteuerliche, fantastische Formen an. Links draußen im Meer ragt ein gewaltiger Felskegel, die Insel Lekö (Jungfrauinsel), empor, in welcher sich ziemlich scharf die Gestalt eines Riesenweibes herausschneidet. Weiter nördlich fahren wir an Torghatten vorüber, eine Felseninsel, die sich wie ein riesiger, glatt auf dem Meere liegender Filzhut ausnimmt. Torghatten heißt auf Deutsch „Markthut". Der 251 Meter hohe Inselberg ist in der Mitte von einem ungeheuren Loch durchbrochen, durch welches der blaue Himmel auf der anderen Seite hereinscheint. Man kann vom Schiffe aus ganz gut durch diese gewaltige, natürliche Bergröhre hindurchsehen. Am Polarkreise erhebt sich der 530 Meter hohe Inselberg „Hestmand" (Reiter), welcher einem Manne zu Pferd täuschend ähnlich sieht, wobei der lange Mantel des Reiters über den

Rücken des Pferdes bis ans Meer niederzufließen scheint. Diese drei direkt aus dem Meere aufsteigenden Riesenfelsgebilde hat die lebhafte Fantasie der Nordländer zu Sagen angeregt. Man darf aber diese Riesengebilde mit ähnlichen Steinfiguren in den Alpen und anderwärts nicht in Vergleich bringen. Die „Frau Hitt", die „Steinernen Mandl", „Kraxentrager" und die verschiedenen wilden Männer, welche die Sage in Stein verwandelt sein lässt, sind das reinste Kinderspielzeug, verglichen mit „Hestmand", Torghatten" und „Lekö". Hier ist der ganze Berg eine einzige Figur und dieselbe tritt noch imposanter hervor, weil sie in ihrer ungeheuren Größe glatt aus dem Meere aufsteigt.

Von Torghatten an beginnt das eigentliche Märchenland des Nordens. Überall, wo unser Auge hinschaut, erheben sich neue Inselberge, bald trotzig aus dem Wasser aufstarrend wie Burgen und Zinnen, bald in feingeschwungenen Linien himmelanstrebend. Man ahnt den fürchterlichen Kampf der Naturgewalten, der einst hier stattgefunden haben muss. Hier war auch die Heimat der alten Wikinger, von wo sie mit ihren flinken Schnabelschiffen auszogen, tollkühn alle Meere durchstrichen, überall Schrecken und Angst verbreitend, und wohin sie, mit reicher Beute beladen, immer wieder zurückkehrten. – Sage, Geschichte und Natur gaukeln einem hier die großartigsten, abenteuerlichsten Bilder vor Augen.

Spät am Nachmittag des zweiten Tages fuhren wir über den Polarkreis (66°, 32' 30" nördlicher Breite), ein Ereignis, das durch lauten Kanonendonner auf dem Schiffe angezeigt wurde; wir befanden uns nun im Lande der eigentlichen Mitternachtssonne, wo das Tagesgestirn in den Sommermonaten tatsächlich nicht mehr untergeht. Auf dem Polarkreis bleibt die Sonne nur einen einzigen Tag stehen (den 21. Juni), weiter nach Norden hin scheint sie aber zum Beispiel in Bodø (67. Breitengrad) vom 31. Mai bis 12. Juni fortwährend, ohne unterzugehen, in Tromsø (69. Breitengrad) vom 18. Mai bis 30. Juli, am Nordkap (71. Grad) vom 12. Mai bis 1. August, in Spitzbergen (78. Grad) vom 19. April bis 24. August, am Nordpol (90. Grad) vom 21. März bis 21. September. Am Nordpol, der leider noch von keinem Menschen erreicht worden ist, dauert also der ununterbrochene Tag ein halbes Jahr und ebenso lange die fortwährende Nacht. Zwischen Tag und Nacht schiebt sich allerdings eine längere auf- oder absteigende Dämmerung ein.

In der zweiten Nachthälfte fuhren wir über den Westfjord zu den *Lofoten*. Der Westfjord ist ein Stück offenes Meer, so breit wie die Adria von Triest nach Venedig, die Lofoten aber sind eine langgestreckte Inselkette, eine richtige Inselwelt, von solcher Mannigfaltigkeit und Eigenart, von solchem Naturzauber, dass wohl kein Meer etwas Gleichartigeres danebenzustellen vermag. Ich habe schon in einem früheren Kapitel die weite Fernsicht, die merkwürdigen Lichtscheine und Luftspiegelungen des Lofotenkreises beschrieben. Von der Ferne betrachtet, schauen die Lofoten aus wie eine einzige tiefblaue Wand, wie ein unermessliches Riesenschloss, mit tausend Türmen gekrönt; nähert man sich ihnen, so schließt sich die Wand plötzlich auf, eine Insel trennt sich von der anderen, nur durch schmale Wasserrinnen, durch flussenge Meerärmchen voneinander geschieden, jede Zinne wird zu einem eigenen Berg, einer immer wilder als der andere – und *das* in einer einzigen Reihe, so weit als unser Auge schaut, so weit ein gutes Fernrohr trägt, ja so weit, als ein Dampfschiff während eines ganzen Tages fährt. Man kommt förmlich in eine Spannung hinein, wenn man Stunde um Stunde an diesen riesenhaften Meergebirgen vorübersegelt, immer neue Formen und Gestalten sich vor das Auge schieben, das Gesamtbild aber immer gleich wild und großartig bleibt. Die Formen der Berge sind so zerrissen, dass man glaubt, nie etwas Ähnliches gesehen zu haben, ja man ist nicht imstande, die versteinerte Bewegung, die drohende Schlachtordnung, das ruhige Entsetzen, die tausendzackige Mannigfaltigkeit in diesem einzigen Steingusse recht zu bezeichnen. Das zerklüftetste Alpenpanorama (zum Beispiel in unseren Dolomiten) ist noch eine ruhige Landschaft gegenüber diesem Kranze von Hörnern, Zacken und Klippen. Und man denke sich diesen Riesenwald von Bergen und Spitzen beinahe senkrecht und unmittelbar aus dem Meere emporsteigend zur imposanten Höhe unserer Tiroler Berge; denn mit ihren Höhenmaßen von 1000 bis 1200 Metern sind diese Steinriesen nicht kleiner als unsere Tiroler Berge von den Hochtälern aus gesehen. Man denke sich dazu die schwindelnde Fernsicht, die zauberhaften Täuschungen des Auges in der klaren, feuchten, spiegelnden Luft. Berge scheinen auf dem Kopfe zu stehen, sich zu verdoppeln, sich umgekehrt übereinander zu türmen usw. Kein Wunder, dass die Fantasie der Dichter und des sagenfrohen, tiefgemüteten Volkes Leben in dieses meerumspülte steinerne Zauberland gebracht hat und die Berge und Kuppen als Riesen und Riesenmädchen, als Ritter und Jungfrauen, als Meergeister und Unholde auftreten lässt.

Außer dem grotesken, fantastischen Landschaftsbild haben die Lofoten noch andere Eigenarten. Das Klima ist im Winter sehr mild und warm, sodass das Vieh den ganzen Winter hindurch auf die Weide gehen kann. Auf der Insel Rost bleiben die Schafe während des Winters selbst zur Nachtzeit im Freien. Und doch liegen die Inseln mitten im Eismeer, in einer so hohen Breite, wo in anderen Weltteilen das Packeis auch in den wärmsten Sommern nicht auftaut. Das milde Klima da oben schreibt sich von der warmen Meeresströmung her (Golfstrom), welche die Küsten der Inseln unmittelbar bespült. Im Zusammenhang mit dem Golfstrom stehen auch die vorherrschenden Süd- und Südwestwinde, die eine große Feuchtigkeit der Luft, viel Nebel und reichliche Niederschläge mit sich bringen. Die Hälfte aller Tage des Jahres wären Regentage, so hat man uns erzählt. Auch uns spielte der Regengott sehr übel mit. Auf der Hinfahrt hatten wir im Gebiete der Lofoten beinahe durchaus Regen, und erst auf der Rückfahrt konnten wir den ganzen Zauber der Landschaft bei schönem Wetter genießen. In den engen Sunden und Holmen, welche die einzelnen Inseln voneinander trennen, sind die Gezeiten des Meeres (Ebbe und Flut) unheimlich stark, da schäumt die Brandung wie ein tosender Wasserfall, und die Strömungen, die Wirbel, die sich dadurch bilden, gefährden die Schifffahrt aufs Äußerste. Am verrufensten sind die enge Wasserstraße zwischen Värö und Lofotodden, Malstrom genannt, wo monatelang kein Schiff sich hineinwagen darf. Hier lauern die Skylla und Charybdis des Nordens.

Das durch den Golfstrom erwärmte Seewasser, der starke Salzgehalt des Meeres, die günstige Beschaffenheit des Seegrundes, bedingen aber noch eine merkwürdige Erscheinung. In keinem europäischen Gewässer herrscht ein solcher Fischreichtum wie in den Lofoten. Wirtschaftlich hat der Dorsch oder Kabeljau (bei uns *Stockfisch* genannt) die größte Bedeutung. Für gewöhnlich lebt er in den Tiefen des Atlantischen Ozeans, sucht aber im Monate Dezember zum Laichen die Küste Norwegens, besonders die günstigen Felsenbänke der Lofoten, auf. In ungeheuren, langen Zügen streichen die Dorsche (Stockfische) heran und dabei so dicht neben- und untereinander, dass ein abgelassenes Senkblei an ihnen wie auf einem festen Boden aufstößt. Millionen und Millionen drängen sich in einen einzigen Zug. Nun beginnt die Hauptsaison der Fischerei, welche bis in den April hinein dauert. Von allen Küsten nördlich von Trondheim strömen jetzt die Fischer zu Tausenden nach den Lofoten. Manchmal zählt die Fischerflotte an 9000 Boote mit 40.000 Fischern. Der Fang wird teils mit Netzen, teils mit Angeln durchgeführt. Ein Netzboot kann an einem Tage 600 bis 800, ein Angelboot 300 bis 400 Fische erbeuten. Es hat Jahre gegeben, wo an der ganzen Küste über 50 Millionen Dorsche gefangen wurden. Der jährliche Gesamtertrag der Lofotenfischerei hat einen Wert von fünf bis sieben Millionen Kronen. (Eine norwegische Krone gilt jetzt 67 Kreuzer österreichischer Währung.) – Am Lande werden die gefangenen Dorsche aufgeschnitten oder gespalten, gesalzen und auf den Felsen ausgebreitet, sodann in Haufen zusammengesetzt, die man mit einem runden hölzernen „Hut" überdacht. Der Fischhaufen sieht aus wie bei uns ein Heuschober. Vielfach hängt man die getöteten Fische auch zu zweien und zweien mit zusammengebundenen Schwänzen an großen Holzgestellen auf. Sie bleiben bis zum Monat Juli an den Gestellen hängen oder in den Haufen liegen, und die Fischer ziehen heimwärts, ohne irgendeine Wache zurückzulassen.

Es zeugt wiederum von der sprichwörtlichen norwegischen Ehrlichkeit, dass aus den offenen, unbewachten Fischlagern durch Monate hindurch nicht ein einziges Stück fortkommt. Zu Anfang Juni erscheint die Fischerflotte abermals, um die reiche Beute nach Süden zu führen … Zur Unterbringung der Menschenmassen, die sich zur Zeit der großen Fischerei hier oben versammeln, sind große Buden errichtet. Die

Schlafstellen reihen sich an den Wänden, der Kochherd, wo namentlich die Kaffeekanne immer warm bleibt, steht in der Mitte des Raumes. Die Bemannung eines jeden Bootes (vier bis sechs Mann) stellt ein „lag" (Lager) dar mit einem selbstgewählten „høvedsmand" (Hauptmann oder Führer). Ein reisender Prediger (Stiftskaplan) hält an Sonntagen den Gottesdienst. Es soll ein eigenartiges Treiben sein dieser Tausend und Abertausend aus allen Ecken zusammengewürfelten Menschen in der schweren, ununterbrochenen Winternacht, ein Leben voll schattenhafter Emsigkeit, voll reger Erwerbsfreude, die sich in geisterhaftem Scherzen und Lachen, in gellenden Zurufen äußert, ein Leben ohne Farbe, aber in mannigfaltigster Bewegung. Mit Freude und Lust zieht das Männervolk, soweit es nur fort kann, auf die winterliche Fischerei aus. Dieselbe ist dem Norweger nicht bloß eine Quelle des Erwerbes, sondern auch eine angenehme Unterbrechung der Öde in den finsteren Tagen. Leider kommen in den Monaten Februar und März die gefürchteten Südweststürme über den Fjord, die sich häufig zu Orkanen steigern. Auch plötzliche Windstöße, die unerwartet mit furchtbarer Gewalt hereinbrechen, stürzen die Fischer in höchste Gefahr. Draußen auf dem Meer vom Sturm überrascht, wird es ihnen unmöglich, nach den Lofoten zurückzukehren. Sie müssen dann auf ihren schwachen Booten versuchen, über den 100 Kilometer breiten Westfjord die Küste des Festlandes zu erreichen. Hunderte sind auf dieser Todesfahrt schon zugrunde gegangen, während Frau und Kinder daheim bangend ihre Rückkunft erwarteten. – Einen schwachen Begriff von dem harten Kampf der Nordlandfischer mit der tobenden See erlangten wir, als unser Schiff an Vest-Vaagö vorüberdampfte. Das Meer ging sehr hoch. Eine Meile weit draußen tanzten ein paar leichte Fischerboote auf den rollenden Wogen. In atemloser Spannung verfolgten wir das unsichere Spiel, es war ein fieberhaftes, nervenerregendes Zuschauen. Viel Mut und Geschick, eine eiserne Kraft braucht es, um diese schwachen Barken durch den Sturm zu führen. Aber das Meer erzieht ebenso seine Kinder wie das Hochgebirge, und die Seeleute haben viel Ähnlichkeit mit den Hochgebirglern. An Gesundheit, Muskelstärke, Stahlkraft der Nerven, an Ausdauer und Zähigkeit, Furchtlosigkeit und Gewandtheit, an Schärfe des Verstandes und sicherem Blick, aber auch an Hingebung und Opfermut kommt diesen beiden Menschenklassen keine andere nach.

Am Donnerstag abends sechs Uhr kamen wir nach Tromsø, das mit seinen 8000 Einwohnern die größte Stadt der Polarregion (der Eismeerländer) darstellt. Tromsø liegt sehr malerisch. Von allen Seiten schauen Gletscher und schneebedeckte Berge auf das Städtchen nieder, während die Hügel tiefer unten von einem auffallend reichen Wachstum überkleidet sind. Starke Ebereschen, Faulbäume und kräftige Birken machen sich allenthalben breit. Wir sahen Tromsø leider in seinem schlechtesten Gewande; denn ein wahrer Schnürlregen schüttete den ganzen Abend. Die Einwohner der Stadt schienen sich aber aus dem Regen nicht viel zu machen. Sie spazierten, fast sämtlich ohne Regendach, sehr munter in dem Geriesel herum, während Scharen von Kindern auf dem offenen Platze im Regen spielten. Es scheint, dass die Leute den Regen gewohnt sind, weil er vielleicht da oben das häufigste Wetter bildet. – Im arktischen Museum schauten wir das Gerippe eines Walfisches, das mindestens 15 Meter an Länge und 5 Meter im Umfange maß. – Auch ließen sich in dieser Stadt die ersten Vertreter des Lappenvolkes blicken, welche mit ihren Verkaufsgegenständen sehr zudringlich waren. – Als wir abfuhren, hatte sich der Himmel durch schwarze Wolken verdüstert und man wurde das Gefühl nicht los, dass jetzt Nacht werden müsse, umso mehr, als der Stundenzeiger auf neun Uhr wies. Allein es blieb immer das gleiche Helldüster. Dieses Harren auf die Nacht, welche doch niemals eintritt, überspannt die Nerven und löst eine eigenartige Empfindung aus.

Am nächsten Vormittag liefen wir Hammerfest an, das ist die nördlichste Stadt der Erde (70° 40' 11" nördliche Breite). Hier liegt die Natur bereits in ewiger Erstarrung oder unter dem Drucke der fortwährenden nasskalten Nebel. Es wächst kein Baum und kein Strauch mehr, und die dünne Erdschichte auf dem Stein ist nur von einem grauen, struppigen Bürstengras überzogen, ähnlich wie auf unseren höchsten Alpenjöchern. Dreiviertel Jahre herrscht strenger Winter und im Juni müssen die Leute noch mit Handschuhen arbeiten. Auch wir hatten bei unserer Einfahrt (Ende Juni) bloß drei Grad Wärme. Man möchte glauben, der Mensch habe da oben, wo nichts wächst und nur eine ungeheure Wildnis von Fels und Meer sich hindehnt, nichts mehr zu suchen; allein Hammerfest wahrt durch seine günstige Lage als Fisch- und Handelsplatz (besonders nach Russland hin) sich immer eine Bedeutung und hat es in den letzten Jahren zu 2300 Einwohnern gebracht. Von fern her gesehen, entdeckt man die kleine, graue Häusermasse, welche sich an den gleichfarbigen Berg anschmiegt, nicht leicht. Kommt man aber näher, so entwickelt sich ein recht properes Städtchen. Die Häuser, durchwegs von Holz gebaut, sind klein, einförmig, blockhüttenartig, aber sauber. Inmitten der Stadt haben sich einige Großhändler ziemlich prunkvolle Wohnungen gebaut, die mit ihren auffallend breiten Fenstern, den blanken Spiegelscheiben, den schneeweißen Spitzengardinen und den üppig blühenden Zierpflanzen Wohlstand und Geschmack verraten; auf dem breiten Marktplatz schäumt ein Springbrunnen, geräumige Speicher schieben ihre hohen Giebel weit in den Hafen hinaus, auf der Anhöhe ragt das katholische Kirchlein empor, ein zwar ärmliches, aber recht warmes, andächtiges Heiligtum. Auch an den Errungenschaften der Neuzeit nimmt Hammerfest teil; denn durch seine Straßen spinnt sich ein Telefonnetz, und die Häuser haben elektrische Beleuchtung. Der Hafen zeigt im Sommer ein ungemein reges Leben. Er wird von den Schiffen aller europäischen Länder besucht. Neben den schweren, unförmlichen russischen Holzschleppern fallen besonders die schlanken nordländischen Raaenboote auf. Mit ihrem eigentümlichen Segel und den steilen, spitzigen Hochschnäbeln an beiden Enden haben sie noch ganz die Form der alten Wikingerschiffe bewahrt, die vor tausend und mehr Jahren den Ozean durchstrichen. – – Als wir Hammerfest verließen, brach endlich die Sonne aus dem qualmenden Nebel hervor und malte ein strengherbes, aber wild-schönes Landschaftsbild. Licht, Farbe und Luft sind da droben anders als im übrigen Europa. Von Hammerfest ab nach Norden hat bloß mehr das Meer eine Bedeutung. Das Land nimmt ein eiskaltes, starres, kulturfeindliches Wesen an, der Boden wird öde und unsäglich dürftig, ein Fleckchen Gras, das man mit einem Tischtuche bedecken könnte, gilt als Wiese. – Wo die Pflanzenwelt aufhört, erscheint aber die Tierwelt in einem Reichtum und einem Leben, dass wir Südländer geradezu verblüfft werden.

Es gibt vielleicht keine Küste der Erde, welche einen solchen Tierreichtum aufzuweisen hat, als die öden, schroffen Gestade des hohen Nordlandes. Im Meere wimmelt es tatsächlich von Fischen und Weichtieren. Die Heringe sollen manchmal so dicht stehen, dass die Fischerboote von ihnen in die Höhe gehoben werden. Dorsche, Rotfische, Heilbutte, Braunfische und dergleichen schnellen zu Hunderten und Tausenden unter der Wasserfläche hin und her. Große und kleine Muscheltiere gleiten wie lichte Schneeballen ruhig durch die schwarzblaue Flut. Delfine schießen blitzartig hinter dem Schiffe nach oder springen in mächtigem Bogen über das Wasser, sodass man ihre ganze Gestalt und die meterlangen Kopfhörner gut erschauen kann. Unter dem dunklen Wasser zeigen sie eine hellgrüne Färbung. Stundenlang sahen wir oft zu, wie sie scheinbar mit dem Schiffssteuer ein neckisches Spiel aufführen. Dieses Spiel ist aber nichts anderes als das Haschen nach den ausgeworfenen Speiseresten. Darum folgen sie auch so beharrlich dem Schiffskiel. – – In den Vesterålen erblickten wir einmal einen ungeheuren Walfisch, der mächtig in die Höhe tauchte, sich kugelte und – wie ein Schiff das Wasser teilend – ausnehmend rasch dem Lande zuschwamm. Vielleicht wurde er von einem Schwertfische verfolgt, der ihn nicht mehr auslassen wollte. Der Schwertfisch, obgleich viel, viel kleiner als der Wal, ist dessen grimmigster Feind. Mit Wut stößt er ihm sein beinhartes, spitziges Schwert in die Seite, sodass der Walfisch laut aufbrüllt und sich vor Schmerzen rasend gebärdet. – – Aber nicht bloß das Meer, auch die Luft ist bevölkert. Allenthalben umkreisen Möwen das Schiff; Lummen, Alke, Pinguine werden zu Tausenden sichtbar. In dichten Scharen sitzen die Eiderenten auf dem Meeresspiegel; ab und zu tauchen sie nieder und bleiben mehrere Minuten lang unter Wasser. Sie sollen ihre Nahrung (Muscheln, kleine Krebse und dergleichen) manchmal aus einer Tiefe von 50 Metern emporholen. Ein unbeschreibliches Schauspiel bot sich uns, als wir an den schroffen Felsenklippen des Hjelmsöstauren (ein paar Meilen südlich vom Nordkap), am sogenannten *Vogelberg*, durchfuhren. Unzählige Rassen von Seevögeln bedeckten den steilen Abhang, sodass der Berg, aus der Ferne gesehen, weiß erschien. Unser Schiff hielt an und ließ seine Dampfpfeife schrillen. Nun kam eine gewaltige Erregung in das Vogelheer. Einer Lawine gleich stürzten sich Millionen Vögel von ihren Rastplätzen und erfüllten die Luft mit ihren wehklagenden Schreien und dem Geräusch ihrer Schwingen. Aber kaum ein Zehntel aller Tiere mochte abgeflogen sein, denn der Felsen blieb noch schneeweiß. Nun lösten die Matrosen einen Kanonenschuss. Der Knall scheuchte neue Millionen auf, wiederum Schreien und Jammern und Flattern, die Vogelmassen schwirrten um unsern Dampfer, als ob ein dichtes Schneetreiben vom Himmel niederginge. Allein immer schien es noch, wie wenn die Scharen am Fels sich nicht vermindert hätten. Jetzt warfen die Matrosen ein paar zischende Knallraketen hinüber auf die Klippen selbst. Da ging ein wahrer Hexensabbat los. Eine ganze Wolke von Vögeln unter ohrenbetäubendem Kreischen, Quieken, Schreien, Klagen, Schwirren zog über unsere Köpfe hin, so dicht und schwer, dass buchstäblich der Himmel verfinstert wurde. Und trotzdem wimmelte es drüben auf jedem Felsenrand, in jeder Spalte noch von Vögeln. Millionen und Abermillionen von Alken, Möwen, Tauchern, Pinguinen, Lummen, Eiderenten usw. haben in diesen Klippen ihre Nist- und Brutplätze. Von der Lebenskraft und Fruchtbarkeit dieser Seevögel macht man sich keinen Begriff. Die Daunen, Federn, Eier und das Fleisch derselben würden Vogelstellern großen Gewinn sichern; aber nur selten wagen es einzelne tollkühne Männer, die fast unzugänglichen Felswände mittels eingerammter Pflöcke an Seilen und Bootshaken zu erklimmen.

Am Nachmittag, während das Schiff rasch dem Nordkap zusteuerte, verdünnte sich die Wolkenschicht immer mehr, der blaue Himmel schien durch und wir konnten hoffen, endlich einmal die Mitternachtssonne zu schauen. Es war empfindlich kalt, das Thermometer zeigte bloß zwei Grad. Die abgewaschenen, hoch empor glattgespülten Felsen zur Rechten ließen uns die ungeheure Wut der Stürme ahnen, welche hier monatelang toben und zur Winterszeit jeder Beschreibung spotten. Abends sechs Uhr trat endlich das *Nordkap* in Sicht, ein keilartig sich vorschiebender, 300 Meter hoher Felsen, zerrissen und steil, kalt und schwarz, majestätisch groß, aber düster, unheimlich aus dem Meere aufragend. Wir warfen in der Bucht Hornviken Anker und da entwickelte sich alsogleich ein lustiges Zwischenspiel. Laut Reisebuch und einstimmiger Versicherung des Schiffspersonals sollte am Fuße des Nordkaps eine dichte, ausgiebige Fischbank stehen, wo man nur die Angel hinuntersenken müsse, um unfehlbar jedes Mal einen gekaperten Fisch heraufzuziehen. Dieser Verheißung glaubend, hatten sich die meisten Passagiere um teures Geld in Hammerfest Angelzeug gekauft. Und nun ging richtig am Nordkap ein gewaltiges Fischen los. – Bald konnten wir über den „reichen" Fischfang lachen; denn trotz aller Anstrengungen wurde nicht ein einziger Fisch ans Tageslicht gezogen. Um acht Uhr abends speisten wir zu Mittag und um zehn Uhr begann der Aufstieg zum Kap. Man braucht bis zum Kamm etwa 50 Minuten. Der Weg ist beschwerlich und steil, bietet aber durchaus keine Gefahr, umso weniger, als er mit Stangen und Seilen zum Anhalten versehen ist. Unser Berliner war freilich anderer Ansicht. *Das* sei ein halsbrecherischer Aufstieg, meinte er, und nur schwindelfreien Menschen zu raten. Der gute Mann verstand das Gehen auf einem Berg überhaupt nicht. Er watschelte fort, als ob er auf dem Berliner Pflaster wäre, schaute, statt auf die Füße, immer geradeaus und stolperte über jede Scholle. Freund Albuin und ich mussten ihn in die Mitte nehmen und förmlich hinaufschleppen. Wir schwitzten alle drei wie die Postgäule, am meisten aber schwitzte der Berliner. Endlich war die Höhe erreicht und nun dehnte sich vor unseren Blicken eine weite, ebene, überaus dürftige Hochfläche. Bis zur vordersten Spitze des Kaps hatten wir noch 20 Minuten zu gehen.

Nun haben wir die letzte Stufe unserer Fahrt erreicht und mit einer Gattung Ehrfurcht sagen wir uns: Da hört Europa auf, wir stehen am nördlichsten Punkt des Erdteiles. (Das Nordkap liegt 71° 10' 24" nördlicher Breite und 25° 45' 50" östlicher Länge von Greenwich.) – Es ist ½12 Uhr nachts, selbstverständlich taghell, und doch liegt ein eigener Schatten und eine nächtliche Stimmung auf der ungeheuren Landschaft. Die Sonne steht hoch über dem Meere. Sie ist zwar durch eine leichte Wolkenschicht verdeckt, aber ihre Strahlen flimmern durch die Hülle und malen die Wolken in buntglänzenden Farben. Draußen auf dem Meere scheint sie hell und das Wasser strahlt und funkelt, als ob es mit Plättchen von reinstem, schimmerndem Gold belegt wäre; drüben auf dem Nordkyn scheint sie auch und tunkt die breite Felsenmauer in roten Feuerglast. Ein derartiges Bild hatte wohl der schwedische Dichter Tegnér vor Augen, als er sang:

> Mitternachtssonn' auf den Bergen lag,
> Blutrot anzuschauen;
> Es war nicht Nacht, es war nicht Tag,
> Es war ein eigen Grauen."

Unmittelbar vor zwölf Uhr trat die lichte Sonnenscheibe für einen Augenblick zwischen den Wolken hervor, um sich jedoch sofort wieder zu verhüllen. Den klaren Glanz und die ganze Farbenpracht der Mitternachtssonne sollten wir erst 24 Stunden später bewundern.

ORIGINALE

Der Spezial-Mair

Mit seinem eigentlichen Namen hieß er Marzellus Mair, doch erhielt er im Laufe der Zeit eine Reihe von Beinamen, unter denen sich die Bezeichnung „Spezial-Mair" vor allen anderen durchsetzte. Er war ein Menschenkind absonderlichster Gattung. Wie ein Bäumchen auf weiter, freier Au stand er da, ganz allein in der Welt. Vater hatte er keinen, Mutter auch keine, das heißt, weder er selbst noch irgendjemand wusste etwas von ihnen, und man konnte nie herausbringen, wer sie seien oder gewesen waren. Er schien glatt vom Himmel gefallen zu sein, denn eines Morgens lag er als Wickelkind schreiend vor der Haustür des Zogglbauern in Lärchholz, wurde dort vom alten Pfarrer getauft und mit dem frei gewählten Namen Marzellus Mair, ohne alles weitere, in das Taufbuch eingeschrieben. Ganz zufällig, durch sein erstes Erscheinen in Lärchholz, bekam er dort ein Heimatrecht, aber eine Heimat gewann er sein ganzes Leben lang niemals und nirgends. Schon als Kind und Knabe musste er von Haus zu Haus wandern. Irgendwo besuchte er drei Jahre lang eine mangelhafte Schule. Halb erwachsen kam er dann der Reihe nach zu einem Bauern, einem Spengler, einem Zimmermaler, einem Uhrmacher, einem Zuckerbäcker, einem Gärtner, einem Schneider, blieb jedoch nirgends länger als ein bis zwei Jahre. Nachher wurde er Gehilfe bei einem Stadtpfarrmesner, wo er neunundzwanzig Monate aushielt. Und jetzt trat er seinen eigentlichen Beruf an, nämlich: landauf, landab zu wandern, von einem Ort zum andern, wie heute und gestern so auch morgen, vogelfrisch und ohne Sorgen. Hatte er auch keine Heimat, so war er doch überall daheim, allerdings nur jeweilig für kurze Zeit.

Er wanderte unablässig, Frühling, Sommer, Herbst und Winter, seine Wanderschaften umfassten ganz Tirol, Salzburg und Kärnten, oftmals graste er noch ein weites Stück über deren Grenzen hinaus. Er kannte nicht nur alle Ortschaften, Kirchen, Kapellen, sondern auch alle namhaften Persönlichkeiten und Häuser, alle Familienverhältnisse und -ereignisse. Überall hatte er bei guten Freunden, an denen es ihm nirgends mangelte, sein Quartier, kräftiges Essen und sorgsame Pflege. Man sah ihn allerorts gern kommen, wusste er doch immer Neuigkeiten zu erzählen aus der Nähe und der Ferne, spannende Familiengeschichten, merkwürdige Vorkommnisse, doch gab er sie in einer feinen Art zum Besten, sodass er der Ehre des Nächsten kaum jemals zu nahe trat. Nebenbei machte er sich den Leuten durch seine unterschiedlichen Kenntnisse und Künste in jeder Weise nutzbar. Hier flickte er Pfannen und Kessel, dort glaste er Fenster, hier übermalte er in schreienden Farben Tische, Schränke, Kästen, Wiegen, Bettstätten mit Blumen, Sträußen und anderem Zierrat, dort reparierte er Uhren, hier stellte er zu Hochzeiten und Familienfeiern wundervolle Zuckertorten her, die allerdings durch ihren künstlichen Aufbau und ihre Farbenpracht mehr die Augen entzückten, als sie durch Schmackhaftigkeit den Gaumen befriedigten. Er besorgte bei hohen Kirchenfesten, wie etwa bei Primizen, die Dekoration der Straßen und Häuser und regelte die ganze Festordnung. Niemand konnte so hohe, herrliche Triumphpforten errichten, Kirchen und andere Gebäude so glanzvoll ausschmücken, einem Fest nach außen hin solch überraschenden Prunk verleihen wie der Marzellus. Dies war eines seiner Haupt- und Lieblingsfächer; dahin und dorthin wurde er zur Veranstaltung eines Festes, oft von weither, bestellt. Außerdem besaß er einen besonderen Ruhm als Kirchenvorsänger. Er sang treffsicher und hatte eine prächtige, runde, klangvolle Baritonstimme, die überall Bewunderung erregte, wo er sich hören ließ. An den Kirchenpatroziniumsfesten, die er landauf, landab kannte, war er meistens zur Stelle. Wenn dann beim Hochamt seine Stimme erklang, reckten die Gläubigen drunten im Kirchenraum ihre Hälse, drehten ihre Köpfe und flüsterten einander zu: „Der Mair! Der Mair!" – Er war ein richtiges Faktotum, er machte alles, wusste alles und konnte alles. Doch etwas konnte der Marzellus nicht: das Schreiben. Er las gern und viel. Er schrieb auch viel, aber wie? In seiner kurzen mageren Schulzeit hatte man ihn an das Schreiben gar nicht herankommen lassen, und deshalb betrachtete er das Schreiben als überflüssige Spielerei. Als er aber daraufkam, dass die Schreibkunst zum Leben unumgänglich notwendig sei, begann er mit Feuereifer sich selbst, ohne Lehrmeister, diese Kunst anzueignen. Ein Freund zeichnete ihm die Schreibebuchstaben auf, und mit diesen setzte der Marzellus nach Laut und Klang die Wörter zusammen und sagte sich alsbald, das Schreiben sei keine Hexerei, sondern das einfachste Ding der Welt. Tatsächlich brachte er es ziemlich schnell dahin, dass er seine eigene Schrift lesen und verstehen konnte und dass auch seine Freunde mit einigem Studium herausfanden, was seine Schreiberei besagen wollte. Damit gab er sich vollständig zufrieden. Auf Schön- und Rechtschreiben legte er keinen Wert, sondern einzig darauf, möglichst viel zu schreiben. Seine zahllosen Freunde in Stadt und Land wurden völlig überschwemmt mit ellenlangen Briefen von ihm, an denen sie allerdings mehr Spaß als Vergnügen hatten. Aus seinem vielen und schnellen Schreiben wuchsen allmählich eine Schrift und ein Stil heraus, die einzig in der Welt dastanden und die er selbst für das Vollkommenste ansah, was ein gewöhnlicher Mensch leisten konnte. Allmählich bildete seine Schreibgewohnheit sich zu einem eisernen Hemd, aus dem er nicht mehr heraus-, sondern immer tiefer hineinkam. Seine Briefe wurden aber nachgerade sprichwörtlich im ganzen Land. Schon die äußere Form seiner Schrift war hochergötzlich. Die großen Buchstaben standen teils baumfest in die Höhe, teils neigten sie sich weit nach vorn, als wollten sie eine Verbeugung machen, teils lehnten sie schief nach hinten, als wären sie am Umfallen. Zwischen ihnen krochen, krabbelten, hüpften die kleinen Buchstaben eilig dahin wie Mäuse, die von Katzen verfolgt werden. Und die Schreibfehler kämpften wie stoßende Böcke so toll miteinander, dass es dem Leser äußerst schwer fiel, den Sinn mancher Worte zu enträtseln. Machte man den Marzellus darauf aufmerksam, so erwiderte er dreist: „Der Marzellus Mayr hat nicht zwanzig Jahre auf einer Universität, sondern nur drei Jahre in einer Bergschule studiert, und es ist etwas geworden aus ihm."

Auf seinen klangvollen richtigen Namen bildete er sich nicht wenig ein. Doch trug er außerdem in den verschiedenen Gegenden noch mehrere Beinamen. So hieß er in diesem Tal „der Roller", in jenem „der Auflauf", im dritten „der Krautmaler" und weitum „der Ypsilon". Dieser Name, der ihm der liebste war, entstand folgendermaßen: Ein geistlicher Spaßvogel, der Kooperator Zwicknagl von Schwaz, hatte ihm eingeredet, die gewöhnlichen Meier und Maier seien in der Welt so häufig verbreitet, dass man sie geringschätze, wie etwa die Kupferkreuzer neben den Golddukaten. Diejenigen Meyer und Mayr aber, die ihren Namen mit „y" schrieben, gehörten nicht zur ordinären Meirgattung, sondern bildeten den uralten, vornehmen Mayrstamm, der sich adelig nennen dürfe. Das ließ sich der Marzellus nicht zweimal sagen, und er stellte sich fortan, wenn er bei fremden Menschen sich präsentieren musste, immer so vor: „Marzellus Mayr, mit Ypsilon geschrieben." Davon erhielt er alsbald den Namen „der Ypsilon-Mayr", und schließlich hieß man ihn gemeinhin den „Ypsilon". Dieser Name schmeichelte ihm, weil er einmalig war. Der Marzellus hatte auch nichts dagegen, wenn die Schuljugend ihn „Absolom" nannte.

Wie seine Namen, so wechselte der Marzellus auch seine Standquartiere. Sehr lange verweilte er an keinem Ort, nirgends blieb er länger als eine, zwei, höchstens drei Wochen. Mochte es ihm irgendwo noch so gut gehen, auf einmal packte ihn wieder sein rastloser Wandertrieb und zog ihn unwiderstehlich fort in andere Landschaften und zu anderen Menschen. Dabei wanderte er immer in einem sauberen Feiertagskleid, und auf dem Rücken trug er in einem mächtigen Tornister sein ganzes Hab und Gut, alles, was seinen Besitz ausmachte, nämlich ein solides Arbeitsgewand, eine sehr feine, wie neu aussehende Festtagskleidung, einen hinlänglichen Wäschevorrat und etliche kleinere Bedarfsartikel. Und was den Leuten am meisten auffiel, er hatte immer Geld, mehr als genug, nicht nur für sich, sondern auch für andere. Kein Bettler auf der Straße durfte unbeschenkt an ihm vorübergehen, es gab keinen Opferstock in Kirchen und Kapellen, wo er nicht eine Silbermünze hineinfallen ließ, aber auch kein Gasthaus, in dem er nicht eine kleine Zeche machte. Auch hatte er eine wahre Sucht, sich als allgemeiner Nothelfer zu betätigen. Er verschaffte armen Studenten in den Stadthäusern, wo er gut bekannt war, Quartier und Kosttage, für Darlehensuchende trieb er Geld auf, Dienstboten und Stellensuchenden verhalf er zu guten Plätzen und Posten, ja selbst als Heiratsvermittler ließ er sich hin und wieder gebrauchen.

Er hatte so viel zu tun und so weit herumzuwandern, dass er auch seine ganz speziellen Freunde nur einmal im Jahr besuchen konnte. Aber einmal im Jahre kam er sicher und teilte dann seine Ankunft den Betreffenden vorher brieflich mit. Eine solche Mitteilung erhielt Anfang Juni der Nagiller-Luis von Martein, und der Brief lautete:

„Liwer Luiß! Habt Acht, habt neun, der Übsilon rikt an, rikt ein. Negste woche werde ich zu dir in die Albe hinauf rollen und sehen, ob ihr alle Gesund seit, das Vih und du und auch die Berge. […] Ich schreibe dies Mal nur Wönig, meine Zeit ist koschbar wie Hönig; ich kann es auch nicht heiggel machen, mögen die Pöcke noch so aufeinander krachen. Hofentlich bist du Gesund und wollauf und fraist dich auf das Widersehen, wie Ich mich längst darauf gefrait hab. […] Die Schönen berge alle und dich nadierlich insonderlich freindlich grießt schon jetzt von Weiten

dein dreier, nicht mer

junger Freund

Marzellus Mayr,

mit übsilon geschrieben.“

Der Marzellus ließ aber noch zehn Tage auf sich warten, und als er kam, trug er ein großes Rahmenbild quer über dem Rücken. Der Luis eilte ihm entgegen und begrüßte ihn freundlich. Da schlug der Ankömmling theatralisch beide Arme um seinen Hals und sagte stürmisch:

„Grüß dich Gott, du lieber, guter Freund! Endlich sind wir wieder beisammen!“

„Ich habe sehr hart auf dich gewartet“, entgegnete der Luis. „Jetzt musst du aber lang bleiben.“

Zur Tür heraus kam die verwitwete Frau Fieger, eine Muttersschwester des Luis, die ihm die Almwirtschaft führte und von ihm als Hannimuhme angesprochen wurde. Sie reichte dem Besuch ihre Hand und sagte lustig:

„Ah, kommt er endlich, der Ypsilon! Das ist recht. Wir können ihn gleich als Sommerhirt anstellen, weil der unsrige davongelaufen ist."

Ohne auf ihre Rede einzugehen, rief der Marzellus lachend: „Grüß dich Gott, Frau Fiegerin. Hanni, du schaust aber gut aus und wirst immer jünger, könntest leicht noch heiraten."

„Warum nicht? Leider fragt mich keiner mehr darum. Wenn halt *du* ein Einsehen hättest! Hihihi", kicherte sie.

„Oh, Gott bewahre mich und dich vor dem Unglück! Was tät ich mit einem solchen Reisegepäck? Und du würdest das Herumrodeln in der Welt auch nicht vertragen. Ich müsste dann immer singen:

> I und mei Weibl,
> Wir hausen nit übel,
> Sie tragt den Bettelsack,
> Und i trag den Kübel."

Der Marzellus gedachte, beim Nagiller-Luis, einem seiner liebsten Freunde, sich zwei Wochen aufzuhalten und in der reinen Höhenluft, verbunden mit der schmalzigen Almkost, sein Inneres und Äußeres aufzufrischen und neu einzuölen. Die zwei Wochen aber verkürzten sich auf zwei Tage. Am dritten Morgen erschien der alte Lehrer Fink von Engleiten schwitzend in der Alm und rief schon unter der Tür:

„Ist er nicht da, der spezielle Mair, der Windhund? Ich such ihn schon eine halbe Woche."

Lachend kam der Sänger über den Gang her und fragte:

„Was wär denn gut, mein lieber Herr Buchfink?"

„Mein Herr Spezieller", erwiderte der Lehrer, „gut wär, dass du schnell deinen Ranzen packst und gleich mit mir den Berg hinunterrodelst. Am St.-Peter-und-Pauls-Tag zieht bei uns der neue Herr Pfarrer ein, und es soll ein großes Fest werden. Wir singen die Kemptermesse, wozu ich dringlichst deine Stimme brauche. Meine zwei Basssänger hängen nämlich in der Luft, der eine ist krank, der andere bummelt zur Zeit in der Welt herum wie du. Auch haben wir keinen Menschen, der uns mit Rat und Tat hilft, die Ausschmückung von Kirche und Dorf herzustellen."

„Wer hat die Ausschmückung in der Hand? Ein Geistlicher?"

„Nein, der frühere Pfarrer ist schon fort, und einen zweiten Geistlichen haben wir nicht."

„Das freut mich. Die Geistlichen haben keinen Geschmack und pfuschen dir überall hinein, dann gibt's eine Patzerei, dass man sich schämen kann. Die ganze Dekoration muss ein einziger Mensch in die Hand nehmen, der etwas versteht und sich von niemandem dreinreden lässt. Ein einziger Plan soll da sein, und alles muss zusammenstimmen."

„Und dieser einzige Mensch, der so etwas machen kann, bist du, mein guter Spezial-Mair."

„Ja, wir machen die Sache. Es soll etwas Rechtes werden, das allen Leuten gefällt und auch vor den Herren Geistlichen sich sehen lassen kann."

Der Luis und die Hanni wollten den Ypsilon wenigstens für ein, zwei Tage noch zurückhalten, aber der Lehrer drängte heftig – es sei höchste Eile nötig, um alles rechtzeitig fertigzubringen. Und der Spezial-Mair war von dem Werk schon so begeistert, dass er keine Stunde länger blieb. Ohne Verweilen schnürte er sein Bündel und stapfte mit dem Lehrer lüftig den Berg hinunter.

Rüstig arbeitete der Spezial-Mair in Engleiten, unterstützt von einem Dutzend einheimischer Kräfte, an den Festvorbereitungen zum Einzug des neuen Pfarrers. Nach acht Tagen war das Werk vollendet und konnte den Meister loben. So etwas Herrliches bringe nur der Ypsilon zuwege, sagten die Leute, und das Antlitz des Meisters strahlte im Ruhmesglanz. Am prächtigsten geschmückt schien die Kirche. Mächtige, lange Taxgewinde spannten sich vom Gewölbe hernieder bis zu den Fenstern, Blatt- und Blumengirlanden liefen über alle Gesimse hin, umkränzten auch die Altäre und die Kanzel.

Am Eingang des Dorfes stand ein quadratisch aufgebauter Triumphbogen, ein zweiter vor dem Kirchentor und ein hochgewölbter dritter, auf den der Marzellus am meisten Kunst und Mühe aufgewendet hatte, vor dem Widum (Pfarrhaus). Die Verslein für die kleinen Mädchen, die den neuen Pfarrer begrüßen sollten, sowie die Inschriften für die zwei ersten

Triumphbogen hatte der Ypsilon aus der reichen Sammlung vielartiger Festsprüche, die er besaß, selbstständig ausgewählt. Auf dem Bogen vor dem Pfarrhaus wollte er aber durchaus eine Inschrift in lateinischer Sprache haben, um der Sache einen auffallenden, ganz besonderen Kren zu geben. Um eine lateinische Inschrift zu erhalten, wandte er sich an seinen geistlichen Freund Zwicknagl, der im zwei Stunden entfernten Ort Kinzich derzeit Pfarrer war. Vor dem Zwicknagl musste man sich in Acht nehmen, denn er war ein Spitzbub, der nichts lieber tat, als leichtgläubigen Menschen, wo es anging, einen Bären aufzubinden. Als ihm der Marzellus sein Anliegen vortrug, lächelte er verschmitzt, nahm sein Brevierbuch zur Hand, blätterte eine Zeit lang darin und sagte nach einer Weile:

„Ah, da haben wir schon einen Satz, der sich als Inschrift eignet. Psalm 31, Vers 9: ,Nolite fieri sicut equus et mulus, quibus non est intellectus.'"

„Was heißt das im Deutschen?", fragte der Marzellus.

„Auf Deutsch lässt sich der lateinische Text wortwörtlich nicht wiedergeben", erklärte der Schalk, „dem Sinne nach heißt es beiläufig: Weisheit und Würde ist des Pfarrers Zierde."

„Das ist ein schöner Spruch."

„Ja, ein lateinischer Satz wird besonders Aufsehen machen."

„Bitte, Herr Pfarrer, schreiben Sie ihn mir deutlich auf."

Diesem Wunsch kam der Zwicknagl sofort nach. Der Spezial-Mair dankte herzlich und trat dann frohgemut den Heimweg an. Hinter ihm bog sich der Zwicknagl vor Lachen.

Am St.-Peter-und-Pauls-Tag, nachmittags um drei Uhr, fand der Einzug des neuen Pfarrers statt. Der teils ersehnt, teils neugierig Erwartete traf pünktlich ein, begleitet vom Dekan und einem Dutzend geistlicher Herren aus der engeren und weiteren Nachbarschaft. Nebst der Gemeindevertretung hatten sich die Schützen, Musikanten, die Kranzjungfrauen und eine ansehnliche Volksmenge um den Triumphbogen am Dorfeingang versammelt, und es ging alles regelrecht vor sich, nach altem Brauch. Die Musik spielte ein Tschin-bum, tschin-bum, teträderä, die Böller krachten, der Gemeindevorsteher hielt eine kurze, etwas stockende Begrüßungsansprache, weißgekleidete Mädchen sagten befangen ihre Verslein auf, dann zog man in die Kirche, wo der Herr Dekan predigte, dem neuen Seelsorger alle Pfarrerrechte übertrug und mit einer kurzen Andacht die Feier beschloss.

Am Tor des Widums fand eine zweite Begrüßung des neu eingesetzten Pfarrers statt. Das Gesicht des Spezial-Mair, der geschäftig umherlief, da und dort noch Anweisungen gab, glühte in stolzer Genugtuung, und dies umso mehr, als ihm einzelne Geistliche Komplimente machten und seine herrliche Dekoration von Kirche und Dorf äußerst lobend hervorhoben. Plötzlich entstand aber im Kreise der geistlichen Herren eine Unruhe. Einer wies mit der Hand auf die Inschrift an der Stirn des Triumphbogens. Dem neuen Pfarrer schoss ein jähes Rot an den Wangen empor, der Dekan schüttelte missbilligend den Kopf, einzelne Herren lachten, andere gaben laut ihren Tadel kund.

„Was ist denn los? Fehlt etwas an der Inschrift?", fragte stutzig der Spezial-Mair.

„Ja, ja, da fehlt noch manches", erwiderte der Herr Dekan.

„Wieso? Die Schrift ist doch richtig und schön gemalt."

„Das schon. – Aber der Inhalt! – Es ist ein Skandal!"

„Es ist ein Wort aus der Heiligen Schrift, das muss doch gut und recht sein."

„Nicht jedes heilige Wort passt zu jedem Anlass. Kennen Sie den Sinn der Inschrift?"

„Sehr gut. Ich hab es schwarz auf weiß da bei mir."

Er griff in die Tasche und reichte dem Dekan ein Papier, auf dem geschrieben stand:

„Nolite fieri sicut equus et mulus, quibus non est intellectus."

„Woher haben Sie den Text?" forschte der Dekan.

„Der Zwicknagl hat ihn mir aufgeschrieben, der Pfarrer Zwicknagl."

„Hahaha", lachten nun alle Geistlichen, „ja, der Zwicknagl! Das sieht ihm gleich, hahaha. – Ah, deswegen ist der Spitzbub nicht zum Einstand erschienen."

Der Dekan erläuterte aber dem Ypsilon-Mair:

„Den Herrn Zwicknagl sollten Sie doch kennen. Er ist ein Bärentreiber und hat Sie glatt aufs Eis geführt. Der lateinische Text der Inschrift lautet, gut ins Deutsche übersetzt, genau so: *Werdet nicht wie Pferd und Maulesel, die keinen Verstand haben.*"

„Ist's wahr? Ist's möglich?", schrie der Ypsilon. „Er hat gesagt, es heiße: Weisheit und Würde sind des Pfarrers Zierde."

Alle Geistlichen brachen wieder in ein Lachen aus. Neugierig traten auch die Gemeindemänner und andere Leute heran. Als man ihnen den Sachverhalt erklärte, gab es ein weithin schallendes Gelächter. Der Ypsilon-Mair aber hielt sich mit beiden Händen den Kopf und stöhnte:

„Es ist schändlich – gemein – himmelschreiend!"

Dann nahm er, ohne ein Wort der Entschuldigung zu sprechen, ohne jemanden zu grüßen, jäh Reißaus, bohrte sich durch die Menge und rannte davon.

Er packte im Lehrerhaus schnell seine Sachen, nahm keinen Kreuzer als Vergütung seiner Mühen und kehrte nach einer Viertelstunde dem Engleitner Dorf fluchtartig den Rücken.

Ein gezwungener Sünder

Im Studentenstädtchen B. lebte ein ehrsamer Gerbermeister, Schlucker mit Namen, der trotz seiner Menschenfreundlichkeit oft recht bärbeißig und kratzbürstig sein konnte. Er setzte einen gewissen Stolz darein, den schönsten Blumenschmuck an seinen Fenstern zu haben. Durch seine prachtvollen Nagelen (Nelken) hatte er schon eine Berühmtheit im Städtchen erlangt. Eines Tages näherte sich ihm ein Student, der unter seinen Kollegen den Namen Pips (Pius) trug, und sagte:

„Herr Schlucker, gebt mir einen Nagelstock zu kaufen, ich bezahle jeden Preis dafür."

„Du verdammter Lotterstudent", ergrimmte sich der Schlucker, „wenn du schon so reich bist, kauf dir lieber eine Suppe, statt sie vor den Türen zu erbetteln."

Und er gab ihm mit dem Haselstock einen Wink nach hinten, sodass der Student im Eilmarsch nach vorn abrückte. Dachte sich aber der Pips: „Einen Nagelestock muss ich haben, mag's Petersburg kosten."

Nach einigen Tagen stellte bei nachtschlafender Zeit eine dunkle Gestalt vor des Schluckers Haus eine Leiter auf. – Es war der Pips. – Die Nagelen riechen so wonnig, der Pips glaubt, er sehe sie auch im Dunkel der Nacht rot glühen. Schon hat er einen Stock heruntergeholt … einen zweiten … und will sich mit seiner Beute davonmachen.

Doch aller guten Dinge sind drei. Er steigt noch einmal in die Höhe, um den dritten Stock zu holen. Doch kaum ist er oben, hört er unten auf dem Pflaster schwere Tritte. Er will die Flucht ergreifen, aber es ist schon zu spät, der Mann ist ganz nahe.

Der Pips schielt hinunter, und vor Schrecken beginnen ihm die Knie zu schlottern. Drunten steht der Nachtwächter.

Der arme Pips rührte sich nicht: „Vielleicht hält mich der Mann des Gesetzes für eine Kuhhaut, die der Gerber zum Trocknen ausgehängt." Da hörte er eine tiefe Bassstimme von unten:

„Wer ist da?"

Der Pips hielt den Atem an.

„Im Namen des Gesetzes, herunter!"

Der Pips regte sich nicht.

„Da droben wachsen sonderbare Äpfel", bemerkte der Mann der Ordnung, „wollen einmal ein bisschen schütteln, vielleicht fallen sie herunter." Zugleich zerrte er an der Leiter. Nun stöhnte der Pips:

„Ich komm schon! Ich komm schon!"

„Ah, gar reden tun diese Früchtlen", kicherte der Wächter des Gesetzes.

Langsam stieg der Pips hinunter. Drunten fasste ihn der Mann am Rockkragen und schrie:

„Wie heißt man?"

Der Pips bedachte sich für einen Augenblick, dann log er: „Florian Flegelhammer."

„Was ist man?"

„Student!"

„Was treibt man hier? Einbrechen?"

„O beileibe, im Gegenteil!"

„Was im Gegenteil?"

„Sehen Sie, Herr Nachtwächter", erklärte der Pips, „da droben wohnt der Herr Schlucker. Das ist ein guter, wohlmeinender Herr, namentlich die Studenten hat er gern, er verschenkt alles an sie. Beim Schlucker hab ich den besten Kosttag in der ganzen Woche … Morgen hat der Schlucker Namenstag, da hab ich ihm eine Freud machen und ihm einige Blumenstöcke an sein Fenster stellen wollen. Seh'n Sie, drei hab ich bereits hinaufgestellt, ich bitt, darf ich nicht diese zwei auch noch hinaufstellen?" Dabei wies er auf die am Boden stehenden, heruntergenommenen Blumentöpfe.

„Nein", herrschte der Mann der Ordnung, „sofort die anderen auch herunter! Das ist Störung der Nachtruhe!"

„Ich bitt, ich bitt!", heuchelte der Student.

„Nein, augenblicklich die Stöcke herunter!", befahl der Wachmann.

Der Pips holte die noch übrigen drei Töpfe, dabei seufzte er in einem fort:

„O schad, o schad, der Herr Schlucker hätt eine Freud g'habt! Jetzt ist ihm und mir die Freud verdorben."

Der Wachmann nahm die Leiter fort, und der Pips trabte mit seiner Beute, schwer schleppend, nach Hause.

Am nächsten Tag wurde schon in aller Frühe gelärmt, aber ein „Florian Flegelhammer" war nirgends zu erfragen. Der Schlucker hatte sich das Gesicht des „Lotterstudenten" zu wenig gemerkt, der Wachmann hatte ihn nur im Dunkeln gesehen – und die „Nagele"-Stöcke blieben verschollen.

Den Pips drückte zwar ein bisschen das Gewissen. Doch redete er sich die Bedenken damit aus, dass er nicht freiwillig, sondern gezwungen die Untat verübt habe. Nach vielen Jahren aber, als er in Amt und Stellung war, bekannte er vor dem Schlucker seine Schuld, erzählte ihm die ganze Geschichte und wollte ihm den Schaden vergüten. Der Schlucker musste laut lachen und erklärte, der Spaß sei ihm mehr als zehn Gulden wert, und damit erübrige sich jede Vergütung.

Schlecht gemeint und gut getroffen

Der Kreuzkaspar von Grünbühel war immer bestrebt, mit allen Standes- und Amtspersonen auf gutem Fuß zu stehen. Er wollte beachtet sein.

Da kam nun seinerzeit ein neuer Kreishauptmann nach Großkirchen. Dies war aber ein Herr, so schroff wie ein Bimsstein und so unnahbar wie ein Eisberg. Dem Kreuzkaspar gelang es trotz all seiner Häcksel- und Strudelkünste nicht, sich ihm anzubiedern.

Nun hatte der Kaspar in Grünbühel einen guten Freund und Nachbarn mit Namen Hilt Rochus. Besagter Rochus hatte im herrschaftlichen Wald einen Wilddiebstahl begangen und der Kaspar hatte ihn darob, allerdings heimlicherweise, beim Kreishauptmann angezeigt. Kaspar hoffte durch dieses Kunststück sich beim hohen Beamten einzuschmeicheln, ohne die Freundschaft des Nachbarn, der den Anzeiger ja nicht kannte, zu verlieren. Der Hilt Rochus wurde vom neuen Kreishauptmann vorgeladen und da ihm dieser alle Einzelheiten des Wilddiebstahls vorhielt, gestand er endlich den Frevel ein. Nach Klarstellung des Tatbestandes setzte sich der Kreishauptmann an sein Schreibpult und schrieb ein kurzes Briefl, siegelte es und übergab es dem zitternden Hilt:

„Seid so freundlich und überbringt dieses Schreiben schnell dem Herrn Landrichter und bringt mir auch die Antwort wieder her."

Dem Hilt Rochus stiegen die Grausbirnen auf. Der neue Hauptmann hatte schon seinen Ruf. Wenn er grob war und polterte, dann ging die Sache gnädig ab, wenn er aber lächelte und süße, freundliche Worte hergab, dann saß man knietief in der Tinte. In dem Brieflein stand geschrieben: „Dem Überbringer dieses sind fünfundzwanzig Stockhiebe aufzumessen und die Quittung hierüber durch ebendenselben anher zu senden. N. N., Kreishauptmann m. p." (Die gerichtlich verhängte Prügelstrafe wurde in Österreich 1867 endgültig abgeschafft.)

Als der Rochus vom Kreishauptmann weg die Marktgasse hinabpendelte, kam von unten herauf der Kreuzkaspar. Dem Rochus blitzte ein

Gedanke auf. Himmel, ob ihn wohl nicht der Kaspar angezeigt hatte? Niemand wusste um die Umstände des Wildfrevels so genau wie der Kaspar. Ein zweiter Gedanke folgte ebenso blitzschnell dem ersten und dieser Gedanke reifte sofort zu einem Plan. Der Kaspar war an den Nachbar herangekommen, grüßte freundlich und forschte:

„Wohin, wo aus, Nachbar?"

„Ich hab so fürchterlich Zahnweh", wimmerte der Rochus, „und hab zum Zahnarzt gehen wollen, um mir den Stänkerer ausreißen zu lassen. Da begegnet mir soeben der Kreishauptmann und ersucht mich, ich soll ihm schnell ein Briefl zum Landrichter tragen und die Antwort wieder zurückbringen. Den hohen Herren muss man immer zu Willen sein und mich bringt der Zahnweh um, ich halt's rein nicht mehr länger aus – ooh!"

Der Kaspar witterte Ehre. Wenn er dem Hauptmann diesen Dienst erwies, dann kam er mit dem hohen Herrn wieder in Berührung und sicherte sich dessen Dank und Freundschaft.

„Rochus, gib her das Briefl, will ich es zum Landrichter tragen. Es wird wohl gleich sein, wer's hintragt, und lass dir deinen Zahn ziehen, damit du bald vom Leiden erlöst bist."

„Gleich ist's wohl, wer das Briefl hintragt, ich bin dir schon recht dankbar; wenn du's dem Hauptmann hintragst, kann ich schnell den Zahnarzt aufsuchen."

Gesagt, getan. Der Kaspar nahm den Brief und ging aufs Landgericht, der Rochus aber ging heim und lachte sich hintertückisch ins Fäustchen. Voll stolzer Hoffnungen trat der Kaspar vor den Landrichter.

„Mein Freund und Gönner, der gnädige und hochwohlgeborene Herr … Herr Kreishauptmann schickt Ihnen durch Güte dieses Brieflein und ich soll auf Antwort warten."

Der Landrichter öffnete das Papier. Es zuckte lustig über sein Gesicht.

„Kommen Sie! Die Sache wird drunten im Hof erledigt."

Etwas verwundert folgte der Kaspar dem Richter hinab in den berüchtigten Hof. Drunten standen zwei Knechte und diesen flüsterte der Richter etwas zu. Im Nu hatten die Knechte den Kaspar ergriffen und banden ihn auf die gefürchtete Bank.

„Ja, was soll denn das? Was ist denn das?"

„Sie haben die Ehre, Herr Kreuzkaspar, auf höchsteigenen, gnädigen Auftrag des hochwohlgeborenen Herrn … Herrn Kreishauptmanns, Ihres Freundes und Gönners, fünfundzwanzig Birken aufgemessen zu erhalten."

„Das ist nicht möglich, das ist ein Irrtum! Der Auftrag gilt nicht für mich. Er gilt für einen andern, für den Hilt Rochus."

„Hier im Dekret steht klar und deutlich: ,dem Überbringer aufzumessen!' Sie sind der Überbringer und ich tu meine Pflicht. Knechte, los!"

Und nun tanzten die Birkenreiser dem Kaspar auf der Schattenseite – pitsch, patsch, pitsch, patsch. Der Kaspar aber brüllte:

„Oh weh, du Zoch! Gleich lasst ihr mich los! Es ist ein Irrtum. Au! Au! Ich verklag euch beim Prinz Johann! Beim Kaiser selber! Der Kerl drischt mich noch zu Kraut! Ich will sehen, ob ich mein Recht find! Ich bring euch alle ins Kriminal! Au! Au!"

Und so weiter und so weiter, bis alle fünfundzwanzig wohlgezählt übermittelt waren. Hierauf schrieb der Richter dem schimpfenden Kaspar die Quittung über genaue Zumessung der Prügel und sagte:

„So, Herr Kreuzkaspar, jetzt könnt Ihr wieder zum Herrn Kreishauptmann gehen und ihm für die empfangenen Gnaden danken. Hier ist die Quittung oder die Antwort auf sein Schreiben."

Und der Kaspar ging hin, zornglühend und wutentbrannt. Nachdem er die „Quittung" übergeben hatte, brach er los:

„Herr Kreishauptmann, Ihro Gnaden, wie komme ich denn dazu? Ich hab nichts verschuldet und krieg fünfundzwanzig Wichser."

„Das müssen Sie selber wissen, wie Sie dazu kommen. Ich weiß es nicht."

„Ich hab Ihnen wollen einen Dienst erweisen, Herr Hauptmann, und aus Güte das Brieflein hintragen und dafür krieg ich Schläg."

„Ihnen hab ich den Brief nicht zur Besorgung übergeben."

„Das nicht, aber man hat ein gutes Herz in der Brust und tut einem andern gern etwas aus Barmherzigkeit."

„Ah, jetzt merk ich, Sie haben das Brieflein dem Bauern Hilt abgenommen. Da geschieht Ihnen jetzt aber vollkommen recht. Warum stecken Sie Ihre Nase in fremde Häfen und kratzen, was Sie nicht beißt. Ich kann Ihnen die Streiche nicht mehr wegblasen. Ausgeteilt sind sie und ausgehalten auch und ich will mit Ihnen und mit dem Hilt nichts mehr zu tun haben. Ab!"

Zu Hause fiel der Kaspar über den Hilt her; aber dieser beteuerte hoch und heilig, er habe keine Ahnung vom Inhalt des Briefes gehabt. Der Kaspar legte sich zu Bett und dachte vierzehn Tage über die Gunst und Gnade der Herren nach.

Das Gespenst am Schreiegg

Es war halb zehn Uhr abends. Beim Tennenwirt in Grünbühel saßen der Mosthansl, der Grubenveitl, der Kropfbartl und der Merzenmuch, zu Deutsch: der Hans, der Vitus, der Bartholomäus und der Michael. Plötzlich flog die Tür auf und herein stürzte der Kreuzkaspar, hochrot im Gesicht, triefend von Schweiß und auf der linke Wange eine Geschwulst wie ein aufgegangener Krapfen.

„Um Gottes willen, Kaspar, wo kommst denn her? Brennt's an ein' Ort?"

„Und was hast denn für einen Binggel im Gesicht?"

„Büblen, tut's nicht spotten", hustete der Kaspar; „wenn euch so was passiert wie mir, dann hat keiner mehr ein Zipfelchen Seele im Leib. Mir bebbert noch das Herz wie ein Mühlbeutel. Denkt auch grad, ich komm von Großkirchen herauf durch den hohlen Weg. Es ist so kohlrabenschwarzpechfinster, dass man sich in die Augen greifen kann. Links steht der Zaun und rechts lärmt der Bach, dass man sein eigenes Wort nicht versteht. Wir haben die Quatemberwoche (ehemalige kirchliche Bußwoche zu Beginn jeder Jahreszeit) und da spukt der Schreieggergeist, will keinen Menschen am Egg hinauf- oder herunterlassen. Ich denk gar nicht an den Geist, zieh rüstig aus und komm richtig bis aufs Egg. Da steht er plötzlich vor mir, der schreckliche Butz. Ein wilder Kerl, so groß wie der höchste Lärchbaum, mit brennenden Augen und er speit das helllichte Feuer aus dem Mund. Ich will schreien: ‚Alle guten Geister', da langt er aus und haut mir eine so fürchterliche Watsche ins Gesicht, dass ich gemeint hab, ich flieg bis Grünbühel herauf. Dann tut er einen jämmerlichen Plärrer und verschwindet. Ich nimm meine Füß auf die Schultern und renn in einem Karree her bis ins Wirtshaus, wo ich noch Licht seh. Aber so eine Geisterwatschen, huu! Schaut, jetzt geht mir der Binggel schon auf wie ein Gugelhupf."

„Kaspar, bind einem andern so lärchbaumgroße Bären auf, mir nicht!", rief der Mosthansl.

„Hast dich halt gefürchtet, Kaspar, wie eine gackernde Henn", lachte der Grubenveitl, „und vor lauter Angst hast Geister gesehen und bist an eine Zaunsäule angerannt."

„Du Grasquatscher, du dummer, der Kreuzkaspar und fürchten, hast das einmal gehört? Da kennst mich schlecht. Iss zuerst ein paar Pfannen Mus, vor redest."

„Die Geisterei ist bloß ein Weibergetratsch", schrie der Kropfbartl, „es gibt kein Gespenst, es gibt keinen Schreieggergeist!"

„Wie wird da geredet?", keuchte plötzlich eine Stimme zur Tür herein, wo die untersetzte Gestalt des Schirmsepp sich zeigte; „es gibt keinen Schreieggergeist? Und ich bin ihm soeben begegnet, dem Geist, und hab ein böses Schanzl mit ihm gehabt."

„Was, du auch?" „Wo bist ihm begegnet?" „Wie ist's denn gewesen?"

„Alle guten Geister loben Gott den Meister", schnaufte der Sepp; „seht, ich hab heute abends noch von Grünbühel nach Großkirchen hinuntergehen wollen. Es ist Quatemberwoche, wo der Schreieggerbutz geistert; aber ich mach mir nichts draus und marschier tapfer den hohlen Weg hinunter. Es ist stockfinster und man sieht seine eigene Nase nicht mehr. Wie ich zum Schreiegg komm, hör ich plötzlich etwas keuchen und schnaufen, so stark wie eine Dampfmaschin, dann blast mir ein brennheißer Wind ins Gesicht und im nächsten Moment krieg ich einen Schlag auf meinen Kopf, dass ich grad hinkugl wie ein Holzprügel. Wie lang ich da gelegen bin, weiß ich nicht, aber so viel weiß ich jetzt, dass der Schreieggergeist niemand über das Egg hinunterlässt. Sobald ich ganz zu mir komm, klaub ich meine Beiner zusammen und renn schnurstracks wieder zurück nach Grünbühel. Da bin ich jetzt."

Der Sepp schwieg und der Kreuzkaspar schaute auf wie eine Schermaus, die zum ersten Mal das Sonnenlicht erblickt. Die übrigen vier aber brachen in ein schallendes Gelächter aus.

„Da schau her, Sepp! Da steht der Schreieggergeist", rief der Mosthansl, auf den Kreuzkaspar zeigend; „er hat vor Angst gekeucht wie eine Lokomotiv und das Furchtfieber hat ihn geschüttelt, dass er einen brennheißen Atem von sich geben hat."

„Und da steht dein Butz, Kaspar", fiel der Kropfbartl ein, indem er den Sepp vors Licht schob; „da ist der wilde Mann, so groß wie der höchste Lärchbaum, der das helllichte Feuer speit."

„Ja, wenn zwei solche Widder mit den Köpfen zusammenrennen, gibt's allemal Feuer, hahaha", spottete der Merzenmuch.

„Und Binggel", gab der Grubenveitl dazu; „schaut, der Sepp ist auch geschwollen, auf der rechten Wange und der Kaspar auf der linken, das stimmt auffallend."

„Akkurat sind die zwei in der Finsternis mit den Köpfen zusammen-gerannt!"

Der Schirmsepp kannte sich nicht aus und blickte fragend auf den Kaspar; dieser schäumte vor Wut und schrie mit seiner Bärenstimme:

„Ihr Grasfrösche, ihr pinselgrünen, lasst euch zuerst die Sonne noch tausend Wochen hinter die Ohren scheinen, bis ihr trocken seid, dann mögt ihr den Kreuzkaspar eure Gescheitheit lehren. Ich weiß, was ich weiß, und wenn ich etwas mit eigenen Augen gesehen hab, lass ich mir's nicht abstreiten."

Zornig polterte er zur Türe hinaus und stapfte heimzu.

Eingeladen beim Bezirkshauptmann

Einmal reiste der Kaspar von seiner Heimat Grünbühel nach Imst hinauf zu einem Markt. In Roppen bestieg er den Stellwagen (von Pferden gezogener Reisewagen). Nun wollte es der Zufall, dass vor dem Kaspar sich nur ein einziger Fahrgast im Stellwagen befand und dieser Fahrgast war der neue Bezirkshauptmann von Imst, der in Amtsgeschäften von Innsbruck nach Imst zurückkehrte. Der Kaspar kannte den Bezirkshauptmann von Haut und Haar nicht und da er sich heute wie auf dem hohen Rosse fühlte, so schaute er mit einer gewissen Geringschätzung auf das kleine Herrlein im unscheinbaren Kleid und mit der abgegriffenen Schriftenmappe herab. Der Bezirkshauptmann war aber ein leutseliger Herr und fragte schnell den Kaspar:

„Wohin geht die Reise, guter Freund?"

„Ich bin nicht Euer guter Freund; ich tät mich schön bedanken, wenn jeder Bilderhändler oder Handwerksbursch in meine Freundschaft wachsen möcht; ich hab schon andere Freunde und bessere."

„Wer sind denn nachher diese besseren Freunde?"

„Der Prinz Coburg, der Erzherzog Karl Ludwig und noch eine Menge solcher Herrschaften, wenn Ihr's grad wissen müsst. Ich bin nämlich der Kreuzkaspar von Grünbühel, von dem Ihr sicher gehört habt."

„Ich habe nicht die Ehre."

„So, nicht die Ehre? Dann wisst Ihr auch nicht, dass der Kreuzkaspar Schützenkönig von ganz Europa ist, dass er beim Kaiserschießen in Eppan mit einem Schuss zweimal ins Zentrum getroffen hat. Auf der Hauptscheibe geradewegs und auf der Ehrenscheibe im Rückprall; dass er dafür vom Kaiser den Maria-Theresien-Orden erhalten hat; dass er ferner auf einer Bärenjagd in Ungarn dem Prinzen Johann das Leben gerettet hat? Wir haben beide, ich und der Johann, unsere Büchsen schon abgeschossen gehabt und der Bär ist den Prinzen noch angegangen. Da bin ich hinzu mit meinem Jagdmesser und hab dem Bären sein offenes Maul weithinter auseinandergeschnitten, sodass er nicht mehr hat beißen können. Dafür hab ich das Goldene Vlies gekriegt.“

„Aber das sind ja hohe Orden!“

„Keine niederen! Übrigens hab ich von allen Herrscherhäusern Europas solches Kuchelgeschirr zum Anhängen auf dem Festtagsrock daheim, ein paar Schaffeln voll.“

„Meine Gratulation, Herr Kreuzkaspar!“

„Da ist nichts zu gratulieren, ich hab mir alles redlich verdient. Heute fahr ich nach Imst. Bin beim Bezirkshauptmann zu Mittag eingeladen.“

„Ja was! Seid Ihr mit dem Bezirkshauptmann auch bekannt?“

„Nicht bloß ein wenig! Der hat’s nur mir zu verdanken, dass er Bezirkshauptmann ist. Ich hab das Herrl zum ersten Male beim Bundesschießen in Wien kennengelernt. Hat auch ein bisschen schießen wollen, hat aber schrecklich gepatzt und lauter tiefe Löcher in die blaue Luft geschossen. Wie dann die Bezirkshauptmannschaft Imst ausgeschrieben wurde, hab ich ihm ein gutes Wörtl beim Erzherzog Karl Ludwig eingelegt und nur deswegen hat er die Stelle gekriegt. Der Karl Ludwig hat anfangs nicht viel wissen wollen und hat gesagt: ‚Kaspar‘, hat er gesagt, ‚ich kann nicht jeden Stockesel zum Bezirkshauptmann machen, aber weil grad du’s bist, will ich diesmal eine Ausnahme gelten lassen.‘“

„Ist er denn gar so dumm, der Herr?“

„Ja, ein ganzer Strohkopf ist’s und gelernt hat er auch nicht viel. Weißt wohl, wie’s die Studenten auf der hohen Schule haben! Lumpen, saufen und lärmen herum und lernen nicht viel Gescheites und wenn’s dann ernst wird, treten sie dir fast die Zehen ab und betteln dich um eine Fürsprach an, dass sie eine Anstellung kriegen. Aber die Dummheit allein hätt dem Imster Hauptmann noch nicht am meisten geschadet. Es laufen schon noch viel dümmere Beamte herum. Aber weißt, ganz im Vertrauen gesagt, er tut auch ein bissl viel trinken, schon gar ein bissl viel, und in diesem Kapitel ist der Karl Ludwig streng. Er hat mir aber vorher auf Ehrenwort versprechen müssen, dass er als Bezirkshauptmann seine Kanonenräusche wenigstens öffentlich nicht mehr herumkutschiert, und auf dieses Versprechen hin hab ich ihm die Stelle zukommen lassen.“

Bei diesen Verleumdungen des Kaspar hatte der Bezirkshauptmann finster seine Stirn gerunzelt. Er gewann aber wieder seine Fassung und sagte ruhig:

„Der Bezirkshauptmann scheint Euch aber für die großzügige Verwendung sehr dankbar zu sein, weil er Euch zum Mittagessen einladet."

„Hahaha, dankbar schon, aber hinter der Dankbarkeit steckt noch etwas anderes: Der Bezirkshauptmann ist alleweil in Verlegenheiten, er hat Schulden bis zur Höllentür; ich weiß rein nicht, wo er das Geld hintut. Es langt hinten und vorn nicht und alle Freunde hat er schon angepumpt. Vor zwei Monaten hab ich ihm tausend Gulden geliehen; wird wohl hin sein, das Geld, aber macht nichts, man hat's ja."

Der Bezirkshauptmann blitzte zornig mit den Augen und sagte nur dumpf „So, so!"

Unterdessen rollte der Stellwagen über das Steinpflaster ins Imster Stadtl hinein. Bei der Post stiegen die beiden aus. Da wurde dem Kaspar plötzlich so dämmerlich und jämmerlich; er sah, wie die Leute seinem Begleiter ehrfurchtsvoll auswichen, die Hüte zogen und grüßten: „Guten Tag, Herr Bezirkshauptmann!" – „Habe die Ehre, Herr Bezirkshauptmann!"

„Seid Ihr wirklich der Bezirkshauptmann?", schrie der Kaspar in Höllenangst.

„Ihr kennt mich ja."

„Ich habe … ich bin … ich werde … ich bitte tausendmal um Verzeihung … ich habe nicht gemeint …"

Mit diesen Stammellauten wollte er Reißaus nehmen und holländisch abschieben. Der Bezirkshauptmann hatte ihn aber schon am Ärmel erfasst und sagte:

„Oha, guter Freund, das gibt's nicht! Nachdem Ihr mir so viele Wohltaten erwiesen habt, müsst Ihr doch meiner Einladung Folge leisten und zu mir kommen."

Der Kaspar sträubte sich, aber der Hauptmann zog ihn fort. An der Straßenecke kam der Gendarmerie-Wachtmeister daher. Diesem übergab der Hauptmann den zappelnden Kaspar mit den Worten:

„Dieser Mann da ist ein ganz infamer Betrüger. Sperren Sie ihn dafür zwei Tage in Arrest!"

Der Kaspar schrie verzweifelt:

„Ich sag's dem Karl Ludwig! Ganz gewiss sag ich's ihm!"

Es nützte ihm aber nichts, er kam ins Finsterloch und hatte zwei Tage Gelegenheit, über seine noblen Bekanntschaften und über seine vielen Orden und Auszeichnungen nachzudenken.

HEITER UND BESINNLICH

Was den Schiebele Veit halt drucken tät

Der steinige Erdäpfelacker und der Windbühel, der selbst in nassen Jahren kaum jemals seine fuchsete Farbe aufgab, nebst der Mooswiese drunten am Bache, die den halben Sommer unter Wasser stand, waren viel zu wenig, um für acht hungrige Mägen das Brot zu beschaffen. – Die drei besagten Grundstücke und die acht Mägen gehörten dem Schiebele Veit, die Letzteren wohl nicht ganz ihm allein, sondern auch seiner Familie. – Hatte der Veit darum den Erdäpfelfleck neben dem Windbühel verkauft und um das Geld einen alten Schimmel und ein grün angestrichenes Steirerwägele erstanden. Mit diesem Fuhrwerk rumpelte der Veit wohl alle Wochen dreimal über die holprige Talstraße von Kaltenhausen zur Stadt hinaus; auf dem Heimwege führte er dann mit sich Korn und Salz, Leder und Tabak für die Bauern, nicht selten auch, ganz verborgen in einem hölzernen Kasten, Zucker und Kaffee für die Hausfrauen – man konnte dem Veit eben alles anvertrauen. – Auch manche Bäuerin, die von einer Wallfahrt heimpilgerte, oder manchen Bauern, der auf dem Markte ein gutes Geschäft gemacht, kutschierte der Veit nach Hause. Lustig schnalzte er dann mit seiner Peitsche durch das Dorf; er fühlte sich eben als „Stellwageler". Mit dem süßesten Wonnegefühl schritt der Veit aber neben seinem Werkl her, wenn er in herbstigen Zeiten rückwärts auf dem Wagen ein halbes Schwein liegen hatte, das der Metzger in der Mitte auseinandergeschnitten, und das er dem Pfarrer oder Bürgermeister bringen musste. Er wusste schon, das „Schweifl" gehörte ihm, und an dem „Schweifl" blieb meistens ein gutes Stück von den angrenzenden Teilen hängen.

So hatte der Veit viele Jahre hindurch schon gefuhrwerkt. An seinem Wagele zog längst nicht mehr der alte Schimmel; den hatte er hinter den Kreuzberg verkauft, und der Schimmel war den Weg allen Fleisches oder richtiger: aller Rosswürste gegangen; auch mehrere Nachfolger vom Schimmel waren denselben Weg gewandert. Der Veit hatte bei seinen Rosskäufen stets „Reim" gehabt. Einmal jedoch sollte es ihm weniger gut geraten.

Es war in Greifenburg am Veitsmarkt. Der Veit hatte schon lange vergebens um etwas Passendes herumgesucht. Aber heikel ist er auch gewesen, der Veit. Neben allen guten Eigenschaften, die sonst von Zugtieren gefordert werden, verlangte der Veit noch manches andere. Fromm musste das Rössl sein, d. h. es durfte nicht beißen und schlagen. Nicht zu klein durfte es sein, denn sonst heißt's überall: „Veit, wo hast denn die Katze her?" – auch nicht zu groß, denn sonst könnte es im Stalle nicht Platz haben. Ein fettes mochte der Veit ebenso wenig als ein mageres, denn die fetten brauchen allzu lange Zeit zum Fressen, die mageren fressen wieder viel zu schnell. Endlich stach dem Veit etwas ins Auge – ein schöner Fuchs, ganz so, wie dem Veit einmal einer geträumt hatte – schön gleichmäßig gewachsen, der weiße Streifen am Fuße gerade dort, wo er hingehört, und erst das nette „Spiegele" im Gesicht!

„Veit, der gehört dein, wenn er nur kein zu großes Loch in den Geldbeutel tritt!", so dachte der Veit. Dann ging er um das Rössl herum, schaute ihm ins Maul – alles prächtig.

„Ist er auch fromm?", erkundigte er sich.

„Wie ein Lampel!", war die Antwort.

Er hob ihm die Füße in die Höhe.

„Der macht nichts!"

Teuer war das Pferd auch nicht. Um 150 fl. wurde Veit mit dem Bauer einig.

„Das ist die schönste Gratulation heute zu meinem Namenstag", dachte der Veit. Er kaufte sich auch ein neues Wagele, und zwar ein rot angestrichenes, weil das viel nobler ist. Das Pferd wurde eingespannt, und wie ein Graf kutschierte der Veit über die Reichsstraße herauf, seiner Heimat zu. Da kam das erste Wirtshaus neben der Straße.

„Da wird nicht zugekehrt", dachte der Veit, „die erste Station ist in Oberdrauburg." Das Pferd dachte aber: „Da wird zugekehrt", und flugs stand es an der Haferkrippe vor dem Haus. Der Veit zog an dem Leitseil

nach links und nach rechts und schrie: „Hott!" und „wüst!" und „hü!"
– alles umsonst. Das Rösslein biss in das Holz der Krippe und rührte
sich nicht vom Flecke. Der Veit war ganz verblüfft über so augenschein-
liche Beweise von Unbotmäßigkeit. Jetzt ließ er die Peitsche walten. Das
Rössl aber schüttelte den Kopf, scharrte mit den Füßen, ging mit dem
Wagen nach rückwärts und tat noch etwas andres, was nicht weiter beschrieben werden kann.

„Verstockt auch noch!", seufzte der Veit.

Da übermannte ihn der Zorn. Er raffte gleich neben der Straße ein
paar Brennnesseln aus und wollte damit dem Ross Füße machen. Nun
verlor aber der Fuchs auch allen guten Humor, er fing an mit den hinteren Füßen großen Takt zu schlagen, sodass der Veit sein armes Fuhr-
mannsleben in den Holzschuppen retten musste.

Da kam zum guten Glück der Wirt zur Tür heraus.

„Wohin denn, Landsmann?", fragte er lachend.

„Nach Tirol, wenn der Gaul damit einverstanden wäre", entgegnete
der Veit.

„Mir scheint, Ihr könnt das Pferd nicht behandeln."

„Nicht behandeln? … Ich weiß nichts mehr anderes, als den saggra
Bock auf den Wagen setzen und mich selbst ins Fuhrwerk einspannen."

„Nur nicht gleich verzagt", meinte der Wirt, „ich kenn das Vieh schon
länger – hat ein bisschen eine üble Gewohnheit – weißt, ist ein alter
Schnapsbruder … Ich will Euch einen guten Rat geben. Tut dem Vieh
ein Maßl Haber in die Krippe und gießt ihm ein Glas Branntwein dazu;
derweil trinkt Ihr selber ein Viertele und Ihr werdet sehen, das Ding
geht neben dem Eilzug."

Wie der Wirt gesagt, so geschah es auch. – Das gleiche Schauspiel
wiederholte sich an allen Gasthäusern, wo der Fuchs eine Futterkrippe
stehn sah.

„Wart nur, Füchsl", dachte sich der Veit, „das sind Flitterwochen – die
böse Gewohnheit werd ich dir schon abstreifen!"

Mit dem Abstreifen war es jedoch eine eigene Sache. Die Gewohnheit war schon ganz in die Natur hineingewachsen. Bitten, Drohungen,
Schläge, Fastenlassen und Überfüttern, alles hatte nur den Erfolg, dass

der Fuchs schon öfter den Wagen in Scherben geschlagen, und dass der Veit selber meistens mit blauen Flecken davonkam. – Also musste sich der Veit dem Rösslein anpassen. Er wurde nun aus dem armen Dorfboten zum Weinreisenden, und bald hätte er die böse Gewohnheit vom Fuchs geerbt. – Das Ding konnte nicht so weitergehn. – Kam der Michelimarkt im Stadtl, und daselbst finden wir auch den Veit mit seinem famosen Rössl. – Sei es nun, dass der Fuchs heute überhaupt seine schlechte Stunde hatte, sei es, dass er von seinem alten Freunde, dem Veit, nicht lassen wollte – sobald ein Käufer in die Nähe kam, machte ihm der Fuchs mit den hinteren Füßen begreiflich, dass er von ihm nichts wissen wolle, oder er suchte gar mit den Zähnen ein Stück vom Rock oder den Hut des Käufers sich anzueignen. Natürlich stand der Veit mit seinem Rössl bald ganz allein. Da fing es ihm an in den Augen zu jucken, und nun standen dem armen Häuter gar schon die helllichten Tropfen in den Augen. Er wischte sich mit dem Rockärmel in einem fort über das Gesicht, während der Fuchs sich abmühte, eine Zaunlatte zu zerbeißen.

Rief plötzlich eine helle Stimme: „Holla, Freund, mach deine Gucker ein bisschen auf! Dein Vieh frisst den Zaun!"

Der Veit blickte empor und sah den Klaus vom Walde, einen nahen Verwandten seines Weibes, der in Bichlbach, sechs Stunden vom Stadtl, seinen Hof hatte.

„Ah, das ist gar der Vetter von Kaltenhausen!", sagte der Klaus ganz erstaunt, „grüß Gott, Vetter!"

„Grüß Gott auch!", sagte der Veit.

„Aber Vetter, du hast g'weint, was fehlt denn?"

„Oh, pah, g'weint hab ich nit – gelacht hab ich, dass mir 's Wasser kommen ist. Weißt, das Trumpf-Jörgele hat wollen ein Kalbl zum Markt bringen und da hat ihm sein Weib, die Liese, ein tscheckete Geiß auf den Markt nachgetrieben. – Hättest sollen hören, wie das Mandl gemault hat."

Der Klaus hatte beinahe die ganze Rede überhört; das Rössl vom Veit hatte seine Aufmerksamkeit gänzlich in Anspruch genommen.

„Du tust auch verkaufen, Vetter?", fragte er.

„Wohl und nit", sagte der Veit, „hab mir wollen für den Fuchs ein anderes Pferdl kaufen; ist aber kein so schönes auf dem ganzen Markte wie der Fuchs … werd also wieder heimtreiben."

„Der Tausend, wirklich ein hübsches Vieh! Ich hätt daheim ganz ein gleiches, würden hübsch zusammenpassen … Vetter, was kost das Pferd?"

„Ich kann es wirklich nimmer hergeben."

„Aber sag einmal, was es kostet; um Geld kann man alles haben."

„Geh, geh, Vetter, das Rössl passt nit für dich!"

„Warum nicht?", brauste der Klaus auf; „ich gib dir 150 Gulden, jetzt tu etwas!"

„Schau, Vetter, das Rössl taugt dir gewiss nicht; nur ganz im Geheimen gesagt, es ist ein Schnapsbruder und ein zuwiderer Bock."

„Ah, pah", meinte der Klaus, „ich kenn schon die Gattung, ist ein propres Vieh, und die Zuwidrigkeit werd ich ihm schon auskurieren … Also 150 Gulden!"

„Ich mag dich nit anschmieren, Vetter, aber wenn du den Fuchs durch die Bank haben willst, gibst mir hundert Gulden, und dein ist er!"

„Hier sind die hundert Gulden, Vetter, und Wein zahl ich dir beim Kreuzwirt, so viel du weiterbringst", sagte lachend der Klaus.

*

Mehrere Jahre waren seitdem verflossen. Viele hundert Male hatte der Veit den Weg ins Stadtl hinter seinem Wagele wieder zurückgelegt. Mit seinen Rösslein hatte er fortan stets Glück gehabt; vom Fuchs, dem Schnapsbruder, hatte er nichts mehr gehört, desto mehr aber von seinem Vetter, dem Klaus. Von dem hieß es, er habe seine Leber auf der Sonnseite und er trinke den Wirten die tiefsten Löcher in die Weinfässer. Das ließ dem Veit keine Ruhe.

„Ich werd jetzt bald die große Reise antreten müssen", sagte er, „und ich mein, etwas drückt mich noch, da muss ich Ordnung machen."

Richtig treffen wir den Veit eines Tages in Bichlbach beim Klaus.

„Du, Vetter", sagte er, „weißt, ich bin schon grau, und es wird nicht mehr lang dauern, dass mir der Totengräber im Freithof eine Grube aufkratzt. Das Sterben macht mir wenig Kummer, aber etwas liegt mir noch auf dem Gewissen … Hab mir's nicht für ungut, ich will dir keine Predigt halten … Ich habe gehört, dass du mit den Wirten zu viel Freundschaft machst. Da hat gewiss der Fuchs die Schuld … Ich wäre auch bald in die üble Gewohnheit gekommen wegen dem miserablen Bock. Nun kommt mir halt alleweil vor, unser lieber Herrgott könnte mir nicht recht gnädig sein wegen dem Fuchs."

Da lachte der Klaus hell auf. „O du närrischer Wegkratzer", sagte er, „sell ist schon wahr, dass ich oft ein Gläschen vom Roten trinke, wo mir ein Wasser besser täte, aber wegen dem Rössl mach dir nur keine Flausen. – Weißt, der Fuchs hat schon von allem Anfang an mein gehört; die böse Gewohnheit hat er wohl auch von mir gelernt. War auch so viel ein gescheites Rössl und hat alles gleich begriffen. Und kommod ist's erst gewesen! … Weißt, bei den Wirten darf man nie vorbeigehn, schon geschäftehalber. Da ist's mir nun oft begegnet, dass ich Samstag Abend durchs Tal hereinfahre und beim Stiegel-Wirt oder beim Hoisele oder beim Patzenhäusl noch ein Geschäft habe; ich schlafe im Wagen drinnen, und richtig, am Sonntag in der Früh, wie ich aufwache, steht der Fuchs noch vor dem Wirtshaus. – Auch hab ich immer eine schöne Ausrede bei meiner Frau gehabt, wenn wir etwas unzeitig heimgekommen: dass der Fuchs nicht weiterzubringen gewesen sei."

„Einmal war ich nun auf dem Markt, und derweil hat meine Frau zu Hause den Fuchs verkauft … Dank dem lieben Herrgott, dass du keine solche Frau hast – aber nein, sie war sonst ein kreuzbraves Weib, Gott hab sie selig – ich hab ihr viele Tränen nachgeweint. – Das Rössl war verkauft und ich konnt's nirgends mehr erfragen. Du kannst dir denken, wie's mir kalt über den Buckel hinabgeschossen ist, als ich das Rössl auf dem Markte bei dir sah. ‚Das ist's und kein andres', hab ich gedacht, ‚und haben musst's, kostet's einen Tausender!' Meine Frau hat erst Augen gemacht, wie ich mit dem Fuchs daherkomme, so groß wie die Sonnwendscheiben. – – Ich hab mir immer gedacht, der Veit ist ein armer Hascher, dem musst noch etwas geben für den Fuchs also …"

„O beileibe", eiferte sich der Veit, „keinen Kreuzer mag ich mehr für das Unglücksvieh, ich bin nur froh, dass ich den Bock vor dem lieben Herrgott nicht zu verantworten brauche!"

Der Freithof-Florl

So oft man in Strelach einen Toten zur ewigen Ruhe bettete, konnte man hinter der Leiche jederzeit ein altes, buckliges Männlein einherschreiten sehen. Die langen weißen Haare hingen ihm weit in das rote Gesicht herein und aus den geröteten Augen flossen unaufhörlich die hellen Zähren; durch seine Finger schlüpften in einem fort die Körner eines langen, klirrenden Rosenkranzes; sein Mund öffnete sich beim Beten so weit, als wollte er laut aufschreien und doch betete das Mandl ganz still und für sich allein; seine Lippen bewegten sich dabei so schnell, dass man glauben musste, sie könnten es nicht mehr ermachen, alle die Silben und Worte herauszuhasten. Das Mandl war der Freithof-Florl. Der gab jedem auf dem letzten Wege das Geleite, im Winter und Sommer, bei Regen und Schnee, bei Sonnenschein und klarem Himmel. Hinter jeder Leiche betete er und weinte er einher – man wusste nicht, ob er mehr bete oder weine –, war der Verstorbene nun jung oder alt, reich oder arm, hatte er ein großes Loch in einer Familie aufgerissen oder hatte man schon lange auf sein letztes Stündlein gewartet; das blieb dem Florl gleich.

Der Florl war seines Zeichens ein „Tuifelemaler". Im großen Friedhof zu Strelach war bald kein Kreuzl und kein „Tafele" mehr, das nicht der Florl gemalt hätte. Die Leute suchten beim Florl einen Trost, wenn der unerbittliche Tod eines von den Lieben aus ihrer Mitte gerissen – und Trost wusste der Florl immer, Mitleid und Trost war es auch, was der Florl auf seine „Tafelen" und „Kreuzlen" hinaufmalte.

Die Augen mussten einem übergehn, so schön und rührend hatte der Florl alles ausgedacht und in so hellen, brennenden Farben hatte er es aufgetragen. Hier war ein Engel, der trug in seinen Armen ein unschuldiges Kind zum Himmel empor; dort kamen ein paar Kinder in Engelsgestalt vom Himmel nieder, um ihre Mutter abzuholen; an jenem Kreuzl schloss der heilige Petrus einem alten „Vaterl" oder „Mütterl" die Himmelstür auf; an diesem war gar die Muttergottes im Fegefeuer drunten bei den armen Seelen und tröstete sie. So ging es fort von Grab zu Grab; überall hatte der Florl etwas Neues ersonnen und überall war es passend und trostreich. – Den größten Teil des Jahres verbrachte er im Friedhof. Da zeichnete und malte und schnitzelte er den ganzen Tag, da ersann er die schönen Verslein. Wenn er gerade keine gedungene Arbeit hatte, so ging er auf dem Gottesacker herum, rötete einem Engel die Wangen, welche der Regen weiß gewaschen, färbte ein verblichenes Kleid, zog einen neuen Schein um das Haupt eines Heiligen oder frischte die verwaschenen Verslein neu auf. In jedes Krüglein und Kesselchen goss er Weihwasser, sodass der Kooperatur kaum folgen konnte mit dem Wasserweihen.

„Die armen Seelen dürfen nicht dürsten!", war sein Spruch.

Auch hatte er den ganzen Friedhof in einen Blumengarten umgewandelt. Er verstand es, mit den Blumen umzugehn. Wo der Florl etwas setzte und pelzte, da stachen bald die zarten Keime aus der Erde, da dauerte es nicht lange und die farbigen Kelche wiegten sich auf dem Stängel. – Wie hübsch waren die bunten Blumenkinder über den Gräbern verteilt! Dort über den Gräbern der unschuldigen Kleinen standen die blendendweißen Lilien, hier die brennroten Rosen, da die glühenden Blutstropfen, auf diesem Grabe die würzigen Nelken, auf jenem die duftigen Veilchen, auf einem andern wieder die helläugigen Vergissmeinnicht oder die goldigen Ewigblümchen. Kein Grab wurde vergessen und wenn irgendwo ein Unbekannter und Verlassener ruhte, der Florl hatte sicher nicht darauf vergessen. – Eines schönen Morgens hatten auch dort die Blumenknospen sich zu herrlichen Kelchen geöffnet.

„Weißt", pflegte er zu sagen, „wo niemand mehr an einen Toten denkt, der ist verlassen. Solange noch die Blumen auf dem Grabe stehn, kommen die Seelen alle Nacht herauf und weinen ihre Tränen in die Blumen. Es sind feurige Tränen, deswegen tun sie in der Früh so schön glänzen und leuchten."

So war der Friedhof dem Florl seine Welt und die Toten seine liebsten Bekannten. Daher hatte er auch seinen Namen: der „Freithof-Florl". Mit den Lebenden sprach er wenig, desto mehr mit den Toten.

So verkehrte der Florl mit seinen Toten. Wenn er dann, sobald es finster wurde, den Friedhof verließ, sagte er noch: „Herr gib ihnen allen mitsammen die ewige Ruhe, und das ewige Licht leuchte ihnen! … Und dass ihr mich die Nacht hübsch in Ruhe lasst; morgen komm ich wieder."

Er kam noch viele Morgen, aber eines Morgens kam er nicht mehr. Der Herbst war ins Land gezogen. Die falben Blätter tanzten von den Bäumen. Es läuteten die Allerheiligenglocken über Berg und Tal. Da trug man abermals eine Leiche über die Friedhofstiege herauf. Der Florl war nicht mehr hinter der Bahre.

Er war es ja selbst, den man heute herauftrug. An dem Tage, der ihm der liebste war im ganzen Jahre, konnte er einrücken zu seinen Toten.

Der ganze Friedhof war übersät mit Blumen, überall brannten Lichter und Lämpchen, die Glocken klangen doch wieder so hoffnungsfreudig. Ein so langer Zug von Leuten war in Strelach noch nie einer Leiche gefolgt, und so viele Tränen waren noch an keinem Grabe geweint worden als an dem des Florl. Die Seligen aber, denen er die Himmelstür eröffnet, die haben ihn gewiss schon längst hinaufgezogen in den Ort der ewigen Ruhe und hinan zum ewigen Licht. – Sein Grabkreuz hat er sich selbst gemalt. Das Bild stellt dar die Auferweckung des Lazarus. Darunter stehn die Worte:

„Ich bin die Auferstehung und das Leben!" Noch tiefer steht der Vers:

Hier liegt der Freithof-Flor.
Herr, wenn du kommst vom Himmelstor,
Lass uns stehn zur rechten Seiten,
Tu die Arme nach uns breiten;
Lass uns zieh'n zur Himmelshalle
Mich und die hier liegen alle.   *R. I. P.*

Das Kreuz steht noch heute auf dem Friedhof zu Strelach, von Rosen und Nelken umrankt.

Ramses der Erste

Der Held dieser Geschichte ist nicht der berühmte König von Ägypten, der vor 3000 Jahren regierte, sondern ein mittelgroßer, grauer Hund – Rattler –, der dem Professor Heißjaggl gehörte und von diesem den historischen Namen erhalten hat. Aber nicht nur den vielversprechenden Namen erhielt der Ramses von seinem Herrn, sondern auch eine sorgfältige, planmäßige Erziehung. In diese durfte sich kein anderer Mensch einmischen, selbst die Frau des Professors nicht, weil sie keine Pädagogik studiert hatte.

Der Ramses aber machte glänzende Fortschritte in seiner Ausbildung. Namentlich verstand er sehr gut Latein, aber keine andere Sprache. Wenn der Professor sagte: *Attende!* (pass auf), hob der Ramses den Kopf und spitzte die Ohren – auf das Wort: *vigil!* (wachsam) bellte er aus Leibeskräften. – Das tat er auch sonst reichlich, wenn er nicht dazu kommandiert wurde. – Und des Weiteren ging das so: *Jaceto!* Da legte sich der Hund nieder und streckte alle viere von sich; – *sub scamnum*, er verkroch sich unter eine Bank; – *veni!* er sprang herzu und wedelte mit dem Schwanz; – *ambulemus* (spazieren), da tanzte er wie närrisch um den Herrn und jaulte; – *apage!* (marsch weg), er ließ Kopf und Schwanz hängen und trollte zur Tür hinaus; – *quid fecisti?* (was hast du getan), da heulte er wie ein Kind. – Das Essen nahm er bloß vom Herrn oder von der Frau, von der Letzteren auch ohne lateinische Aufmunterung. Wenn der Herr aber rief: *abstine!* (lass stehen), so rührte er keinen Bissen an. Hielt ihm die Frau ein Stück Schnitzel oder Kuchen oder eine Bratwurst vor die Nase, schnupperte er darnach, sobald der Professor aber schrie: *perhorrescas hau* (pfui), widerstand er heulend der Versuchung und rannte weg. Auf den Zuruf *manduca* fraß er gierig, mochten es auch Kieselsteine sein. Wenn ihm ein Fremder etwas Essbares anbot, knurrte er grimmig und fletschte die Zähne. Oftmals rühmte der Professor den Hund, dass er mehr Latein verstehe als ein Quintaner (Student der 5. Klasse). In Wirklichkeit hatte der Ramses etwa dreißig lateinische Redewendungen erlernt, denen er gehorsamst nachkam, ohne je zu irren.

Aber nicht nur in Wissenschaft suchte der Professor seinen Zögling auszubilden, sondern auch im feinen Verkehr, in Tugenden und Sitten, namentlich in der Tapferkeit. Und das gelang vortrefflich. Wenn ein Fremder den Ramses freundlich streicheln wollte, hatte er ihn schon an der Hand hängen und blutete an den Fingern. Jeden anderen Hund, der dem Ramses begegnete, auch größere, fiel er an, zerraufte sich mit ihm, zerbiss ihm Fell und Ohren. Alle Katzen versprengte er auf Bäume und Dächer. Den Hennen und Hühnern stellte er auf allen Wegen nach. Mochte die Frau Professor ihn noch so ernstlich mahnen, doch mit dem Hennenvolk Freundschaft zu schließen, das nützte nichts; der Ramses verstand nicht Deutsch, die Frau kein Latein. – Den Hähnen riss er nicht nur die Federn aus, sondern auch den Kamm, und die Hühner verspeiste er mit Haut und Haar wie ein Fuchs. Er war und blieb der rammelnde Ramses.

Besonders zeichnete er sich durch Ehrlichkeit aus. Zu Hause stahl er nicht die kleinste Kleinigkeit, auswärts aber – in Nachbars- und anderen fremden Häusern – stahl er alles, was er erlangen konnte. Einmal schlich er sich beim Lamplwirt in die Speisekammer und fraß dort einen zwei Kilo schweren Butterknollen glatt auf. Da wurde sein Wanst dick und rund wie eine Kugel, sodass die Leute glaubten, er müsse zerplatzen. Er keuchte und stöhnte und ächzte; doch gelang es ihm endlich, den schweren Ballast unter Knalleffekt wieder loszuwerden.

Nebst aller Tapferkeit war der Ramses aber doch ein Feigling. Vor dem Knall eines Büchsenschusses erzitterte er am ganzen Körper; Böllerschüsse brachten ihn gänzlich aus der Fassung, sodass er in die dunkelsten Winkel des Hauses sich verkroch. Das Schrecklichste aber waren ihm Hochgewitter mit Blitz und Donner; da hielt er kein Versteck für sicher genug, schlüpfte in die finstersten Löcher hinein und kam lange nach dem Gewitter erst wieder zum Vorschein. Ende Juli zog einmal ein wirklich gefahrvolles Hochgewitter über das Tal hin. In Nähe des Hauses schlug der Blitz ein, zuerst in den gesicherten

Kirchturm, dann in einen Leitungsmast. Unmittelbar darauf krachte der Donner so grässlich, dass alle Leute sich bekreuzigten. Der Ramses heulte und rannte wie wahnsinnig im Hause umher; dann war er verschwunden. Als das Gewitter längst schon ausgetobt hatte und ein Regenbogen am Himmel glühte, ließ der Hund immer noch nichts von sich sehen und hören. Erst nach anderthalb Stunden vernahm man ein dumpfes, halblautes Wimmern, das aus dem großen Küchenkasten herausdrang. Dort hatte die Frau in Unachtsamkeit eine Schublade, die mit schönem Weizenmehl von oben bis unten gefüllt war, zwei Hand breit offen gelassen. – Herr und Frau riefen: „Ramses, Ramses!" – Da erschien eine Schnauze am Rand der Schublade. Und im nächsten Augenblick zwängte sich ein schneeweißes Ungetüm mit Mühe und Not durch den schmalen Spalt aus der Schublade heraus, sprang auf den Boden und schüttelte sich heftig, sodass eine Mehlwolke die ganze Küche erfüllte. Erschrocken zog die Frau die Schublade ganz heraus, sah zuhinterst drinnen das runde Freilager und dabei etwas Unaussprechliches, keineswegs Appetitliches, das dem Ramses in seiner Wetterangst entschlüpft war.

„Du abscheuliche Bestie! Du Sauhund", schrie sie. „Das ganze feine Mehl ist hin, nicht mehr zu brauchen."

Der Mann sagte: *Ramses, quid fecisti?* (Was hast du getan?).

Der Ramses weinte, die Frau heulte, der Professor lachte aus vollem Halse. – – – Von dieser Stunde an hegte die Frau eine unversöhnliche Feindschaft gegen den Ramses und beschloss, ihn bei Gelegenheit aus dem Wege zu räumen. In Anwesenheit des Professors war dies unmöglich. Nach einiger Zeit begab sich aber der Professor zu einer zweiwöchigen Badekur in das Mehrener Badl bei Brixlegg. Etliche Tage später kam zufällig ein fahrender Kesselflicker mit seinem Karren am Hause vorbei. Als er den Ramses erblickte, sagte er:

„Das ist aber ein schöner Hund, wirklich ein schöner."

„Ja, und ein braver, ein gescheiter, ein sehr wachsamer Hund", lobte die Frau; „aber wir möchten ihn gern verkaufen, weil uns die entsprechenden Nahrungsmittel für ihn fehlen."

„Ich kauf ihn, wenn er nicht zu teuer ist. Was kostet er?"

„Kosten tut er fünf Gulden … Das heißt, ich geb *Ihnen* fünf Gulden, wenn Sie ihn nehmen und gut zu ihm sind", erwiderte stockend die Frau; „aber Sie müssen schnell diese Gegend verlassen, damit niemand etwas davon merkt. Besonders mein Mann darf nichts erfahren."

Damit war der Kesselflicker einverstanden und nahm schmunzelnd die fünf Gulden in Empfang. Da er im Umgang mit Hunden ziemliche Erfahrung hatte, gelang es ihm, unter Mithilfe der Frau den Ramses, der wütend um sich biss, in einen Ledersack zu stecken und auf seinem Wagen zu verladen. – – – Als der Professor nach vierzehn Tagen heimkam, erzählte die Frau, der Ramses sei ausgegangen und seit zehn Tagen nicht mehr zurückgekehrt. Wahrscheinlich habe er irgendwo lange Finger, das heißt, eine zu lange Schnauze gemacht und sei wohl erschlagen worden. Darob war der Professor tief betrübt. Er beschloss schon, einen neuen Hund einzustellen, Ramses den Zweiten, verschob es aber auf ein Jahr, bis die Trauerzeit um seinen toten Liebling aus sei.

Während der Ferien des nächsten Sommers machte der Professor mit einem guten Freund, einem anderen Professor, einen Ausflug nach Südtirol. Da kehrten sie eines Tages beim „Bruggenwirt" in Neustift ein. In der Gaststube saßen nebst zwei Brixener Bürgern ein geistlicher Professor, ein Gendarm und ein Kesselflicker, der einen grauen Hund – einen kratzbürstigen Rattler – bei sich hatte. Der Hund wurde unruhig. Als er aber die Stimme des Professors Heißjaggl vernahm, stürzte er auf diesen los, sprang ihm vorn auf die Achseln, hinten auf die Schultern, leckte ihm Gesicht und Hände, tanzte wie besessen um ihn herum, winselte, jubelte, jaulte.

„Mein lieber Ramses, bist du's wirklich?", rief der Professor; „ja, ja, er ist es! … Der Hund ist mir gestohlen worden, er gehört mir."

„Das könnt ein jeder sagen", widersprach der Kesselflicker heftig; „wer dem Hund schöntut, dem schmeichelt er."

„Man wird schon sehen … Der Hund versteht Lateinisch und soll es Ihnen selbst beweisen, dass er mein ist."

Und nun stellte Professor Heißjaggl mit dem Ramses das lateinische Examen an, indem er in Absätzen kommandierte: *Attende! … vigil! …*

(ihm ein Brot reichend) *manduca! ... abstine! ... perhorrescas hau! ... iaceto! ... sub scamnum! ... veni! ... ambulemus!*

Der Ramses kam jedem lateinischen Zuruf gehorsam und pünktlich nach. Alle Herren staunten, lachten und erklärten einstimmig, es sei außer Zweifel, dass der Hund dem Professor gehöre. Schon wollte der Gendarm seine Hand dem Kesselflicker auf die Schulter legen. Dieser wehrte sich aber und rief:

„Der Hund ist mein rechtmäßiges Eigentum. Vorigen Sommer hat eine Frau im Inntal draußen mir ihn verkauft – um bare fünf Gulden."

Er nannte den Ort und beschrieb genau das Aussehen der Frau. Da ging dem Professor Heißjaggl ein Fixstern auf. Es war möglich, nein wahrscheinlich, nein bombensicher, dass die Verkäuferin des Hundes ihm, dem Professor, sehr nahe stand. Dafür kannte er seine Gattin zu gut, äußerlich und innerlich. Darum sagte er zu dem Kesselflicker sehr gelassen:

„Sososo ... Wenn die Sache dermaßen sich verhält, kaufe ich den Hund zurück. Ich biete Ihnen acht Gulden dafür. Sind Sie zufrieden?"

„Ich muss es wohl sein", erwiderte der Kesselflicker mit sauersüßer Miene; „es tut mir leid, dass ich ohne Schuld in den bösen Handel verwickelt worden bin."

Halb schmunzelnd nahm er die acht Gulden, und der Professor hatte seinen lieben Ramses wieder.

Als er drei Tage später mit dem Hund nach Hause kam, sprach er heiter zu seiner Frau:

„Vielliebe Amalia, da bring ich dir Ramses den Zweiten. Schau ihn gut an. Vielleicht ist er dir nicht ganz unbekannt. Ich hab ihn in Brixen drinnen von einem Kesselflicker um teures Geld gekauft."

„Soooo", tat die Frau, Mund und Augen aufreißend; „wie viel hast du dem Spitzbub gezahlt?"

„Acht Gulden, bar auf die Hand."

„O du Stock-Stein-Birn-Palmesel!", schrie die Frau grell auf; „da haben wir den aufgelegten Schaden mit der Bestie."

„So arg wird's nicht sein. *Ich* habe acht Gulden ausgegeben, und *du* hast fünf Gulden eingenommen ..."

„Einen Schnepfendreck hab ich eingenommen!", unterbrach sie ihn.

„Acht Gulden weniger fünf bleiben nur noch drei", bestand er. „Und auf drei Gulden hin oder her kommt's doch nicht an."

„Und auf einen Kindskopf hin oder einen Kalbskopf her kommt's auch nicht an", lärmte sie.

Der Professor merkte, dass Kriegsgefahr drohe. Er war sanfter Natur und hatte die Gattin leider nicht so sorgfältig erzogen wie den Ramses, sondern war von ihr erzogen worden. Darum schwieg er still und verfolgte die Auseinandersetzung nicht weiter. War er doch glücklich mit dem Ramses und der Ramses mit ihm. Bald auch leuchtete wieder die Friedenssonne über dem Haus. Gegen die Frau Professor hegte der Ramses aber zeit seines Lebens eine unüberwindliche Abneigung.

Die geheilte Frau

In Amping, einer Bezirkshaupt- und Seestadt (Letzteres allerdings nur bei schlechtem Wetter), lebte eine vornehme Dame, die gnädige Frau Zimperlich. Selbige hatte nichts zu tun, als vormittags um 11 Uhr aufzustehen, gut zu essen und zu trinken, nachmittags ihr Schoßhündchen spazieren zu führen, abends den Spiegel zu putzen oder beim Fenster hinauszugähnen, bis man ihr das Bett aufgerichtet und mit Flaschen gewärmt hatte – nebenbei auch nach Herzenslust Mücken und Grillen zu fangen, das heißt ihren Einbildungen nachzulaufen. Letztere Beschäftigung trieb sie unverdrossen ganze Tage und halbe Nächte lang. Sie hielt sich immerfort für schwer leidend und krank. Heute spürte sie Seitenstechen und war schon vollständig überzeugt, dass eine Lungenentzündung ihr Leben bedrohe; morgen hatte sie Magendrücken und ängstigte sich dabei vor Blinddarmentzündung; übermorgen brannte sie ein Bläschen an der Nase und sie dachte mit Entsetzen an eine Blutvergiftung usw. Den Doktor hielt sie außer Atem. Nicht bloß alle Tage, sondern auch mitten in der Nacht musste er oft kommen, um der Gnädigen Mittel gegen alle die schweren Krankheiten zu verschreiben. Mochte der Doktor noch so bestimmt erklären, der gnädigen Frau fehle absolut nichts, sie sei so pumperlgesund wie der Prinz Fasching vor dem Aschermittwoch oder wie der Kuckuck im Monat Mai – es nützte nichts, die gnädige Frau wurde von Monat zu Monat kränker.

Eines schönen Tages rannte der Arzt, es war der weitum gesuchte und wegen seiner Derbheit berühmte Dr. Mattheiß, auf einem sehr eiligen Gang begriffen, die Straße hinunter. Da begegnete ihm zu seinem Schrecken die Frau Zimperlich, die ihren Hund spazieren begleitete. Als die Frau den Doktor erblickte, eilte sie auf ihn zu, fasste ihn am Arm, hielt ihn fest und jammerte ganz herzzerbrechend:

„O lieber Herr Doktor, o helfen Sie mir, ich bin eine bedauernswerte, todkranke Frau! O diese Atemnot, ich kann es Ihnen gar nicht beschreiben, ich fürchte, meine Lunge ist fertig, und dieses Herzklopfen! Ich bitte, ich bitte, untersuchen Sie mich."

Der Doktor wurde rotglühend vor Zorn. Er hatte höchste Eile, und nun hielt ihn die Gnädige mit Geierkrallen fest. Da fuhr ihm blitzartig ein Gedanke durch den Kopf. Er lachte boshaft und sagte dann etwas hart:

„Bitte, gnädige Frau, schließen Sie einmal gefälligst die Augen, aber fest!"

Die Frau tat es und der Doktor befahl weiter:

„Jetzt strecken Sie einmal die Zunge heraus, aber weit."

Die Frau kam der Anweisung gern nach.

„So, jetzt bleiben Sie in dieser Stellung", gebot der Doktor, „bis ich Ihnen sage, dass es genug ist; ich muss Sie ganz genau beobachten, damit ich mich überzeugen kann, wo das Übel sitzt."

Die Frau tat, wie ihr geheißen; der Doktor benützte aber die Gelegenheit und schlich heimlich davon.

Ein paar Minuten schon stand Frau Zimperlich einsam da auf dem Gangsteig, die Augen fest zugepresst und die Zunge weit hervorgestreckt. – Allmählich sammelten sich Gruppen von Menschen um sie, die anfangs leise kicherten, bald aber laut lachten.

„Du, Michl, was hat denn *die*?", fragte ein Handwerker; „ist sie verzückt?"

„Ich mein, sie tut Wetter schmecken", erwiderte ein Bauer.

„Nein, nein … *die* ist irgendwo im Narrenhaus ausgekommen", versicherte ein Dritter.

Das Lachen und Lärmen wurde immer stärker; da konnte sich die Frau nicht mehr halten; sie schlug die Augen auf. Als sie die Menge Leute erblickte, vom Doktor aber Laub und Staub nichts mehr sah, erschrak sie zuerst heftig; dann geriet sie in fürchterlichen Zorn und rannte wutschäumend heim. – Von dieser Zeit an war Frau Zimperlich vollkommen gesund.

Die Kirchenuhr

Der Mesner von Höbling war pünktlich wie die Kirchenuhr. Er versäumte niemals auch nur eine Minute bei seinem vielverzweigten Dienst, und zu jeder Läutstunde hing der Mesner, sobald die Uhr zum ersten Schlag ansetzte, auch schon am Glockenstrick. Sein Leibspruch lautete auch demgemäß: „Ich bin die Kirchenuhr!" – Nun ereignete es sich aber, dass die eiserne Kirchenuhr im Turm zu Höbling mitten in der kalten Winterszeit einen Leibschaden kriegte und bockstille stand. Der Uhrmacher von Höbling brachte mit all seinen Künsten die Turmuhr nicht mehr in Gang, und so beschloss man, die alte Schnatter während der kalten Jahreszeit überhaupt rasten zu lassen und erst im Frühjahr einen Uhrendoktor aus der Stadt zu berufen. – Jetzt war Meister Ambrosi, so hieß der Mesner mit Namen, tatsächlich die Kirchenuhr oder, richtiger gesagt: die eigentliche Kirchenuhr war eine kleine Taschenuhr im Sack des Mesners. Diese Taschenuhr ging so sicher wie Sonne, Mond und Sterne, und der Ambrosi konnte sich vollkommen darauf verlassen. Es wurde also in Höbling trotz des Stillstandes der Kirchenuhr die Kirchenzeit pünktlich eingehalten – einmal aber gar zu pünktlich. Das Ding kam so.

Es war an einem Faschingssonntag. Der Pfarrer hatte vormittags eine Hochzeit angekündigt und am nächsten Tag in der Früh um 6 Uhr sollte die Trauung stattfinden. Die Brautleute wollten hernach sofort mit dem Frühzug nach Trens fahren. Am Sonntagabend um 5 Uhr ging der Ambrosi betläuten, hernach sperrte er pflichtschuldigst die Kirche und steckte die Schlüssel zu sich. Auf dem Kirchplatz erinnerte sich der Mesner, dass es noch viel zu früh sei, heimzugehen, und er drehte links hinüber zum „Pech"-Wirt.

Beim „Pech"-Wirt spielten zwei „Watter"-Partien Karten, und der Ambrosi schaute eine Zeit lang zu. Dabei goss er auch ein paar Schoppen hinter die Binde. – Der Ambrosi war durchaus kein Feind des Alkohols, aber er stand auch in keinem freundschaftlichen Verkehr mit ihm. Davor bewahrten ihn schon sein Charakter und seine Pünktlichkeit, noch mehr aber sein zungenfertiges und herrschkräftiges Weib, die tapfere Kathrin. – Nur ein paarmal im Jahre geriet der Ambrosi ernstlich in Gefahr – Auch am besagten Faschingsonntag schmeichelten ein paar Gläser Rotwein dem Ambrosi immer zärtlicher und brachten ihn nach und nach vollständig in ihre Gewalt. Fünf Schoppen hatte der Mesner bereits durch den Schnauzbart gefüllt. Er begann auch sofort mit seiner tiefen Bassstimme die Glocken nachzuahmen und läutete mit dem Oberkörper: „Bum – baum – bum – baum."

Nun hatte aber der Ambrosi die löbliche Gewohnheit, allemal, sobald er einen ordentlichen Rausch hatte, an Ort und Stelle in einen tiefen Schlaf zu fallen. So auch heute. Er legte beide Arme kreuzweis auf den Wirtstisch, senkte das kummerschwere Haupt auf die Arme und schnarchte sofort wie ein Bär um Lichtmessen. Es war 10 Uhr in der Nacht. Die Gäste hatten sich größtenteils verzogen, nur der Leim-Jörgl und der Stock-Bartl, zwei Erzhocker, waren noch da. Sie kümmerten sich nicht um den schlafenden Mesner und machten mit dem Wirt einen „Bieter". – Um 12 Uhr hörten sie auf zu karten. – Nun waren aber der Stock-Bartl und der Leim-Jörgl nicht nur zwei Hocker, sondern auch zwei Hauptspitzbuben und Tratzvögel, die den Leuten schon unzähligen Schabernack gespielt hatten; der Wirt aber fungierte bei derlei Hexereien und losen Streichen nicht ungern als Anstifter und Aufhetzer. Bald hatten die drei Nachtvögel auch einen bösen Anschlag gegen den Mesner in Vorbereitung. Sie trieben die Wanduhr in der Wirtsstube um ganze fünf Stunden vor; dann stahlen sie dem schlafenden Ambrosi seine Sackuhr aus der Tasche, trieben auch diese um fünf Stunden voraus und steckten sie hierauf dem Mesner wieder in den Sack. Es war nun in Wirklichkeit und auf allen richtigen Zeitmessern viertel über zwölf Uhr, die Taschenuhr des Mesners und die Stubenuhr beim Wirt zeigten aber viertel über fünf.

Jetzt weckten die drei Hallodri den Mesner.

„Du, Ambrosi, musst du wohl nicht etwa betläuten gehn?", sagte der Leim-Jörgl.

Der Mesner kannte sich anfangs nicht aus und drehte den Kopf nach allen Seiten. Nach einiger Zeit kam er aber vollständig zum Bewusstsein. Blitzschnell riss er die Taschenuhr heraus.

„Himmlisches Vaterland", schrie er, „es ist schon bald Zeit zum Erste-läuten, und ich hab noch nicht betgeläutet … um 6 Uhr ist Trauung."

Mit diesen Worten stürzte er in höchster Aufregung zur Tür hinaus. Die drei Spitzbuben aber hielten sich den Bauch vor Lachen. Der Mesner hatte den Kirchenschlüssel bei sich, und darum brauchte er auch nicht nach Hause zu gehen, was ihm umso lieber war, als seine Kathrin in der Früh auch immer die kräftigste Stimme und den unbeugsamsten Willen besaß. – Bald tönte in drei deutlichen Absätzen die Zwölferglocke vom Turm; fünf Minuten später verkündete schon die große Festglocke mit mächtigem Schall, dass es in einer halben Stunde eine Trauung gebe. – Im Dorf wurden einzelne Stimmen laut, dann war es wieder totenstill. Der Mesner schaute ganz verwittert drein und fühlte ein Pumpern im Kopf, als ob man darinnen einen Dachstuhl zimmern würde. Er richtete einiges zur Trauung her, dann ging er hinaus zum Dorfbrunnen, um sich den brummenden Schädel zu kühlen. Da rannte aber schon der Fichtenbauer daher und schrie:

„Was gibt's denn? Hat's nicht geläutet?"

„Was wird's denn geben? Um 6 Uhr ist Trauung", schnarrte der Mesner, „gerade habe ich das Erste geläutet!"

„Aber bist denn verrückt, Ambrosi!", rief der Bauer, „es ist ja erst halb ein Uhr."

„Was du nicht sagst!", schnauzte beleidigt der Ambrosi, „Mesner von Höbling bin *ich* und ich werd wissen, wie früh 's ist." „Meine Sackuhr geht auf die Minute", versicherte der Bauer, „und die zeigt erst halb eins."

„Was dein Erdäpfel zeigt, ist mir gleich", bedeutete der Mesner, „die Kirchenuhr bin ich!"

Der Fichtenbauer ging; da lief aber schon der Brautvater über die Gasse und lärmte:

„Was ist denn heut los mitten in der Nacht? … Es hat groß geläutet."

„Freilich hat's groß geläutet", schrie der Mesner, „und wenn du nicht gleich heimrennst und die Braut holst, kann sich der Bräutigam mit dem Beichtstuhl trauen lassen … in zehn Minuten ist es sechs Uhr und dann läut ich z'samm."

„Auf unserer Stubenuhr ist's erst halb eins", keuchte der Brautvater.

„Eure Kaffeemühl könnt's in den Rauchfang hängen", schnauzte der Mesner, „wenn sie nur zu allen Quatemberzeiten einmal recht geht … um sechs Uhr läut ich z'samm und dann wird getraut, sind die Brautleut da oder nicht."

Der Brautvater rannte jammernd heim, der Mesner aber knurrte etwas von „Schlafhauben" vor sich hin; jetzt schaute er auf den Pfarrhof hinüber und sah, dass noch alle Fenster dunkel waren. – Sollte es auch der Pfarrer verschlafen haben! *Der* war ja sonst früh wach wie ein Hahn und hatte ein Gehör wie ein Fuchs. – Der Ambrosi lief hinüber zum Pfarrhof und riss heftig an der Nachtglocke. Über eine Minute steckte der Pfarrer schon den Kopf zum Fenster heraus und fragte: „Was gibt's?"

„Haben Sie's verschlafen, Herr Pfarrer?", fragte der Mesner, „es ist alle Augenblick sechs Uhr und dann wär Trauung; die Brautleut können nicht warten, sonst versäumen sie den Zug."

Der Pfarrer verschwand rasch am Fenster und der Mesner ging in die Kirche. Kein Mensch war da und seine Uhr zeigte in einer Minute sechs.

„Die Malefizbuben!", wetterte der Mesner, „das eine Mal rennen sie dir schippelweis daher und wollen alle zugleich ministrieren, das andere Mal kriegst keinen!"

Die Uhr zeigte eine Minute über sechs, kein Mensch war da, auch der Pfarrer noch nicht. Der Mesner wollte verzappeln vor Ungeduld. Jetzt rannte er in die Glockenkammer und läutete mit allen Glocken zusammen, so gut wie er es machen konnte. Das Ding fiel aber sehr jämmerlich aus. „Gingl – gengl – gang – bum – bam – gingg", klang es durch die Nacht und das Geläute nahm sich aus, als ob Sturm geschlagen werde. Jetzt rannte der Pfarrer zur Kirchtür herein und rief schon von weitem:

„Was treibt Ihr denn, Ambrosi? – Es ist erst ein Uhr in der Nacht!"

„Was Ihnen nicht geträumt hat!", gab der Ambrosi beleidigt zurück; „Mesner von Höbling bin ich und ich werd wissen, wie früh 's ist."

„Meine Uhr zeigt jetzt genau eins!", erklärte der Pfarrer.

„Ihren Brater mögen Sie der Katz geben", schnarrte der Mesner; „die

Kirchenuhr bin ich und *die* geht allemal richtig, verstanden, Herr Pfarrer!"

„Aber es ist ja kein Mensch in der Kirche", mahnte der Pfarrer.

„Bei der Braut ist gestern Kranzlbinden gewesen und da haben sie getrunken wie die Schläuche", wetterte der Mesner, „und heute dersteht's die besoffene Bande nicht auf."

Der Pfarrer ging mit dem Mesner auf den Kirchplatz hinaus. Vom Pechwirt knallten zwei Pistolenschüsse. In der Nachbarschaft ging ein Fenster auf und eine Stimme schrie: „Um's Himmels willen, was gibt's denn? Sind die Franzosen da?"

Der Pfarrer mahnte abermals:

„Mesner, Mesner, was habt Ihr angestellt!"

Da hörte man plötzlich vom Unterdorf herauf ein dumpfes Blasen und Tuten. Es waren die großen Feuerwehrhörner. Der Feuerwehrhauptmann hatte das Läuten für Sturm gehalten und schnell Feuerlärm blasen lassen. – Jetzt kamen die erschreckten Leute haufenweis auf die Gasse. Die Braut lief mit zerzausten Haaren und im Werktagskleid daher und schrie den Mesner an:

„Du Hanskaspar … es ist ja erst eins, da schau her auf die Uhr!"

„Deinen Zwiebel, deinen g'fror'nen, kannst in den Bach werfen", räsonierte der Ambrosi, „Mesner bin ich und ich werd wissen, wie früh 's ist."

Da wurde von allen Seiten Lärm.

„Was gibt's … Wo brennt's? … Was ist los? … Sturm! … Feuer!?", schrien die Leute durcheinander.

Der Mesner aber stieg jetzt auf die Friedhofsmauer und schrie mit wahrer Stentorstimme:

„Trauung! Sechs Uhr! – Trauung!"

Nun kam endlich die Mesnerin, Frau Kathrin, zum Vorschein. Sie drängte sich an den Pfarrer und fragte:

„Um Himmels willen, was gibt's denn, Herr Pfarrer!"

„Der Mesner hat zusammengeläutet", erwiderte der Pfarrer, „er behauptet fest, es wär schon sechs Uhr."

Jetzt rückte die Kathrin auf ihren Mann los.

„Du b'soffener Besenstiel!", schrie sie, „bist die halbe Nacht beim Wirt gelegen und hast die Uhr verloren und stürmst jetzt das ganze Dorf aus dem Schlafe … Da kommst herunter!"

Der Mesner blieb wohlweislich in seiner vorteilhaften Stellung, sagte aber ganz zahm:

„Nein, Kathrin, die Uhr hab ich on … da sieh, sie zeigt jetzt genau auf viertel über sechs, sie ist auch aufgezogen … Um neun Uhr hab ich sie aufgezogen, das weiß ich genau."

„Du trinkst wie eine Frühkuh und dann weißt du gar nichts mehr", lärmte die Frau.

„Aber meine Uhr wird doch nicht zurückgegangen sein oder einen Sprung gemacht haben", verteidigte sich der Mesner.

„Wahrscheinlich hast du beim Aufziehen schon einen kalbgroßen Affen gehabt", kreischte die Frau, „hast nicht mehr das rechte Loch getroffen und hast den Zeiger aufgezogen."

Jetzt rückte die Feuerwehr auf den Kirchplatz.

„Dem Mesner auf der Leber brennt's", schrie Frau Kathrin erbost; „da, spritzt ihm nur hinauf auf seinen Giebel, vielleicht kriegt er einmal genug."

Der Pfarrer gebot Schweigen, dann sagte er mit vernehmlicher Stimme:

„Leute, es ist nichts, geht ruhig nach Hause … der Mesner hat sich nur mit der Zeit geirrt."

„Nein, nicht geirrt", schrie jetzt wieder der Mesner von oben herunter; „Leute, es ist sechs Uhr, es muss gleich Tag werden … Ich bin der Mesner von …"

Da riss ihn die Kathrin von der Mauer herunter und hielt ihm den Mund zu. Die meisten Leute schimpften jetzt heftig über den Mesner, viele lachten, die Trompeter bliesen einen lustigen Marsch, die Feuerwehr zog ab, die Menge hinterdrein. Ganz zuletzt aber marschierte stramm Frau Kathrin und eskortierte wie ein Gendarm ihren Mann. – Fünf Stunden später war die Trauung, darnach verschwand der Mesner für einige Tage. Es blieb ihm aber von der verhängnisvollen Nacht der Name: *Die nasse Kirchenuhr*".

Ein geschmuggelter Mann

Folgende Geschichte reicht ins graue Altertum zurück. Das heißt, in die Zeit, als Großvater noch in der Wiege lag und Großmutter mit den Mücken flog. Der Schreiber, der auch kein heuriger, sondern ein ziemlich bejahrter Has ist, hat sich vor vielen Jahren den Hergang in Salzau erzählen lassen.

Salzau ist eine größere Ortschaft, in deren nächster Nähe die Grenzpfähle stehen, die Tirol vom Schweizerland trennen. Dass der Warenverkehr über die Grenze geordnet ablief und der Schmuggel nicht überhandnahm, hatte der Staat, wie an anderen Grenzpunkten, so auch in Salzau ein halb Dutzend Wächter angestellt. Die Salzauer lebten aber mit besagten Wächtern, die insgemein „Finanzer", in Salzau aber „Grasrutscher" genannt wurden, beständig auf dem Kriegsfuße. Je fleißiger die Grenzwächter ihres Amtes walteten, desto verstockter und hartköpfiger wurden die Salzauer, und desto pfiffiger stellten sie es an, ihre Schmuggelwaren über die Grenze zu bringen. Allein die Herren Finanzer ließen nicht mit sich spaßen; wenn sie einen Spaziergänger auf schlimmen Wegen ertappten, musste dieser teures Strafgeld zahlen oder kam hinter Schloss und Riegel. Von diesem Schicksal wurden gar manche Salzauer, junge und alte, getroffen, unter anderem auch einmal der Bärenschmied, weil sein Reisegepäck aus dem Nachbarlande just um zehn Pfund zu schwer gewesen, und weil die zehn Pfund zufällig aus Zucker bestanden. Der Schmied hatte ob dieser günstigen Gelegenheit vier Wochen lang durch vergitterte Fenster eine schöne Berglandschaft betrachten können. Als er dann wieder herauskam, machte er den unchristlichen, aber steifen Vorsatz: „Das Schmuggeln werd ich für mein Lebtag lassen, aber die Finanzer werd ich hassen, wo mir ihre Montur unter die Augen kommt."

Ein anderer Salzauer, „der Dicke Jörgl", fasste den gegenteiligen Vorsatz, nämlich: „Das Schmuggeln werd ich niemals unterlassen, aber die Finanzer will ich lieben aus ganzem Herzen." Der Dicke Jörgl, ein

Hauptschmuggler und durchtriebener Kunde, hatte zwar auch zweimal Kerkerluft geatmet, aber viel öfter noch hatte er die Finanzer durch sein Ränkespiel auf irrige Pfade geleitet und daneben eine reiche Beute auf offener Straße in Sicherheit gebracht. Auch sonst hatten die Grenzwächter häufig des Dicken Liebe zu ihnen erfahren, ohne seine Zuneigung erwidern zu können.

Zum Beispiel: Da war einmal der Herr Finanzoberkommissär von Landsturm in Salzau erschienen, um die dortige Grenzwächterstation zu inspizieren. Als er mit dem Kommissär von Salzau einen Kontrollgang unternahm, kamen die beiden Herren in ein fürchterliches Hochgewitter und wurden vom Sturzregen so durchnässt, dass sie trotz ihrer Mäntel am ganzen Leibe keinen trockenen Faden mehr hatten. Zum Glück passte dem Herrn Oberkommissär trefflich ein Anzug seines untergebenen Kommissärs, und so konnte er mit diesem am nächsten Tag bei lachendem Sonnenschein wieder einen Ausgang machen. Unterdessen putzte die Frau Kommissärin gar säuberlich die arg verschmutzte Uniform des Oberkommissärs und hängte sie dann auf einem Zaun hinter dem Amtsgebäude zum Trocknen aus. Da kam zufällig der Dicke Jörgl des Weges, erspähte die Gelegenheit, sondierte kurz die Umgebung, nahm rasch sämtliche Uniformstücke – Mantel, Hose, Bluse, Gürtel, Tschako und Handschuhe des Offiziers – vom Zaune, rollte sie in einen Pack zusammen und lief damit, ohne bemerkt zu werden, in den nahen Wald, wo er leicht ein gutes Versteck für die Beute fand. In der folgenden Nacht holte er den Raub dann in seine Wohnung und versteckte ihn dort in einer Rumpelkammer so sorgsam, dass er unmöglich entdeckt werden konnte. Wozu er den Fang an sich genommen hatte, war dem Jörgl selber unklar. Anlegen konnte er die Montur nicht, ebenso wenig sie verkaufen, auch ging es nicht an, sie zu zertrennen und Zivilkleider daraus zu machen, weil die Art des Stoffes ihn verraten hätte. So blieb denn nur ein einziger Grund für das Schelmenstück, nämlich des Dicken Jörgls Liebschaft mit dem Finanzministerium.

Finanzer und Gendarmen fahndeten mit dem Aufgebot aller Kräfte nach dem Übeltäter, vermochten jedoch keine Spur zu entdecken oder auch nur einen leisen Wind von ihm zu bekommen. Weil aber der Dicke Jörgl kein Unchrist war, drückte ihn doch das Gewissen und er beschloss, den Raub unter irgendeinem Trick dem rechtmäßigen Eigentümer wieder in die Hand zu spielen; doch musste vorerst noch einiges Wasser durchs Tal hinausrinnen und die Luft den schwarzen Nebel verspinnen. Kommt Zeit, kommt Rat.

Es hegte der Dicke Jörgl auch eine ganz kleine Liebschaft mit dem Bärenschmied, der ihn einmal in eine Ehrenbeleidigungssache hineingedunkt hatte, und ein solcher Dienst durfte nicht unvergolten bleiben.

Der Bärenschmied war ein kräftiger, großer Mann in den besten Jahren, der sein Handwerk „fundamental" verstand. Viele hundert Gabeln, Schaufeln, Pickel, Ketten und Reifen hatte er zeit seines Lebens geschmiedet, viele tausend Nägel gespitzt, unzählige Pferde beschlagen usw. Seine Werkstätte, die Bärenschmiede, war kommod und gut eingerichtet, hatte aber einen Mangel, es fehlte ihr an genügend Wasser. Es musste der Bärenschmied viel Arbeit aufwenden und jeden Tropfen Wasser von irgendwoher einfahren, um nur ein so großes Bächlein zustande zu bringen, dass es ihm seinen Hammer trieb und zugleich auch den Windbalg versorgte. Dieser Wassermangel gereichte nicht nur der Schmiede, sondern auch dem Schmied zum Nachteil. Wie allgemein bekannt, ist das Schmiedehandwerk ein sehr trockenes in seiner Art; das Feuern und Hämmern erzeugen Schweiß und dörren die Leber aus. Der Bärenschmied musste aber jeden Tropfen des kostbaren Wassers sparen und lief dabei Gefahr, elendiglich zu verdursten. – Nun stand neben der Bärenschmiede das Bärenwirtshaus. Als der Schmied einstmals durch einen glücklichen Zufall das Bärenwirtshaus entdeckt hatte, war besagte Gefahr verschwunden. Er litt fortan keinen Durst mehr; doch konnte niemand behaupten, dass er die Flüssigkeiten im Übermaß auf seine Leber geleitet hätte. Mochte der Schmied auch etwas mehr trinken als andere Gäste, seine branddürre Leber brauchte eben etwas mehr, und ganz selten fand man den Meister in Gesellschaft eines kleinen „Spitzes". Bloß zu allen heiligen Zeiten oder bei Anlässen, die den Schmied in mächtige Aufregung versetzten, wurde aus dem Spitz ein Kanonenrausch.

Eines Abends saß im Bärenwirtshaus eine durstleidende Gesellschaft und mitten darin auch der Bärenschmied. Man sprach über dieses und jenes, über jenes und dieses und zuletzt über das Schmuggeln. Da stichelte man den Schmied, dass er seinen Schmuggelversuch einstmals so schlau betrieben habe wie ein Bär das Geigenspielen. Himmellaudon, begann der Schmied da zu wettern! Er machte seine Tischgenossen herunter und räsonierte lästerlich auf die Finanzer. Dabei schüttete er den Rebensaft Glas um Glas hinter die Binde, sodass er bald ein Anhängsel bei sich hatte. Nach einer halben Stunde war es schon kein Spitz mehr, sondern ein ausgewachsener „Affe", der den Meister hin und her riss. Er wusste schließlich nicht mehr, ob er der Schmied oder der Hammer sei. Er schlug mit seiner wuchtigen Faust in einem fort auf den Tisch, sodass die Gläser und Teller lustig herumhopsten. Und dann verlor er die Gabe der Sprache. Eine Zeit lang hämmerte er noch mit der Faust, dann hörte dieses auch auf, der Meister ließ sein Haupt auf den Tisch niedersinken und gab kein anderes Lebenszeichen mehr als ein bärenmäßiges Schnarchen.

Da auch die anderen Gäste ziemlich schwer geladen hatten und es schon spät wurde, machte der Bärenwirt kurzen Prozess und setzte die ganze Bruderschaft vor die Tür. Den schlafenden Schmiedmeister zerrten, oder richtiger, trugen vier der Gesellen unter größter Anstrengung mit sich fort. Er war kein Schmied mehr und kein Hammer, sondern ein Amboss, eisenschwer, ohne Verstand und freien Willen, auch riss er bald den einen, bald den anderen seiner Transportmannschaft zu Boden. Diesen wurde die Last auch alsbald zu viel und sie legten den Koloss schon nach wenigen Schritten auf den Rasen nieder, wo er seinen Brand ohne Gefahr ausdampfen konnte; denn es war eine laue, milde Nacht.

Kaum hatte die Begleitschaft sich entfernt, als andere Nachtwandler des Weges einherschlichen. Es kehrten nämlich der Dicke Jörgl und noch drei seines Gelichters von einem missglückten Schmuggelzug nach Hause, stießen auf den schnarchenden Schmied, rollten ihn von einer Seite zur andern und erkannten, dass er seinen schwächsten Zustand hatte. Da blitzte dem Dicken Jörgl ein tückischer Einfall durch den Kopf, er tat einen schrillen Lacher und machte seinen Spießgesellen einen Vorschlag, auf den sie beifälligst eingingen. Sofort hoben sie den Siebenschäfer und trugen ihn in die Behausung des Dicken Jörgl. Sie rasierten ihm nun den struppigen Vollbart glatt weg, ließen aber den langen Schnurrbart stehen, stutzten ihm die Haare und wuschen ihm säuberlichst Hände und Gesicht. Dann brachte der Dicke Jörgl die versteckt gehaltene Uniform des Finanzoberkommissärs, die sie dem Schmied mit einiger Mühe anzogen. Er ließ willen- und bewusstlos alles mit sich geschehen, tat nur ab und zu einen dumpfen „Gröler" oder hob ein wenig die Faust, als ob er hämmern wollte. Die Montur des Oberkommissärs, der ein umfangreicher Mann war, passte dem Schmied gar nicht übel. Bloß der Rock um die Schultern zwängte ein wenig. *Dem* half man aber durch einen kleinen Schnitt in die Rückennaht ab, der unter dem Mantel ja nicht sichtbar wurde. Als der Schmied die volle Garnitur anhatte, frisierte man ihm noch das Haar, zwirbelte ihm den Schnurrbart, setzte ihm den Tschako auf und schnallte an den Gürtel ein altes Eisen von einem Schleppsäbel, den der Dicke Jörgl leicht entbehren konnte. Und nun war der „Herr Oberkommissär" fix und fertig. Die losen Gesellen stellten ihn auf die Beine, mussten ihn aber beiderseits stützen, damit er nicht umfalle. Da lachten sie hellauf und staunten selbst über ihr Werk. Niemand in ganz Salzau hätte den Bärenschmied in diesem Aufzug erkannt, sogar die Frau Schmiedmeisterin wäre an ihrem Meister irre geworden. Und jetzt kam die Hauptsache. Die Halunken schleppten den ehrenwerten Bärenschmied – zurzeit Finanzoberkommissär – zum Gebäude der Finanzwache. Dort setzten sie ihn auf die steinerne Bank vor dem Eingang, legten ihm den Mantel um, brachten Säbel und Tschako in Ordnung und rissen dann gröblich an der Nachtglocke. Droben ging ein Fenster auf und eine schnarrende Stimme fragte, was los sei.

„Der Herr Oberkommissär ist da", rief der Dicke Jörgl im verstellten Ton; „es scheint ihm nicht wohl zu sein."

Dann liefen die Spitzbuben davon, so rasch ihre Beine sie tragen konnten. Im Amtsgebäude befanden sich nur vier untergeordnete Finanzer. Der Herr Kommissär, der Aufseher und zwei Mann waren draußen auf einem Kontrollgang. Durch die sonderbare und doch so bestimmte nächtliche Meldung veranlasst, kamen alsbald zwei Finanzer zur Türe heraus; der eine trug eine Laterne in der Hand, während der andere sein Gewehr im Anschlag hielt. Sie erblickten den halb sitzenden, halb liegenden Mann auf der Steinbank, sahen an der Uniform und an den Abzeichen, dass es ein Finanzoberkommissär war, erkannten ihn aber nicht. Jedenfalls stammte der Gast aus einem fremden Bezirk und kam auf Besuch oder gar zu einer außerordentlichen strengen Visitation. Die beiden salutierten dienstgemäß und verneigten sich mehrmals. Da der gefürchtete Vorgesetzte keinen Gruß und keine Komplimente erwiderte, fragte der eine:

„Was befehlen der Herr Oberkommissär?"

Keine Antwort, kein Rührer.

Nähertretend erkannten die beiden aus der ganzen Haltung des Gastes und mehr noch an dem penetranten Alkoholduft, den er ausströmte, dass der Herr Oberkommissär *Einen* bei sich hatte, der stärker und mächtiger war als er. Sie riefen ihre Kameraden und trugen dann mit vereinten Kräften den unbekannten Vorgesetzten hinauf in das Zimmer des abwesenden Kommissärs, wo sie ihm den Säbel abnahmen, ihn auf das Kanapee hinlegten und mit seinem Mantel zudeckten. Sodann begaben sich alle wieder zur Ruhe, und der Dicke Jörgl, der noch einmal herangeschlichen war, um die Lage zu sondieren, trabte lachend nach Hause. Der Herr „Oberkommissär" aber schlief auf dem Kanapee seines „Untergebenen" wenn auch nicht den Schlaf des Gerechten, so doch einen Bärenschlaf.

Ruhig verlief die weitere Nacht und schon blickte der helle Tag zu den Fenstern herein. Die Turmuhr der Pfarrkirche schlug sieben. Da erwachte der „Oberkommissär" *recte* Bärenschmied, der ein Frühaufsteher war und meist um sechs Uhr schon an der Esse stand. Er war jetzt wieder bei Sinnen, nur stark verkatert und einigermaßen noch benebelt … Ja Himmel Laudon, hat er sich denn verschlafen? Und wo befindet er sich? Da drüben ein Schreibtisch, ein Bücherschrank, gepolsterte Stühle, ein großer Spiegel! Die Lokalität ist ihm völlig unbekannt … Er rieb sich mit beiden Händen die Augen, das Gesicht … Potz, Blitz, er hat ja keinen Vollbart mehr. Wie geht *das* zu? … Mit einem Ruck warf er den Mantel weg, den er für eine Wolldecke hielt, sprang auf, zum Spiegel hin und blickte starr hinein …Ja …, das ist ja ein Finanzer, ein verfluchter Grasrutscher! Ich dank schön für die Gesellschaft. – Aber wo bin ich denn? … Er trat zum Fenster und sah in den engen Hof hinab. Draußen regnete es und die Nebel hingen bis über die Mauern herein. – Eine vollständig unbekannte Gegend! – Wiederum trat er zum Spiegel, und wiederum blickte ihn ein Finanzer daraus an …, *den* Menschen kenn ich nicht. *Das* Affengesicht hab ich mein Lebtag nie gesehen … Da klopfte es an die Türe.

„Herrein!“

Es erschien ein junger Finanzer, der salutierend grüßte:

„Guten Morgen, Herr Oberkommissär! – Haben Sie gut geschlafen? – Befehlen der Herr Oberkommissär etwas?“

„Wo – wer – ist da ein Oberkommissär?“, lärmte der Schmied.

Der Finanzer stutzte, dann sagte er:

„Verzeihen der Herr Oberkommissär, ich wollte nur fragen, ob ich mit etwas dienen kann. Wünschen Sie vielleicht den Morgenkaffee zu nehmen?“

„Zum Teufel mit eurem Kaffee! Ich will Wasser haben, Wasser.“

„Wenn es dem Herrn Oberkommissär gefällig ist, bitte, mir in das nächste Zimmer zu folgen. Dort ist ein Waschwasser und alles für Toilette vorbereitet.“

„Ich brauche kein Waschwasser, sondern Wasser zum Trinken, viel Wasser!“

„Zu Befehl, Herr Oberkommissär.“

„Zum Teufel, lassen Sie mich mit dem Oberkommissär aus! Ich bin kein Oberkommissär, nie einer gewesen.“

Der Finanzer ging kopfschüttelnd fort. Jetzt erst merkte der beduselte Schmied, dass er eine richtige Finanzermontur anhatte … Bin ich wirklich ein Finanzer? Ein Grasrutscher? … Doch schon kehrte der junge Finanzer mit einem zweiten, älteren, zurück. Diesem erschien heute bei Tageslicht die vermudelte, saloppe Uniform und die ganze Haltung des Gastes verdächtig. Er sagte mehr scharf als höflich:

„Guten Morgen, der Herr! Mit wem haben wir die Ehre?"

„Mit *mir* nicht", erwiderte der Schmied gereizt.

„Wer sind Sie denn?"

„Das weiß der Kuckuck."

„Woher kommen Sie?"

„Sagen Sie mir lieber, wo ich bin."

„Sie befinden sich hier bei der Finanz in Salzau."

„Also doch in Salzau! Das ist wenigstens eine bekannte Gegend; aber mit den Finanzern hab ich nichts zu schaffen. Ich bin kein Schmuggler."

„Gehören Sie nicht dem Finanzpersonal an?"

„Will's Gott, nicht."

„Aber dann sagen Sie, wer Sie sind."

Der Schmied betrachtete sich forschend vom Kopf bis zu den Füßen, tastete mit der Hand nach seinem Bartwald, der nicht vorhanden war, schüttelte das Haupt und sagte grimmig:

„Wer ich bin, müsst ihr besser wissen als ich. Ich weiß es nicht."

„Das ist zum Lachen", tat verwundert der Finanzer. „Sie werden doch wissen, was für einen Namen, für einen Stand, für einen Beruf Sie haben."

„Gar nichts weiß ich … *Ich* bin verhext, *ihr* seid verhext, die ganze Welt ist verhext."

Die zwei Finanzer sahen sich fragend an. Ist der Mensch noch voll betrunken? Oder ist er ein Irrsinniger?

Und wiederum drängte der ältere Finanzer:

„Jetzt seien Sie vernünftig, nennen Sie Ihren Namen, sagen Sie, wer Sie denn eigentlich sind."

„Ich weiß es nicht", entgegnete, heftig den Kopf schüttelnd, der Schmied.

„Denken Sie einmal ernstlich nach; es muss Ihnen doch einfallen, wo und was Sie früher waren, wie Sie heißen."

Der Schmied ließ den Kopf hängen und grübelte eine Zeit lang in sich hinein; dann sagte er plötzlich:

„Geht hinunter in die Bärenschmiede und fragt, ob der Schmiedmeister zu Hause ist. – Wenn der Meister zu Hause ist, dann weiß ich wirklich und wahrhaftig nicht, wer ich bin. Wenn aber der Meister *nicht* zu Hause ist, dann könnt ich vielleicht der Bärenschmied sein."

„Wie kommen Sie in diese Uniform?"

„Das weiß ich nicht. Geht, fragt beim Bärenschmied nach."

Richtig ging ein Finanzer hinab in die Bärenschmiede, wo er die Frau Meisterin in heller Angst wegen ihres Mannes antraf. Dieser war seit gestern Abend verschwunden und im ganzen Dorf nirgends zu erfragen. Durch die Eröffnungen des Finanzers etwas beruhigt, ging die Frau hinauf in die Kaserne. Dort stellte man ihr den Quasi-Oberkommissär vor und fragte, ob das ihr Gatte sei.

„Nein, nein!", beteuerte die Frau. „Den Menschen kenn ich nicht, hab ihn nie gesehen."

Da polterte der Schmied:

„Ho, ho, ho! Bin ich's oder bin ich's nicht? Bist *du* verhext oder *ich*? – Ich bin doch einmal dein Mann gewesen."

Jetzt erkannte ihn die Frau an seiner Stimme und bei näherem Zuschauen auch sein Gesicht.

„Du, du …, du Rauschkübel!", schrie sie heftig erregt; „wo bist du gewesen? Was hast du getrieben? Gelt, du hast dir wieder einen Kanonenelefantentuller angetrunken und bist darnach in die Fasnacht hineingeraten? Wo ist dein Bart hingekommen?"

Auf all die Fragen wusste der Schmied keine Antwort. Es gab ein langes Hin und Her, einzelne Dinge wurden aufgeklärt, die meisten blieben rätselhaft. Nachdem die Frau ihrem Mann Kleider gebracht hatte, verwandelte dieser sich alsbald wieder vom „Finanzoberkommissär" zum ehrenwerten Bärenschmied und zog dann brummend mit seiner Meisterin nach Hause.

Eine Stunde später kehrte der Kommissär von Salzau mit seinen drei Mann vom nächtlichen Kontrollgang zurück und vernahm die heillose Geschichte, erkannte auch sofort die vom Bärenschmied hinterlassene Uniform als diejenige, die seinem vorgesetzten Oberkommissär seinerzeit abhandengekommen war. Er tobte fürchterlich und schwor, dass es jetzt keinen Pardon mehr gebe. Nachdem man einen der Übeltäter zur Hand habe und für das Geschehene verantwortlich machen könne, werde auch alles Übrige sich finden. – Es fand sich aber gar nichts als die Werktagskleidung des Schmiedes, die einige Tage später morgens auf der Steinbank vor der Finanzwachkaserne lag. Bei dem gerichtlichen Verhör sagte der Bärenwirt aus, dass sein Nachbar, der Bärenschmied, voll geladen und schnarchend von etlichen Zechgenossen heimgebracht worden sei. Die Zechgenossen gaben an, dass sie den ambossschweren Transport nur zwanzig Schritte weit hätten bewältigen können und ihn dann liegen gelassen hätten, ohne sich ferner um ihn zu kümmern; ein Dutzend Zeugen, die noch aufgerufen wurden, wussten überhaupt nichts, und am allerwenigsten wusste der Bärenschmied etwas. Er polterte wütend über die Spitzbuben, die ihm die größte Schande seines Lebens angetan und ihn in einen Finanzer verzaubert hätten; wenn er die Halunken ausfindig mache, und *das* werde er sicher, dann bringe er sie mindestens auf zehn Jahre ins Kriminal. – – So verlief die Gerichtsverhandlung im Sande, und der ganze Mannsschmuggel blieb unaufgeklärt. Erst zwanzig Jahre nachher, als die Finanzwachstation in Salzau längst aufgelöst worden war, spendierte der Dicke Jörgl dem Bärenschmied einmal eine Flasche Terlaner und bemerkte, *das* sei eine kleine Genugtuung für den Waldfrevel, der vormaleinst an seinem schönen Vollbart verübt worden wäre.

Die Wette

Der „Rössl"-Wirt von Niederhausen, Jaggl mit Namen, war ein großer Wetter vor dem Herrn. Sein zweites Wort lautete immer: „Wetten wir?" oder: „Was gilt's?" Er wettete auf Kegel und Karten, auf Kühe und Kälber, auf Regen und Sonnenschein, und wenn es nichts anderes zu wetten gab, sogar auf das Gewicht seiner Frau und den Umfang seiner Weste.

Kamen eines trübseligen Tages, nachdem schon seit vierundzwanzig Stunden sich kein Gast mehr hatte blicken lassen, zwei Nachbarn, der Wiesbaumer und der Felber, zu des „Rössl"-Wirts Tür hereingeschlenkert und setzten sich breit hinter den Schanktisch. Sofort war auch der Jaggl da und begrüßte die beiden Nachbarn als Erlöser aus den betrübten und langweiligen Zeiten. Als die Kellnerin die schäumenden Bierkrüge auf den Tisch stellte, waren die drei Freunde schon in ein anregendes Gespräch verwickelt. Der Felber brachte die Rede zufällig auf einen Taschenspieler, der gestern auf dem Brantacher Markt seine Kunststücke produziert habe. Der Wiesbaumer erläuterte, es gebe so manche Dinge, die auf den ersten Anschein kinderleicht seien, tatsächlich aber von keinem Menschen zustande gebracht würden. Zum Beispiel sei es ganz unmöglich, vor einer Uhr zu sitzen, das Hin- und Hergleiten des Perpendikels genau ins Auge zu fassen und eine gute Stunde lang auf jeden Schlag des Pendels immer die Worte zu wiederholen: *„Da geht er hin – da geht er her"*, ohne etwas anderes zu sprechen.

„Wär zu lachen", äußerte der Wirt, *„das* ist doch keine Hexerei!"

„Du bringst es nicht zuwege – um keinen Preis", versicherte der Wiesbaumer.

„Wetten wir?", eiferte sich der Wirt.

„Was du willst."

„Gilt's einen Zehner?"

„Es gilt."

Beide legten eine Zehnerbanknote auf den Tisch. Der Felber mahnte heuchlerisch:

„Magst auch *du* einen Zehner setzen?", spitzte der Wirt.

„Wenn du willst, gern", erklärte der Felber.

Noch zwei Banknoten kamen auf den Tisch; der Wirt aber beeilte sich, mit einem siegesfrohen Lächeln das angebliche Kunststück gleich durchzuführen. Er setzte sich unmittelbar vor der großen, langsam pendelnden Schwarzwälderuhr rittlings auf den Stuhl, sodass er die Stuhllehne vorne hatte und auf dieselbe seine Arme stützen konnte.

„Kann's losgehen?", fragte er.

„Ja – nur zu!"

„Aber ihr dürft mich nicht behelligen und stören."

„Wir rühren dich und den Stuhl nicht an … bloß das Reden musst du uns erlauben."

„Reden könnt ihr, so viel ihr wollt", erklärte der Wirt.

„Aber *du* darfst eine volle Stunde lang kein anderes Wort sagen als auf den Schlag des Perpendikels genau und immerzu: ‚Da geht er hin, da geht er her!'", bedingten die Nachbarn.

Der Wirt erklärte sich einverstanden und machte es sich auf dem Sessel kommod.

„Es ist jetzt haargenau 4 Uhr", sagte er; „jetzt geht's los bis 5 Uhr … also: Da geht er hin – da geht er her – da geht er hin – da geht er her" usw.

Die beiden Nachbarn nahmen die Banknoten vom Tisch, kamen damit zum Wirt herüber und steckten sie vor dessen Augen in die Tasche – ein jeder zwei.

Der Wirt lächelte ein wenig und deklamierte eifrig: „Da geht er hin – da geht er her."

Die Nachbarn führten ein lautes und anregendes Gespräch über die Marktpreise, der Wirt ließ sich nicht beirren. Der Felber setzte sich wieder hinter den Tisch, während der Wiesbaumer zur Tür hinaus in die Küche schritt und der Wirtin nachforschte. Als diese erschien, tat der Wiesbaumer sehr bestürzt und fragte:

„Aber, Kathi, was hat denn heut um Himmels willen der Wirt?"

„Was soll er denn haben?"

„Er tut so spaßig, als wenn ihm ein Radl im oberen Stock kurzweg abgelaufen wär; … komm doch herein, schau einmal!"

Die Wirtin ging hinein; als sie ihren Gatten in der sonderbaren Stellung erblickte und das kindische Geleier vernahm, fuhr ein jäher Schreck durch ihre Glieder.

„Was treibst du denn, um Gottes willen, du närrischer Hanskaspar?", rief sie den Wirt an.

„Da geht er hin – da geht er her", entgegnete der Wirt.

„Was hast denn, Jaggl? … Bist du krank? … Lieber Jaggl, ist dir etwas passiert?"

„Da geht er hin – da geht er her – da geht er hin – da geht er her."

„Jaggl, Jaggl, geh, lass das Kinderspiel, komm mit in die Kammer, leg dich nieder, du bist krank", bat die Wirtin und zog den Eheherrn am Arm. Dieser aber gab seiner Ehehälfte mit der Linken einen Stoß, dass sie zur Ofenbank hinüberflog und schrie mit wahrer Bärenstimme: „Da geht er hin – da geht er her!"

Die Wirtin begann laut zu weinen.

„Er ist ganz übergeschnappt", heuchelte der Felber, dann fragte er die Wirtin: „Hast du früher nichts gemerkt?"

„Ja, freilich, er ist schon den ganzen Tag so verdrossen und aufgeregt gewesen", schluchzte die Wirtin.

„Er hat auch das Blut alles im Kopf", versicherte der Wiesbaumer: „ich tät in deinem Fall den Doktor holen."

„Der Doktor ist leider heut fortgefahren", jammerte die Frau, „aber Aderlassen kann auch die Hebamme."

„Wirtin, es ist höchste Zeit", drängte der Felber, „schau, der Jaggl wird immer röter im Gesicht, am End trifft ihn noch der Schlag."

„Heiliger Silvöst", schrie die Wirtin, rannte zur Tür hinaus und ins Dorf hinunter.

Über eine Weile kam die Rosl, des Wirtes älteste Tochter, in die Stube herein. Sie lachte anfangs, als sie das närrische Gebaren ihres Vaters sah.

„Aber Vater", rief sie, „bist du bei Trost?"

„Da geht er hin – da geht er her."

„Weißt du nicht, dass er übergeschnappt ist?", sagte ernsthaft der Felber, „deine Mutter ist gangen die Langer-Burgl holen."

„Vater, Vater", schrie das Mädchen und warf sich dem Alten um den Hals.

„Da geht er hin – da geht er her", kröchelte der Wirt, im nächsten Augenblick aber flog die Rosl in eine Ecke.

Da wurde es draußen im Hausgang wieder lebendig und alsbald erschien die Wirtin mit der Langer-Burgl, die in Niederhausen das Amt einer Hebamme versah. Als die beiden Frauen zur Tür hereinkamen, rollte der Wirt fürchterlich die Augen und schaute darein wie ein bissiger Hund.

„Jaggl", sagte die Wirtin, „jetzt sei gescheit und steh einmal auf."

„Da geht er hin – da geht er her."

„Jaggl, magst du nicht etwas essen? Ich bringe dir einen Kaffee."

„Da geht er hin – da geht er her."

„Wirt, lass dir einmal den Puls greifen", sagte die Burgl und näherte sich dem Stuhl. Da erhielt sie einen so heftigen Stoß in die Seite, dass sie zurücktaumelte.

Die Wirtin und die Rosl traten hinzu und versuchten den Jaggl zu halten. Dieser aber schlug jetzt mit beiden Armen wild um sich und brüllte fürchterlich:

„Da geht er hin – da geht er her! – Da geht er hin – da geht er her."

„Er ist ganz tobsüchtig", erklärte die Burgl, „*den* muss man in die Zwangsjacke stecken."

„Felber und Wiesbaumer, kommt her", bat die Rosl, „helft uns den Vater halten."

„Werde mich hüten", sagte der Felber, „er könnte mich leicht beißen."

„Einen Tobsüchtigen ist nicht gut anrühren", erklärte der Wiesbaumer.

„Mit Blutegeln und Aderlassen ist hier nichts anzufangen", versicherte die Burgl, „da muss man versuchen, das rebellische Blut anders zu beruhigen."

Die Weibsleute flüsterten eine Zeit lang untereinander, dann ging die Rosl hinaus und brachte über eine Weile etwas in der Schürze. Der Wirt stierte angelegentlich in die Uhr und leierte eifrig weiter:

„Da geht er hin – da geht er her – da geht er hin – da geht er her."

Die Rosl zog hinter dem Rücken des Vaters einen großen Wasserkrug aus der Schürze – er war gefüllt – und reichte ihn der Mutter. Diese schlich sich von hinten an den Wirt, hob den Krug und stürzte dem teuren Ehemann den ganzen nassen Inhalt über den Kopf. Der Wirt, der empfindlich war wie eine Schnecke und seiner Lebtag vor dem Wasser eine Scheu hatte wie der Teufel vor dem Weihbrunnen, erschauerte am ganzen Leibe; er pustete und fauchte wie eine gebadete Katze: „Pft, pft! Pflatsch, pflatsch." Die Stimme blieb ihm im Hals stecken; er brauchte keinen Laut mehr heraus, und als jetzt die kalten Wasserbächlein über Rücken und Beine hinabliefen, wie eiskalte Schlangen über die Arme hinauskrochen, da verlor er alle Besinnung. Er sprang auf und schrie:

„Ihr verdammte Weiberbande! Ich will euch Mores lehren!"

Da ihm aber jetzt wieder die Wette einfiel, begann er mitten im Wortschwall wieder mechanisch zu wiederholen:

„Da geht er hin – da geht er her – da geht er hin – da geht er her."

Der Wiesbaumer und der Felber lachten, dass ihnen der Wanst schlotterte; dann legten sie schnell einen Sechser für das Bier auf den Tisch und verließen eilig die Stube. Da der Wirt jetzt merkte, dass er die Wette verloren habe, fing er erst recht an zu toben.

„Ihr rindsdummen Gänse, ihr habt mich um vierzig Gulden gebracht", schrie er und zeigte Lust, auf den Rücken der Weibsleute den Sechsachteltakt zu tampern. – Erst abends im Bett beruhigte er sich einigermaßen. – Auf den Wiesbaumer und Felber trug er lange Zeit einen gewaltigen Pick, das Wetten aber hat er nicht verlernt.

Hart gegangen ist besser
als leicht gefahren

Es ist schon fünfzig Jahre her, und ich kann die Geschichte umso unbedenklicher erzählen, als ich veränderte Namen wähle und die Hauptperson längst schon das Zeitliche gesegnet hat.

Diese Hauptperson hieß mit dem Vulgonamen Kipfel-Trine. Sie war eine Art Dorfbötin, die alle Wochen dreimal von Plötzenmarkt Butter und Eier in das anderthalb Meilen entfernte Städtlein Zweikirchen hinaus- und von dort allerhand Stadtwaren, insbesondere Weizenbrot oder Kipfel nach Plötzenmarkt hereintrug. War aber die Trine schon ein ziemlich alter Jahrgang, hatte eisgraue Haare, harmlgiftige Augen, ein spitzes Kinn, eine lange Nase und unter der Nase einen Mund. Mund? *Das* ist viel zu wenig gesagt, „Maul" ist auch noch zu hart, einigermaßen bezeichnend wäre „Brechel". Trinens Mundstück ging unausgesetzt bei Tag und Nacht; Kirchen voll Ehre und den guten Namen der Mitmenschen hatte sie schon gebrechelt und zu Fetzen gehechelt. Das Ding wurde von Jahr zu Jahr ärger – und ganz natürlich, denn je älter die Geiß, desto mehr dass sie weiß.

Nun war es einmal im schönen Monat Juni an einem Dienstag, da hatte die Trine eine Unmenge von Kommissionen in der Stadt. Morgen war Firmung in Plötzenmarkt, und heute Abend sollte der Bischof kommen. In Plötzenmarkt rührte alles die Hände. Die Straßen waren sauber gefegt, die Wohnungen mit Reisig verziert, über den Dächern und aus den Fenstern flatterten Wimpel und Fahnen, drei große Triumphpforten spannten sich über die Marktgasse, an denen einige Männer noch die letzten Zurichtungen ausführten. Im Innern der Häuser wurde an den Kleidern gebürstet und gebügelt, gemustert und gemodelt. Alles harrte in freudiger Erwartung des hochverehrten Oberhirten. Der Postmeister hatte seinen besten Kutscher, den Hans, mit dem neuen Landauer, der viersitzigen Glanzkutsche – bespannt mit den zwei flinksten Rossen, dem Fuchs und dem Grauschimmel – nach Zweikirchen geschickt, um den Bischof und dessen Begleitung hereinzuführen.

Nachmittags um drei Uhr war der Post-Hans mit seiner Staatskutsche am Bahnhof in Zweikirchen und malte sich schon im Geiste aus, wie flott er den Bischof durch das Tal hineinfahren werde. Aber der Bischof kam nicht. Statt des Bischofs erschien ein Telegramm, der Oberhirte sei wegen eines unerwartet eingetroffenen Hindernisses zurückgehalten und könne erst morgen kommen. Da nach Plötzenmarkt hinein der Telegraf noch nicht gebaut war, wurde dem Post-Hans das Telegramm zur Beförderung übergeben. Er machte ein schiefes Gesicht, als er statt des hohen Herrn nun das Absagetelegramm mit sich führen musste. Verdrossen lenkte er sein Gefährte um und kutschierte, ohne irgendwo einzukehren, wieder taleinwärts. Noch hatte er nicht die Hälfte des Weges zurückgelegt, als vor ihm eine bekannte Figur auftauchte: ein großer Korb, darunter ein weiter Kittel und darunter zwei watschelnde Klumpfüße – *die Kipfel-Trine.*

„Akkurat ist das Rabenaas auf der Straße", knurrte der Hans grimmig durch seinen Schnauzbart; „es wär' kein Wunder, dass es Verdruss gibt, wenn die Hexen am Weg sind!"

Der Post-Hans war der Trine schon aus allgemeinen Gründen nicht gewogen, im Besondern aber, weil sie vor kaum drei Monaten seine Heirat mit der Krämer-Agnes durch ihre giftige Zunge hintertrieben hatte. Er spürte jetzt eine starke Versuchung, der alten Hechel mit seiner Peitschenschnur im Vorbeifahren eins über die Wangen zu schmitzen. Aber er bedachte sich doch eines andern und wollte nur stolz wie ein Spanier durchrollen, ohne die Trine eines Blickes zu würdigen. Da wurde aber, als er die Bötin eben erreicht hatte, am linken Zügel etwas locker und er musste anhalten und absteigen, um die Sache wieder in Ordnung zu bringen. – – Wie die Trine nun der leeren Staatskutsche ansichtig ward, kreischte sie auf:

„Ja, kommst du allein? – Wo hast du den Bischof?"

„Der Bischof ist verhindert – wird erst morgen eintreffen", knurrte der Hans.

„Ja was wär denn *das*! *Das* ist ja himmelschreiend! Aber, Hans, weil die Kutsche grad leer ist, könntest wohl ein Einsehen haben und ein gutes Werk für mich tun."

„Gute Werke hast wohl *du* für mich getan, du alte Raffel!"

„Aber Hans, ich hab gar so schwer aufgelegt heute, der Korb drückt mir den Rückgrat ein."

„Wo kein Schaden ist, ist keine Gefahr."

„Hans, sei g'scheit. Ob du den leeren Wagen führst oder mich aufsitzen lasst, bleibt sich gleich. Wirst mich doch mitfahren lassen?"

„Ich nicht. Fahr du auf einem Besenstiel!"

„Hans, ich tu schon zahlen – ich gib dir ein schönes Trinkgeld."

„Wenn du mir einen Fünfer zahlst, lass ich dich mitfahren, billiger nicht."

„Um Gott'sheiligen willen, wo denkst denn hin? Fünf Gulden verdien ich ja im halben Jahr nicht. Wo soll ich's denn hernehmen? Aber drei Zwanzger zahl ich dir – drei Zwanzger sind auch ein Geld."

Der Hans schien zu überlegen. Die Trine merkte nicht, wie ein böswilliges Aufleuchten in seinen Augen zuckte.

„Na meinetwegen", sagte er, also um drei Zwanzger! Aber beim Leitenkreuz musst du aussteigen; ich tät mich schämen, mit dir durchs Dorf zu fahren."

„Natürlich steig ich beim Leitenkreuz aus; wenn die Leute mich sähen täten in der Bischofskutsche sitzen, hätt das Gered kein Ende."

Der Hans öffnete den Wagenschlag, die Trine schob ihren Korb hinein und kreuchte dahinter nach. Dann machte sie sich's auf den weichen Polstersitzen kommod, während die Pferde wieder anzogen. Nobel lehnte sie sich zurück, fühlte sich pudelwonnig und dachte nach, wie sie dem Post-Hans die drei Zwanziger abhandeln könne. Der Hans aber murmelte halbleise in seinen Bart:

„Du altes Laster, jetzt hab ich dich einmal. Dein Lebtag lang sollst du an diese Fahrt und an den Post-Hans denken."

Als sie eine Strecke im regelmäßigen Tempo gefahren waren, fielen plötzlich einige schwere Regentropfen aus einer hinstreichenden Wolke. Der Hans stieg ab und sagte:

„Ich muss das Dachleder zumachen, sonst wird mir die feine Kutsche inwendig nass, und dann könnt ich vom Postmeister einen saubern Wischer kriegen."

„Ja, mach nur zu", stimmte die Trine bei, „es könnt leicht stärker anfangen zu regnen."

Der Hans zog die beiden Dachleder zusammen, schob die Federn links und rechts ein, und nun saß die Trine hübsch gedeckt in der geschlossenen Kutsche. Sie war aber auch regelrecht eingesperrt, denn der Schlag hatte inwendig keinen Drücker. Als der Hans sich wieder auf den Bock schwang, hatte sich die Regenwolke bereits verzogen, und die Sonne lachte wieder hell vom Himmel. Aber nun ließ der Kutscher die Pferde ausgreifen. Im gestreckten Laufe ging es dahin, der Wagen schaukelte wie eine Wiege und die Bötin war in Höllenangst um ihre Kipfeln, die im Korbe tanzten. Doch gottlob, es dauerte bloß eine Viertelstunde, jeden Augenblick musste das Leitenkreuz auftauchen. Da war es ja schon, und man sah vom Leitenegg aus hinein nach Plötzenmarkt, wo die Festfahnen über den Dächern wirbelten. – – Doch, was soll das heißen? Der Wagen hält nicht. Sie schiebt sich gegen das Fenster zu und ruft hinaus:

„Hans, halten! Wir sind schon beim Leitenkreuz vorbei; ich muss aussteigen."

„Hü, Fuchs!", schreit der Hans und schnalzt mit der Peitsche.

Rasend fliegt der Wagen dahin, die Trine darf sich kaum rühren. Sobald sie aufstehen will, kugelt sie auf den Polstern hin und her wie ein Gummiball. Einzelne Kipfel springen aus dem Korb. Jetzt tastet sie wieder zum Fenster und kreischt hinaus:

„Hans, ich muss aussteigen, es ist höchste Zeit; wir kommen ja schon zu den ersten Häusern."

„Hü, Schimmel, hü – hü!"

„Hans, du wirst doch keinen Spaß mit mir treiben wollen? Das tu ich dir nicht raten. Du kennst mich!"

„Hü, Fuchs – pf – pf – pf!"

„Hans, mach keine Dummheiten und lass mich aus, sonst bring ich dich in die Mäuler – ich bring dich ins Kriminal!"

„Hü, Schimmel! – Hopp – hopp – hopp."

„Du Strick! Du Haderlump! – Du Vieh- und Leutschinder! – Du Tagdieb! – Du Schuldenmacher! …"

„Hossa, hossa! – Hopp, hopp!"

Nun richtet sich die Trine auf und will den Schlag öffnen. Aber da liegt sie schon hingerüttelt auf dem Boden des Wagens. Es ist eine pure Unmöglichkeit, die Türe aufzumachen, und wenn es ginge, nützte es ihr doch nichts; denn bei der rasenden Fahrt kommt sie nie und nimmer aus. Nur mit Mühe erlangt sie wieder den Sitz und tappt noch einmal zum Fenster.

„Hans!", bittet sie nun fromm und demütig, „du lieber, guter Hans, geh, hab Erbarmen mit einer geschlagenen, armen Haut!"

Aber der Hans lässt die Peitsche in der Luft wirbeln, und ein förmliches Tanzl schnalzt er mit derselben herunter: Tiggltaggl – tiggltaggl – tiggltaggl – tack – tack – tack … klepf … klepf … klepf. –

„Lieber Hans, braver Hans, bester Hans! Lass mich aus, ich bet dir ein Rosenkranz!"

Doch der Hans schwenkt mit der Linken ein weißes Sacktuch in die Luft. Droben vom Kirchbühel herunter donnern jetzt die Böller – plumps – plumps – plumps, das Echo rollt in den Bergen – laut und feierlich erklingen die Glocken vom Turme … Die Staatskutsche rasselt in die Marktgasse hinein.

„Himmlisches Jerusalem! Alle vierzehn Nothelfer! Heiliger St. Fritz!", betet die Trine in ihrer Herzensangst und duckt sich wie eine Henne tief in den Fond des Wagens, um von den Leuten nicht gesehen zu werden.

Jetzt biegen sie auf den Marktplatz ein. Dichtgedrängt steht die Menge zu beiden Seiten: die Kranzjungfrauen, die Feuerwehr, die Schützen, die Musikanten, der Gemeindeausschuss, vier Männer mit dem Traghimmel, Burschen mit den großen, schweren Kirchenfahnen, weißgekleidete Mädchen mit Blumensträußen in den Händen und die aufzusagenden Verslein schon auf den Lippen, die Geistlichkeit, ein Dutzend Ministranten und dahinter das übrige Volk, Kopf an Kopf. – *Jetzt kommt der Wagen – er ist schon da.* – Strammer fasst der Hans die Zügel und schwenkt in einem eleganten meisterhaften Bogen herum. Ein Ruck. Die Rosse stehen still und werfen ihre stolzen Köpfe schnaubend in die Höhe. Der Schützenhauptmann tritt vor und kommandiert mit Donnerstimme: „Habt Acht! Präsentiert das

Gewehr!" – – – Taratamm, taratamm, taratamm, tam, tam tschin bum – tschin bum – tschin bum derata – fällt die Musik in vollen Klängen ein – die Glocken läuten, die Böller krachen, und aller Augen sind auf den Wagen gerichtet. Der Postmeister im Galarock tritt hinzu, öffnet den Schlag und macht ein tiefes Kompliment. Der Lehrer schiebt die weißgekleideten Mädchen heran, die Geistlichen und der Gemeindeausschuss drängen näher, das Volk reckt die Hälse. Es erscheint aber kein Bischof. Eine Zeit lang erscheint überhaupt nichts; dann, als der Postmeister erregt in den Wagen hineinspricht, wird ein grauer Kopf sichtbar, zwei harmlgiftige Augen, eine lange Nase, zwei zornglühende Wangen, ein spitzes Kinn, ein furchtbar schnatterndes Mundstück, dessen Worte man im Lärm der Musik nicht versteht – und schließlich steigt die Kipfel-Trine mit ihrem Korb aus dem Wagen. Unterdessen hat sich aber schon die Kunde verbreitet, dass der Bischof durch einen unerwarteten Zwischenfall verhindert wurde zu kommen und telegrafisch sein Erscheinen für morgen angezeigt habe. Zugleich geht ein Lachen und Lärmen an, das unbeschreiblich ist.

„Hoch, die Trine! Hoch! Hoch! Hoch!", schallt es aus mehreren Dutzend Burschenkehlen.

Andere rufen:

„Die Trine wird morgen firmen. – Küsst ihr die Hand!"

Die Kipfel-Trine, glühend vor Scham und Zorn, steht inmitten eines dichten Menschenknäuels und mault nach allen Seiten. Zuerst schimpft sie den Pfarrer, dann den Vorsteher, dann den Postmeister – als sie aber gegen den Urheber aller Schmach, den Post-Hans, losrücken will, ist dieser verschwunden – Laub und Staub ist von ihm nichts mehr zu sehen. Der Spott und das Gelächter wird immer stärker, die Trine weiß sich nicht mehr zu helfen, da schießt sie wie eine feuerspeiende Rakete durch die Menge ihrer Wohnung zu.

Und das Ende vom Lied? Die Kipfel-Trine vermochte den Spott und die Schmach nicht mehr zu ertragen; darum kehrte sie nach vierzehn Tagen Plötzenmarkt endgültig den Rücken und siedelte nach Zweikirchen über. Der Post-Hans aber durfte in Anbetracht dieses mildernden Umstandes, weil er nämlich die Gemeinde von einem Erzübel befreit hatte, wieder im Markt bleiben, obwohl er auch schon sein Bündel auf dem Rücken trug. Ausgelacht wurden die Plötzenmarktner in der ganzen Nachbarschaft.

Krieg und Frieden

Der Schneidermeister Florl von Großdorf war ein kleiner, dürrer Gesell und hatte nicht einmal das armselige Schneidergewicht. Barbl, seine Ehegattin, ersetzte aber mit ihrer Figur reichlich, was dem Schneider abging, sie war voll und rund wie eine Schmalznudel und der Florl konnte sie nicht so fast seine „bessere Hälfte" als vielmehr sein „besseres Zweidrittel" nennen. Das galt nicht bloß in Bezug auf Schwere und Umfang, sondern auch auf Stärke, Hand- und Zungenfertigkeit, Ansehen und Würde. Neben einer solch mächtigen Gesellin bedeutete der Florl weniger als die Null vor dem Einser, er blieb in und außer dem Hause der reinste Niemand. Einmal ist er aber doch obenauf gekommen und *das* ging so.

Die Barbl war ein fleißiges, rühriges Weib, arbeitsam und sparsam. Während ihr Mann zu Hause nähte, ging sie auswärts zu den Bauern auf Taglohn. Es war an einem Frühjahrsmorgen. Tags zuvor hatte die Barbl ihren Hausgarten schön hergerichtet, die Erde fein umgehackt und eingeebnet, die verschiedensten Gemüsepflänzchen gesetzt und gesteckt. Aber derlei junge Pflänzchen wollen begossen sein und scheuen auch die sengenden Sonnenstrahlen. Darum trug die Barbl in der Früh, bevor sie auf fremde Arbeit ging, dem Florl heilig auf, ehe die Sonne stärker werde, den Garten zu begießen und die Pflänzchen gut zu beschatten. Das geißdürre Meisterlein aber hatte den strengen Befehl seiner Meisterin entweder gar nicht gehört oder sogleich wieder vergessen. Kurz und gut, als die Barbl zur Jause heimkam und im Garten nachsah, war die Erde staubtrocken, die Salat- und Krautpflänzchen ließen die Köpfe hängen und waren strohdürr, und was die Sonne nicht verbrannt hatte, das hatten des Nachbars Hennen zu Schaden gezupft und gekratzt. Wie die Barbl *das* sieht, kocht sie förmlich vor Wut. Wie eine Stechbremse schießt sie in die Stube, wo der ahnungslose Schneider an seiner Nähmaschine am Fenster sitzt.

„Da hockt er, der Tattl! Was hab ich dir denn geschafft heute früh? Da schau hinaus, wie der Garten aussieht! Man schindet und rackert sich von früh bis in die blinde Nacht, dass man was vorwärts bringt, und derweil lässt der Pazi daheim alles zugrunde gehen."

Der Florl schaut wohl einen Augenblick hinaus, aber gleich duckt er sich wieder über seine Maschine, und diese surrt und klappert drauflos, dass man sein eigen Wort nicht versteht.

„Hörst's nit, was ich dir sag, oder ist dir eine Feder abg'sprungen unter deinem faulen Dachstuhl?"

Keine Antwort. Die Barbl schreit wütend, aber der Florl tritt noch wütender an seiner Maschine, die Barbl überhaspelt sich förmlich im Reden, umso rasender treibt der Florl an seinem Rädchen, als ob er heute noch Süd- und Nordamerika zusammennähen müsste.

„O mein Gott, was hab ich doch lauter angestellt, dass ich mit so einem halb ausgebackenen Lappen von Mann gestraft worden bin! Mit so einem Teigaffen, so einem Batzenlippl, der einem, sobald man den Rücken kehrt, alles zu Schaden gehen lässt. Ich lass mich noch scheiden!"

Wieder keine Antwort und die Maschine rasselt noch toller. Jetzt hält's die Barbl nicht mehr aus. Sie fängt an, vor Zorn zu weinen, und während der Florl immer närrischer an seinem Rädchen treibt, kreischt sie:

„'s ist schon recht, schon recht! Von mir aus soll alles zugrund gehen; von jetzt an lass ich alles liegen und stehen, geht's, wie's geht. Um kein Haar kümmer ich mich mehr und keinen Finger rühr ich mehr in Haus und Stall an. Von mir aus magst verhungern und verlottern und verlausen!"

In ihrem Zorn reißt sie die Decke von dem einen der zwei Betten ab und legt sich hinein, obwohl die Sonne noch hoch am Himmel steht.

Jetzt hebt der pfiffige Florl ein wenig den Kopf und blinzelt hinüber, wo die Barbl just in den Federn verschwindet; dann erhebt er sich plötzlich. Die Barbl meint sicher, er geht jetzt an ihrer statt die zwei Kühe füttern, im Hauswesen schaffen und kochen. Aber nein! Ehe sich's das Weib versieht, springt er ins zweite Bett hinein und vergräbt sich, ihr den Rücken zugekehrt, ebenso tief in die Federn. Jetzt hast es. Die Barbl siedet förmlich vor Ärger. Draußen brüllen die Kühe und meckern die Geißen und gackern die Hühner. Alle verlangen ihr Futter. Die Barbl möchte vergehen vor Ungeduld und Geiz und Neid. Aber nein, um das Kaisertum Österreich steht sich nicht auf. Sie will ihren Kopf haben, schauen, wer's länger aushält! Der Schneider aber hegt denselben Gedanken und tut keinen Muckser. Die Barbl rührt sich nicht in *ihrem* Winkel und der Florl rührt sich nicht in *seinem* Winkel. Nur muss der Florl fest in den Polsterzipfl beißen, dass er nicht hell auflacht. So liegen sie schon eine halbe Stunde. Da hört man draußen im Hausgang Schritte. Himmlisches Vaterland, da kommt jemand und alle Türen sind offen; wenn man sie in dieser Position findet, werden sie in der ganzen Gemeinde ein halbes Schaltjahr lang ausgeschrien! Die Barbl will aufspringen und die Stubentür verriegeln; aber es ist schon zu spät. Ein grauer Frauenkopf schiebt sich zur Tür herein. Alle heiligen Nothelfer! Das ist die Planglisl, die größte Dorforgel im Landgericht. Jetzt geht's gefehlt! Die Barbl steckt ihren Kopf noch tiefer in die Federn, der Florl aber beginnt zu ächzen und zu wimmern. Jetzt steht die Lisl schon an seinem Bett:

„Ja, was ist denn, Schneider? Fehlt's grob?"

„So viel Bauchgrimmen!"

„Aber, wo ist denn die Barbl? In Gottes Namen, *die* liegt auch!"

„Die Barbl hat Kopfgrimmen!"

„O Jögges, o Jögges! Kopfgrimmen! Was wär denn *das*! Barbl, lass dir einmal Puls greifen."

Sie nähert sich dem Bett der Schneiderin. Diese aber schießt wie eine Viper unter der Decke hervor und schreit:

„Lass mich in Ruh, du alte Hachel, und greif dir lieber selber Puls, aber am Hirn!"

„Alle guten Geister", entsetzt sich die Plangin, „da fehlt's weit! Die Barbl ist schon ganz aus dem Zirkel. Da muss man den Doktor holen. Ich geh, ich lauf g'schwind um den Doktor!"

Da springt die Barbl mit einem Satz aus dem Bett und kreischt zornglühend:

„Das ging mir grad noch ab! Ich brauch keinen Doktor, ich bin g'sunder als du!"

„Und wenn die Barbl g'sund ist, dann bin ich auch gesund!", schreit der Florl und springt ebenfalls aus seinem Bett.

Jetzt schlägt die Planglisl die Hände über dem Kopf zusammen und möchte den Urgrund der Dinge erforschen; aber die Barbl schiebt sie zur Türe hinaus mit der zarten Anmutung:

„Steck deine spitze Nase in den eigenen Hafen, alte Raffel!"

Dann will die Barbl auf den Florl loswettern, dieser aber lacht und lacht. Schließlich muss die Barbl auch lachen und damit ist der Hausfrieden wieder hergestellt.

So oft die Barbl späterhin die Zügel ihrer Regierung allzu straff anzog, brauchte der Florl nur zu sagen: „Barbl, legen wir wieder nieder?" Dann wurde die Meisterin glührot und ließ ihr Mütchen sinken.

Das Standerl

In Rainaltern herrschte eine fürchterliche Trockenheit. Das spürte besonders die löbliche Musikkapelle des Ortes. War doch heuer sogar der Trunk am Fronleichnamsfest, den die Gemeinde seit undenklichen Zeiten beim Ochsenwirt den Musikanten zu geben pflegte, unterblieben. Darob drohte die Musik richtig auseinanderzufallen. Ist auch kein Wunder. Wenn schon ein Zaun oder ein Gatter, der wochenlang in der brennenden Sonne steht und keinen Tropfen Feuchtigkeit erhält, zerlattert und aus den Fugen geht, wie viel mehr eine Musikkapelle! Da konnte aber niemand helfen; denn die schönen, glücklichen Zeitläufte waren längst vorüber, wo der Trompetenblaser nach jedem Gartenkonzert oder sonstiger musikalischer Aufführung spätabends sein ständiges Liedlein singen konnte:

„Die Trompete ist betrunken
Ganz menschenmörderisch,
Der Trompeter ist gesunken
Wohl unter, untern Tisch."

Hockten besagter Trompetenblaser, der auf den Namen Pick hörte, und zwei andere Mannen von der Musik – der Lex und der Span – eines Tages beim Ochsenwirt und nippten an einem Gläschen Branntwein, das von Hand zu Hand ging. Eigentlich nippten sie gar nicht, sondern leckten nur daran – der Pick einen Tropfen, der Lex einen Tropfen, der Span einen Tropfen – und dann war überhaupt nichts mehr zu nippen und zu lecken. Dafür begannen sie aber umso weidlicher zu schimpfen über Menschheit, Staat und Gemeinde, über Welt und Geld.

„Es ist eine schandvolle, gottlose Zeit!", räsonierte der Lex.

„Ja, eine himmelschreiende, gottlose Zeit: das Viertel Wein tausend Kronen, das Glasl Schnaps dreihundert Kronen, eine Halbe saures Bier sechshundert Kronen!", trumpfte der Pick dazu und schlug mit der Faust auf den Tisch; „so muss die Welt untergehen."

„Ist kein Schaden, wenn das alte, faule Möbel in Scherben geht“, krähte der Span; „aber früher als die Welt kracht noch unsere Gemeinde auf vor lauter Schäbigkeit.“

„Oho!“, fiel ihm da vom Winkel her eine scharfe Stimme ins Wort; „die Gemeinde kann auch nicht tun, was sie mag.“

Das war der Ochsenwirt, der im Gemeindeausschuss Sitz und Stimme hatte. Wie ein richtiger Wirt schaute er nicht her; denn er hatte keine kugelförmige Gestalt, auch fehlten ihm die apfelroten Polsterwangen, und sein grämliches Gesicht dorrte in lebergelber Farbe; doch kennzeichneten ihn die schlauen Äuglein als fixen Geschäftsmann. Mit seinen Gästen wusste er aalglatt zu verkehren. Bloß wenn man die Ehre der Gemeinde oder gar seine eigene angriff, wurde er schartig; denn er hielt stark auf Reputation.

„Wir blasen uns die Leber fast heraus, und sie ist dürr wie eine Brandsohle“, ließ sich der Pick wieder vernehmen.

„Blast ihr mit der Leber?“, fragte kniffig der Wirt.

„Mit was wir blasen, geht keinen Menschen was an“, lärmte der Span; „aber jedes Rad muss geschmiert werden. Und der Ansatz auch, sonst verrostet er.“

„Wenn das armselige Tröpflein Wein die Gemeinde reut, hört sich jede Musik auf!“, schimpfte der Lex.

„Staat und Gemeinde können bei den schweren Zeiten nichts machen, heute muss sich die Not an Privathilfe wenden“, erklärte der Wirt; „ich will euch einen guten Rat erteilen. Blast einmal *den* da drüben an!“

Mit diesen Worten zeigte er durchs Fenster hinaus auf seinen Nachbarn, den Rösslwirt. Die beiden Gasthäuser – der „Ochse“ und der „Rössl“ – standen haargenau gegenüber, Kante auf Kante, Giebel gegen Giebel, und schauten sich Tag und Nacht freundnachbarlich in die Augen. Nur durch die Dorfgasse, die zwischen ihnen durchlief, wurden sie voneinander getrennt, sonst hätten sich die Fronten küssen können. Weit vom Küssen entfernt waren aber die Besitzer der zwei Gasthäuser – *die* hätten einander lieber gebissen; denn jeder glaubte, dass ihm der andere die besten Gäste weglocke. Besonders den Ochsenwirt verzehrte die Scheelsucht, und er wurde umso gelber im Gesicht, je länger er an seinem Fenster stand, um zu spekulieren, wer beim „Rössl" aus und ein gehe. Aber keineswegs alle Gäste missgönnte er dem Nachbarn; die nichtzahlenden hätte er samt und sonders dem „Rössl" zuschanzen mögen. Darum gab er auch den drei Musikanten den Rat, sie sollten einmal „*den* da drüben" anblasen.

„Wie meinst denn die Sach, Ochsenwirt?", fragte der Pick interessiert.

„Ganz einfach. Nächste Woche ist Aloisius, da hat der ‚Rössl' Namenstag. Rückt ihm mit der Musik vor sein Haus und blast ihm ein ordentliches Standerl. Dann muss er splendabel sein, wenn er eine Ehr im Leib hat."

„Aber der Rösslwirt ist ja selber bei der Musik", warf der Lex ein; „er blast nicht nur den Bombardon (Basstuba), sondern wenn es fehlt, auch das Helikon (Tuba)."

„Eben deshalb; wenn einer so ein tüchtiger Musikant und so lange Mitglied der Musik ist wie der Rösslwirt, verdient er auch, dass man ihm einmal eine Ehre antut."

„Es ist nicht der Brauch", verlautete der Span; „wir haben bisher immer nur den Pfarrer angeblasen zum Namenstag. Aber seit Jahr und Tag hat der Pfarrer auch keinen Wein mehr."

„Jeder Brauch muss einmal eingeführt und jede Stiftung muss einmal aufgerichtet werden. Wein hat der ‚Rössl' genug. Erst letzte Woche hat er zwei neue Panzen geführt."

„Er könnt es aber doch übel aufnehmen", sorgte sich der Lex.

„Im Gegenteil, die größte Freud hat er. Er bildet sich einen Kirchturm ein auf die Ehr, so weit kenn ich ihn. Und um dreißig, vierzig Liter Rötel seid ihr ihm nicht feil. Er kann sich's auch leisten, weil er bloß ein einziges Kind hinter sich hat."

Die Sache begann den drei Kumpanen einzuleuchten. Es brauchte kein langes Zureden vom Ochsenwirt mehr, ziemlich bald war der Schluss fertig: „*Wir blasen den ‚Rössl' an!*"

Unmittelbar vom Ochsenwirt gingen die drei trockenen Brüder zum Kapellmeister und setzten ihm den Plan auseinander. Dieser war umso leichter dafür zu gewinnen, als er selbst grausamen Durst litt. Sogleich traf er die nötigen Anordnungen.

Und am Aloisi-Abend, als es zu dunkeln anfing, rückte die Rainalterer Musik in Feuerwehruniform, begleitet von einem Dutzend Fackelträgern, gefolgt von einem Schwarm jüngerer und älterer Jugend, durch das Dorf herunter, marschierte flott in die Kirchgasse – tschin bum, tschin bum, tschin bum, bum bum, tärädät, diridit, tärädät, diridit – machte vor dem Rösslwirtshaus links Schwenkung, stellte sich in Front auf und blies ihrem langjährigen Bombardon den Defiliermarsch zum Fenster herein. – – Der Rösslwirt, der gerade die Fensterläden eines Zimmers im ersten Stockwerk auseinander tat, kannte sich nicht aus. Aber schnell ging ihm ein Licht auf … Fuchsgranaten, *das* war ein Attentat auf seinen Weinpanzen! – Zugleich sah er seinen Nachbarn drüben, den Ochsenwirt, wie er beifällig mit dem Kopfe winkte und sich vor Lachen die Hüften hielt … Aber der Rösslwirt war ein Gerissener, der sich nicht so leicht verkaufen ließ. Wie der Blitz fuhr er hinüber in seine Kammer, riss dort den Kleiderkasten auf und kramte eine Zeit lang darin. Unterdessen hatten sich die Muskanten zwischen den beiden Wirtshäusern im Kreise aufgestellt und begannen ein längeres Stück zu spielen. Noch hatten sie keine zwanzig Takte geblasen, da stand auch schon der Rösslwirt in Feuerwehruniform mit dem Bombardon am Arm auf seinem Platz im Kreise der Musiker und blies wacker mit. Ja eine Weile blies er fast allein und gab eifrig mit Kopf und Instrument Takt, weil alle anderen Musikanten durch sein plötzliches Auftreten den Takt verloren hatten. Das Stück ging glücklich zu Ende. Sofort schlug der Rösslwirt mit lauter Stimme vor: „Jetzt spielen wir ‚*Über Berg und Tal*‘ – das ist ein richtiges Feststück und passt für die heutige Feier." – Lachend ging der Kapellmeister auf den Vorschlag ein. Als auch dieses Stück ausgeblasen war, schaute der Rösslwirt lustig im Kreise herum, strich seinen schwarzen Schnauzbart, stellte sich breit her und setzte zu einer feierlichen Rede an … „Sehr geehrte Versammlung, liebe Muskanten! …"

„Schau, schau, der Gischpel blast sich selber zum Standerl und jetzt haltet er sich gar auch die Red'!", tönte vom Ochsenwirtshaus her die scharfe Stimme des nachbarlichen Wirtes.

Aber der Rösslwirt ließ sich dadurch nicht beirren. Fungierte er doch bei allen festlichen Anlässen als Redner der Musik. Warum soll er heute auf dieses Amt verzichten? Er hatte auch das geschliffenste Mundstück, und wenn er einmal richtig im Zug war, fehlte ihm kein Wort. Und schon strudelte er:

„Heute sind wir ausgerückt, um einen Mann zu ehren, der Ehre verdient, einen Mann, der mitten unter uns steht, der immer große Freude an unserer Musik gehabt, ihr immer weitergeholfen hat und sich jedes Mal eine Ehre daraus macht, ihre Stimmung durch einen guten Tropfen aufzufrischen. Dieser Mann ist niemand anders als mein Geschäftskolleg und liebwerter Nachbar, der Ochsenwirt. Er feiert in etlichen Tagen mit seiner ehrengeachteten Hauswirtin, der Frau Katharina, ein großes Fest, nämlich die Silberne Hochzeit oder das fünfundzwanzigjährige Ehejubiläum. In seiner übermäßigen Bescheidenheit hat er dieses Fest ganz still und heimlich begehen wollen. Aber nichts ist so fein gesponnen, es kommt doch an die Sonnen. Zufällig hab ich erfahren, dass das Jubelpaar schon morgen eine Wallfahrt nach Absam antreten will. Darum ist es höchste Zeit, den Vogel, bevor er abfliegt, noch zu erwischen und ihm eine zünftige Ehre anzutun. Ehre, wem Ehr gebührt! Der Rössl und der Ochse sind von jeher gute Freunde und Nachbarn gewesen, und darum freut's den Rössl doppelt, dass er heute dem Ochsen im Namen der Musikkapelle gratulieren kann. Ich wünsche also dem Jubelbräutigam und seiner Frau tausendfaches Glück und dass sie auch ihr fünfzigjähriges, ja ihr sechzigjähriges, und wenn's noch nicht kleckt, ihr hundertjähriges Hochzeitsjubiläum erleben mögen. Dass wir dem Ochsen stets in Freundschaft zugetan bleiben, brauche ich nicht zu sagen. Und nun wollen wir's zu seiner Ehre tuschen lassen. Der Ochs und seine Frau sollen leben, hoch! Und abermal hoch! Und zum dritten Mal hoch!"

Die Musikanten waren anfangs baff gewesen vor Erstaunen, aber dann lachten sie sich verständnissinnig zu, pusteten an ihre Instrumente und brachen nun in einen indianermäßigen Vivatlärm aus. Hundertstimmig brüllten die Dorfleute, die in ihrer Neugier zahlreich herbeigeeilt waren, dazu: „Hoch! Hoch! Hoch!" Und hell schmetterte der Tusch hintendrein – trätraträää tschin – tititrätrii bum … Drinnen aber in der Stube des Ochsenwirtshauses fuhr der „Geehrte" herum wie eine Hummel in einer Butte und räsonierte: „Der Spitzbub, der Halunk, der

Windbeutel! *Ihm* machen sie Musik, und *mir* schickt er die Rechnung. Aber Schneggen! Nichts kriegen sie, keinen Schluck, keinen Tropfen!" – Da stürzte seine älteste Tochter herein und drängte:

„Vater, du musst dich bedanken."

„Der T…l soll sich bedanken! Was für eine verdammte Maulorgel hat's ihnen denn auf die Nase gebunden, dass wir nach Absam fahren? Gewiss *du*. Steckst ja alleweil hinter der Rösslköchin."

„Vater du musst sie einladen, du musst! Sonst kommen wir in Schand und in die Mäuler."

„Höllenspeckseiten, *die* saufen mir ein haustiefes Loch in den Weinpanzen!"

Da half nichts. Auch die Wirtin und die anderen Töchter beschworen ihn, plötzlich riss er einen Spritzkübel an sich und stürmte in den Keller. Hinter ihm folgte die Wirtin mit einem andern Spritzkübel, halb voll Wasser. Und nun gab es im Keller eine zünftige Taufe. *Das* war aber eine ganz fehlerhafte, unchristliche Taufe; denn die Wirtin nahm die Begießung vor, und der Wirt sprach die Worte – und *das* waren keine frommen Worte, sondern ein Höllenhagelwetter. Doch bald trat der Gefeierte mit dem Wein hinaus unter die Musikanten, machte ein so glattes, süßes Gesicht, als ihm nur möglich war, und bedankte sich höflich.

„Aber Nachbar, Ochs, wo denkst denn hin!", rief lustig der Rösslwirt; „so war's nicht gemeint. Bei den sündteuren Zeiten kannst doch nicht einen Hekto Wein spendieren. Deswegen sind wir auch nicht gekommen, sondern wegen der *Ehr*."

Trotzdem schenkte der „Rössl" seinen Kameraden fleißig ein und munterte sie immerfort auf:

„Trinkt, Musikanten, trinkt! Der Ochs hat's. Es ist ihm eine Ehre, es ist ihm eine Freud."

In einer halben Viertelstunde war die Kanne schon leer. Da erscholl wieder die Stimme des Rösslwirtes:

„*Das* ist ein verdammt schwerer Wein, so einen starken hab ich noch zeit meines Lebens nicht getrunken. Ich mein, wir sitzen uns ein bisschen in den Garten hinein, sonst reißt er uns um."

Und im Nu hockte die ganze Bande drinnen im Ochsenwirtsgarten – aber alle vor leeren Gläsern – lustig und munter, doch ohne dass der Ochsenwirt Miene machte, eine Neuauflage herauszugeben. Der Rösslwirt wusste Rat. Er hielt Rede auf Rede und ließ Ochsenwirtin und alle Wirtstöchter einzeln leben. Da blieb nichts anderes übrig, es musste noch eine zweite und eine dritte halbvolle Kanne aufrücken. Immer lauter und lustiger ging es her. Der Ochsenwirt aber schnitt eine bärbeißige Miene und trippelte hinter den Tischen herum, als ob der Garten voll Glasscherben und *er* barfüßig wäre. Auch begann er ungeduldig *eine* Lampe nach der andern auszuschalten. Es ging schon auf zehn. Da rief der Rösslwirt:

„Musikanten, den Ochsenwirt freut's. Ich mein, wir wollten ihm noch einige Stücklein blasen."

„Blast's mir den Buckel, Höllenbande!", schrie wütend der Ochsenwirt, dem nun der Geduldfaden mit aller Gewalt riss.

„Aber, Nachbar, Ochs, was kommt dich an? Was hast denn?"

„Meine Ruh will ich haben, Höllenspeckseiten!"

„Ah so – du bist schläfrig. Natürlich, ihr müsst morgen frühzeitig auf die Reise. Ein schönes Fest ist's doch, und wir werden den heutigen Abend unser Lebtag nicht vergessen. Noch einmal unsere herzliche Gratulation! Viel Glück und Vergnügen – gute Nacht, Ochs!"

Schon stand die Musikkapelle in Reih und Glied draußen auf der Gasse. – Tschin bum, tschin bum, tschin bum bum bum – deradur, deradur, diridi, diridi … ging es durchs Dorf hinauf. Das helle Trillern der Klarinetten schrillte dem Ochsenwirt wie ein Spottgelächter in die Ohren, als ob sie sagen wollten: „*Den* hab'n m'r g'wurzt, *den* hab'n m'r g'wurzt, hihihi, hihihi …" Er ballte die Fäuste hinter ihnen, und bis Mitternacht hagelten die „Höllenspeckseiten" aus seinem Munde. In ganz Rainaltern aber lachte man noch wochenlang über das Standerl, das sich der Ochsenwirt selber bestellt und das ihm so grässlich den Humor verdorben hatte.

Wampler, der Hampler

Der großmächtige Bäckermeister Wampler im kleinwinzigen Städtchen Knopfing nahm zu wie an Alter so auch an Fülle und Rundung seiner Gestalt nach den Breitegraden. Seit letztem Herbst trug er das fünfte Kreuz auf dem Buckel, das heißt, er hatte die fünfzig überschritten, und der Bäcker bestand nur mehr aus zwei Kugeln: einer großen Kugel, unter der zwei kurze, dicke Elefantenfüße zwazelten, und einer kleineren Kugel, an welcher die geschmeidigen Katzenöhrlein, das knallrote Gurkennäschen und die blinzelnden Schweinsäuglein nur ein kümmerliches Dasein fristeten. Bei dieser Entwicklung der Dinge war es nicht ausgeschlossen, dass über Jahr und Tag die zwei Kugeln in eine einzige zusammenschmolzen. Dem Herrn Wampler wurde bei diesen glänzenden Aussichten himmelangst, und er zerbrach sich den Kopf, wie er sein beständiges Wachstum aufhalten und sein Gewicht verringern könne. Die Nachbarn und Freunde gaben ihm heilsame und hochweise Ratschläge. Die einen meinten, er solle Essig trinken, die anderen, er solle bergsteigen, die Dritten, er solle nach Marienbad reisen. Aber all diese Entfettungen leuchteten dem Wampler nicht ein. Marienbad war ihm zu teuer und zu weit, die Berge waren ihm zu steil, der Essig zu sauer. – Nun lebte und kurierte im besagten Knopfing der Doktor Zwicknagel, ein lustiger Herr, der es faustdick hinter den Ohren hatte und den Leuten nicht nur ein Loch in den Bauch, sondern auch ein ganzes Kirchdorf auf den Buckel schwatzen konnte. Doktor Zwicknagel redete nun dem Wampler ein, das sicherste Mittel gegen Fettsucht wäre das Radfahren. Das Radeln wirke unfehlbar. Und wenn ein Mensch so dick und fett sei wie der Kolossus im Alten Testament, er werde schlank und mager wie ein Hering, sobald er nur vierzehn Tage geradelt wäre. Das Radfahren sei keine Kunst, in ein paar Stunden habe man es erlernt – und das wundersame, wonnige Gefühl könne man gar nicht beschreiben, wenn man blitzschnell, frei und frisch wie ein Vogel in der Luft mit seinem Rad dahinfliege. – Das

Fliegen in der Luft reizte den dicken Wampler so sehr, dass er sich sofort entschloss, das Radfahren zu erlernen und zu üben. Lange Zeit vermochte er allerdings kein Rad aufzutreiben, das seinem Dreizentnergewicht standgehalten hätte. Endlich wurde eines gefunden – und nun ging es ans Lernen. *Das* war aber eine richtige „Vieharbeit", wie Michl und Jörg, die zwei Bäckergesellen, erklärten, die ihrem Meister beim Üben Beistand leisten mussten. Die spitzzüngige Färber-Gret äußerte, der Michl und der Jörg müssten dem Wampler „elefantieren" – sagen wollte sie: levitieren. – Der Bäcker schwitzte und rauchte wie eine Pfanne voll Kartoffeln – das halbe Städtchen war auf den Beinen, um das Wunder zu schauen – die Spottreden und das Gelächter wurden immer toller. Aber gerade Spott und Hohn kitzelten den Wampler; jetzt gab er extra nicht mehr nach, und mochte es Bozen kosten. Wen der Satan verderben will, dem hilft er bei den unseligsten und unglaublichsten Händeln weiter – und richtig erlernte der Wampler die Radlreiterei (so nannte man früher das Radfahren. Anm.), nicht ohne dass er schon in der Lernzeit das Fliegen durch die Luft ausgiebig probiert und wonnesam gefühlt hätte. Eines Abends im Mondenschein hielt der Bäcker Generalprobe und Michl und Jörg beteuerten ihm, dass er nun ausgelernt habe und ein Meister im Radfahren sei. Das gefiel dem Wampler. Morgen wollte er seine Kunst zeigen und eine Paradefahrt durch die Stadt machen. Die Knopfinger sollten sehen, dass Mut und Ausdauer immer zum Ziele führen und dass am besten lacht, wer zuletzt lacht.

In den Morgenstunden des folgenden Tages war der Bäcker in Radlertracht schon zu der Ausfahrt gerüstet. Weib und Kinder beschworen den teuren Vater, von dem gottlosen Beginnen abzulassen und sie nicht unglücklich zu machen. – Was ein richtiger dicker Knollen ist, der hat wohl ein patzweiches Herz, aber auch seinen eigenen Kopf und gibt keinen Finger breit nach. Auch der Wampler blieb unerschütterlich, ließ sich vom Jörg und Michl auf das Rad heben – wupp saß er droben – und nun ging es hinein ... tiefer ins Städtchen, in eine unbekannte Zukunft. Der dicke Reiter hockte ziemlich schwappelig auf seinem Rad, er kutschierte in bedenklichen Wellenlinien und brauchte die ganze Straße mit seinem Fuhrwerk. Krampfhaft klammerte er sich an die Lenkstange. Mit einem Finger nach der Bremse oder nach der Signalglocke zu greifen, wagte er nicht; denn jede Fingerbewegung konnte ihn aus dem Gleichgewicht bringen, und dann war ein Flug durch die Luft die nächste Folge.

Nun segelte er richtig in die Hauptstraße des Städtchens … Die Leute wichen entsetzt links und rechts zur Seite. Der Wampler keuchte und schnaufte wie eine Lokomotive, die Augen quollen ihm über die Wangen heraus, mit einem starren Blick schaute er nach vorn und kam immer mehr zur Überzeugung, dass er noch kein großer Meister in der edlen Radlreiterei sei. Er gab sich aber den Anschein, als ob er sich vollkommen sicher fühle und einen Spaß machen wolle; darum schrie er fortwährend:

„Aufgepasst, meine Herrschaften, ein Automobil kommt!"

Die Straße neigte sich ein wenig, und da er die Bremse nicht anrühren durfte, kam das schwere Fuhrwerk in immer rascheren Lauf.

Am unteren Ende der Stadt machte die Straße eine jähe Biegung, und ein enges Seitengässchen mündete daselbst ein. Gerade in diesem Winkel war heute ein reger Verkehr. Der behäbige Apotheker stand vor seinem Hause und reichte dem hageren, langnasigen Stadtschreiber eine Prise aus seiner mächtigen Tabaksdose. Von oben herunter stolzierte die Frau pensionierte Rätin mit ihrem geliebten Ami, einem Hündchen aus der Familie der Affenpinscher; an ihr vorüber schoss eine Höckerfrau mit einem Eierkorb am Arme. Aus dem Seitengässchen heraus trabten ein Kaminfeger und ein barfüßiger Schusterjunge; Letzterer trug ein Paar Stiefel in der Hand. Von unten herauf kamen drei junge Leute: ein Student mit einer Schnabelkappe auf dem Haupt und zwei andere, die augenscheinlich ein Liebespärchen darstellten. Sie plauderten gar traulich miteinander. – – Da erscholl plötzlich der wilde, heisere Schrei:

„Aufgepasst, meine Herrschaften, ein Automobil kommt!"

Die Bedrohten flohen alle gegen das Apothekerhaus hin und standen jetzt in einem Knäuel zitternd beisammen. Der radelnde Wampler gab sich Mühe, mit einem verzweifelten Ruck die Wendung zu nehmen, er drückte aber am falschen Ende der Lenkstange und sauste direkt in die Gruppe hinein – – klirr – flarr – bumms – –. Im nächsten Augenblick lag alles auf dem Boden: Apotheker und Stadtschreiber, Höckerfrau, pensionierte Rätin und Ami, Student und Schusterjunge, der Kaminfeger zwischen den Liebesleuten – und über diesem Knäuel lag das Rad und obendrauf lagen drei Zentner vom Wampler. – Ein paar Sekunden war alles still, dann ging aber die Mette los.

„Sie Rhinozeros, Sie Flusspferd!", kreischte die Rätin; „wo ist mein Ami, mein geliebter Ami?"

Der Ami steckte aber mit dem Kopf zwischen den Speichen des Rades, und da er nicht loskam, biss er zornig in die lange Nase des Stadtschreibers. Dieser schrie und jammerte grässlich und zerrte wild an Schwanze des Hundeviehes.

„Teure Mina!", leierte der junge Ganserer und hob seinen Kopf aus dem Eierkorb der Höckerfrau. Eine dicke gelbe Masse rann ihm über Stirn und Wangen, sodass er aussah wie ein chinesischer Götze.

„Lieber Artur, rette mich, rette mich!", ächzte der weibliche Teil auf der anderen Seite. Dabei hatte sie in der Verwirrung den Kaminkehrer umarmt und geküsst. Dieser begehrte wütend auf.

„Du dumme Gans, wisch dir deinen Schnabel anderswo!"

Die Höckerfrau nieste fürchterlich, denn sie hatte ihre Nase tief drinnen in der offenen Tabaksdose des Apothekers. Zugleich pustete sie:

„Tu weg deine Pfefferbüchse, deine vermaledeite! … O weh, dieser Mann da frisst meine Eier! … Meine Eier!"

Der Apotheker konnte sich nicht rühren; denn auf ihm lag die Hauptlast. Zwischen seinen Beinen eingeklemmt war der Schusterjunge. Dieser hatte in seiner Todesangst dem Apotheker einen halben Stiefel in den Mund geschoben. Der Kaminfeger fegte und fiedelte mit seinen Besen und Bürsten der geifernden Frau Rätin im Gesicht herum – Fräulein Mina weinte und jammerte wegen der schwarzen Flecken auf ihrem weißen Kleide und – vielleicht auch auf ihren Wangen, der Student hob unter des Stadtschreibers Frack sein lockiges Haupt empor und deklamierte:

„Doch den sichern Bürgern schrecket
Nicht die Nacht,
Die den Bösen grässlich wecket;
Denn das Auge des Gesetzes wacht." – –

Und da war er schon – der tapfere Polizeimann des Städtchens – er
löste mit kräftigen Armen den Knäuel. Sobald die Bedrängten etwas
Luft bekamen, rafften sie sich auf und fielen nun in edlem Verein über
den noch am Boden liegenden Wampler her. Alle stießen und schlugen
auf ihn ein: der Apotheker mit der Dose, der Schusterjunge mit den
Stiefeln, der Student mit den Büchern, die Höckerfrau mit dem Korbe,
die anderen mit Stöcken und Regenschirmen. Die Polizei war machtlos
gegenüber diesen Ausbrüchen der Volkswut. – Da erschienen noch zur
richtigen Zeit der Michl und der Jörg auf der Bildfläche, die von der
besorgten Frau Bäckermeisterin ausgeschickt worden waren, um nach
ihrem Wampler zu sehen. Die zwei handfesten Gesellen befreiten ihren
Meister aus der schändlichen Situation und geleiteten ihn unter dem
Triumphgesang der lieben Stadtjugend nach Hause.

Erheblich verletzt war niemand; aber der arme Kunstreiter musste
sich daheim doch zu Bette legen. Die Scham ob seiner jämmerlichen
Niederlage und der darauffolgenden Wichse hatte ihn krank gemacht.
– Ein paar Tage später wurde er vor Gericht gefordert wegen Tierquä-
lerei und Schmerzensgeld und Schadenersatz. Der ganze Handel kam
dem Wampler fast auf zweihundert Gulden zu stehen. Darüber giftete
und wurmte er sich so stark, dass er binnen vier Wochen fünfzehn Kilo
an Gewicht verlor. – Also hatte die Kur schließlich doch ihren Zweck
erreicht; aber diese ein zweites Mal zu probieren, dafür mangelte dem
Herrn Wampler alle Lust.